MAI PUKAIKI KULA MANIANIA
A PUUWAI ALOHA O KA OHANA

MAI PUKAIKI KULA MANIANIA A PUUWAI ALOHA O KA OHANA

Annette Kuuipolani Kanahele Wong

University of Hawaiʻi Press
Honolulu

Paperback edition 2020

Printed in the United States of America

25 24 23 22 21 20 6 5 4 3 2 1

Library of Congress Cataloging-in-Publication Data

Names: Wong, Annette Kuuipolani Kanahele, author.
Title: Mai pukaiki kula maniania a puuwai aloha o ka ohana / Annette Kuuipolani Kanahele Wong.
Description: Honolulu : University of Hawaii Press, [2019] | Includes bibliographical references. | In Hawaiian.
Identifiers: LCCN 2019019305 | ISBN 9780824880361 (cloth ; alk. paper)
Subjects: LCSH: Niihau (Hawaii)—Social life and customs. | Niihau (Hawaii)—History. | Niihau (Hawaii)—Social conditions.
Classification: LCC DU628.N55 W65 2019 | DDC 996.9/42—dc23
LC record available at https://lccn.loc.gov/2019019305

ISBN 978-0-8248-5292-4 (pbk.)

Cover art: O ka ulu niu keia o Pukaiki Kula Maniania. Aia o Pukaiki Kula Maniania ma uka o ka puuone o Pukaiki. O Pukaiki keia kahakai e ku nei me ke one aiai. Kauai Historical Society.

University of Hawai‘i Press books are printed on acid-free paper and meet the guidelines for permanence and durability of the Council on Library Resources.

Papa Kuhikuhi o na Mokuna

Olelo Mahalo

He olelo mahalo keia e hapai aku nei i mua o ka Makualani, ka mea nana i haawi mai iau ka ike a me ka naauao i loko o keia alahele hoopaa moolelo a ike o na kupuna. Mai ke Akua mai no na pomaikai a pau e pono ai ko makou ola honua a me ke ola uhane.

He leo mahalo palena ole keia i oʻu mau ohana aloha, ka poe i kakoo nui mai iau i loko o keia mahele hoopaa moolelo o na kupuna o Niihau. Me ke aloha nui au e mahalo aku nei i koʻu mau kupuna aloha i hoi e i ka poli o Apelahama, i koʻu kupunakane o Enoka Kaohelaulii a me kana wahine aloha o Ponikani Kaohelaulii koʻu kupunahine. Oiai aale olua me aʻu i ka wa i hoopaa ia ai keia mau moolelo, eia nae, o ka hoomanao mau ana i koʻu wa e noho pu ana me olua he alo a he alo, pela i paa ai keia mau moolelo a haawina i ao ia iau, a mamuli o ia noho pu ana me olua he alo a he alo, a oia ka mea nana i paipai nui mai iau e hoopaa ia ko olua ike no na hanauna hou e nee nei.

Ia olua e oʻu mau makua i aloha nui ia, ia Papa Kaipo Kanahele laua o Mama Mililani Kanahele, nui koʻu mahalo ia olua a haaheo no hoi wau ia olua no na haawina a olua i ao ai iau. Oiai, ua hoi e aku nei olua i ka poli o Apelahama ma mua o ka pai ia ana o keia puke eia nae, mau no ke kau nui ana o koʻu mau maka ia olua i na wa a pau me he mea la, ke ola mau nei no olua me aʻu i na wa a pau. O na ike a olua i ao ai iau, aole hiki ke uku ia me na puukala he nui, no ka mea, ua haawi hemolele olua i ko olua ike i ka poe i hele kino aku i mua o olua e ao ai he alo a he alo. He mea nui ka hoihoi ana i ka mahalo ia oukou pakahi a pau i ka haawi hemolele ana mai i ko oukou manawa a me ke ao hemolele ana mai i ko oukou ike iau. He mea hoomanao mau hoi kau olelo ao iau e Papa Kaipo Kanahele, *"Ina e ao maua ia oe i ta maua hana, pono oe e hoohana. Mai waiho wale i ta ite o na matua ma ta aoao o taili hou mai ke tua i tia ite mai ia oe aku."* Na ia olelo ao au i hookikina mau iau e lawe a malama i ka leo ao o na kupuna a me na makua i mea e poina ole ia ai keia mau ike o oukou i loko o koʻu ola a me ke ola o na hanauna hou e nee nei. A penei no e hoomau ia nei ko oukou ike i kaʻu mau keiki a me ka poe no hoi i hoihoi i ke ao mai i keia mau ike kupuna o Niihau.

O kekahi mea hoi nana e hoomau aku i keia leo ao au e Papa Kaipo Kanahele, ka pai ana ia *Mai Pukaiki Kula Maniania A Puuwai Aloha o ka Ohana.* He puke ia nana e hoomau aku i ko oukou mau ike i na hanauna o keia wa a me na hanauna hou e hiki mai ana. No laila, me ia mau manao no au e haawi pau nei i koʻu mahalo a me koʻu aloha palena ole ia oukou e oʻu mau kupuna a makua aloha o Pukaiki a me Puuwai Aloha o ka Ohana.

Ia oe e Keola, kaʻu kane aloha. Mahalo nui ia oe i ka hoomanawanui ana mai iau a me ke kakoo ana mai i keia ala hoonaauao kanaka ma o ke kakau ana i keia puke. Ia olua e kaʻu mau mahoe o Kaihilani laua o Kahuwailani Wong. Mahalo nui i ko oukou kakoo piha ana mai iau ma na hana o ke kino a me na hana o ka Uhane. Me ia mau manao no au e paipai aku nei ia olua e Kaihilani a me Kahuwailani Wong. Na olua e hoomau hou aku i keia mau ike o ko olua mau kupuna i loko o ko olua ola i keia nee ana aku o mua a me ka olua mau keiki. E like me ka Papa Kaipo olelo ao iau, ina aole e hoomau ia ka ike ona kupuna, e lilo hou ana keia ike mai ia olua aku. No laila, mai hoohemahema i ko olua noho ana. E noho me ka makaala, ka makaukau, ke akahele, a me ke ahonui i mea e ola mau ai ka ike o ko olua mau kupuna ia olua.

Ia oe e Lalepa Koga, ka loea luna hooponopono nana i hoomanawanui i ka heluhelu a hooponopono i na moolelo hou i hoano hou ia no keia puke, he leo mahalo piha keia ia oe i ka ae oluolu ana mai i kaʻu noi i koʻu wa i ku aku ai i mua ou he alo a he alo me ka leo noi haahaa ia oe e lilo i luna hooponopono no kaʻu puke. Mahalo i ka hoomanawanui ana mai i keia hana nui hooluhi kino i waiho ia ai i mua ou e heluhelu a hooponopono i kaʻu mau moolelo. Ike no hoi wau i ka hoolilo nui ia o kou manawa i ka heluhelu a hooponopono ana i keia wahi puke nei i loko no o ka nui hewahewa o kau mau hana ma ke ao ana i na papa olelo Hawaii a me ka hooponopono ana i na haawina a na haumana, eia nae, ua haawi hemolele maila oe i kou manawa i wa e kakoo piha ai iau no ka puke. Oiai, he waiwai keia hoolaha ana oʻu i na moolelo o koʻu mau kupuna a makua o Niihau, ma o kou komo piha ana e auamo i keia kuleana nui, a me kou ahonui ana i keia hana nui, pela no e holomua nei ka pai ana aku i keia puke *Mai Pukaiki Kula Maniania a Puuwai Aloha o ka Ohana.*

He leo mahalo nui keia i na kumu o Kawaihuelani. Mahalo nui ia oukou i ke kakoo ana mai iau i loko o keia ala kakau puke. Mamuli o oukou i holomua ai keia hoopuka ana aku i ka ike o koʻu mau kupuna Niihau. Mamuli o ko kakou hoomau ana i ka olelo Kanaka ma keia kulanui nei, pela no i hookumu ia ai keia puke. He waihona ia e hoonui ai i ka ike Hawaii no ka kakou waihona olelo Kanaka.

Ia Noeau Warner, ka mea nana i hookikina iau e hoomau i ka imi ana i ka naauao. Mamuli o kau olelo ao iau, pela no au i hiki aku ai i keia pae laeula a me ka hua o ia laeula.

Mahalo nui ia oe e Marianne Buley, no ke kakoo ana mai iau e imi i na kii kahiko o Niihau i loaa ma ka Hale Waihona kii kahiko o Kauai Historical Society. Mamuli o kou kakoo a kokua ana mai i holomua ai ka imi ana i kii hoi e hoonaninani ai i ka'u puke. Mahalo pu i na limahana o nei Hale Waihona o Kauai Historical Society no ke kokua ana ma o keia imi ana i na kii o Niihau.

Mahalo nui ia Hōkūlani Cleeland i ka ae oluolu ana mai e hoohana i na kii i pai ia no ka aina o Niihau ma lalo o www.niihauheritage.org.

Mahalo nui ia Kahanuola Tabor i ka ae oluolu ana mai e pai kii i na leipupu i hana ia e na lima noeau o na kupuna o Niihau. Ua lilo ia mau kii i kii e hoonaninani ai i keia puke.

Olelo Wehewehe no na Mokuna

He mau manao wehewehe keia i ka mea heluhelu no na mokuna elima i kakau ia. Ua koho ia he mau olelo noeau kaulana no Niihau i poo manao no kela me keia mokuna no ka wehewehe ana i ka manao nui o kela me keia moolelo. Ua hoopili ia ka manao o ka olelo noeau i ke ano o ka moolelo.

Aia i Niihau Kuu Pawehe, He Moena E Pahee Ai Ko Ili

I loko o ka moolelo mua, ua hoike ia ko'u pili i ka aina o Niihau, kahi i hanai ia ai mai ko'u wa kamalii mai a hiki i ko'u lilo ana i kanaka makua. Ma laila no au i noho ai me ko'u ohana a ao pu hoi i ka ike o kuu mau kupuna. O kekahi mea hoi nana i hoopili loa i ke keiki i ka aina, kona honua. Ma Niihau, ma hope o ka hanau ana i ka pepe, lawe ia kona honua a kanu ia ma waenakonu o ka ipuka pa o ka pa hale, kahi i komo ai a i puka ai ka ohana i waho o ka pa hale. O ke kumu no ko lakou kanu ana i ka honua ma ka aina, i mea e lilo ai ia keiki i mahi ai a me ka malama ana i ka aina. He mea hoi ia e hoopili ai i ke keiki i kona aina hanau. A o ka piko o ka pepe, ma ka haule ana mai ka piko mai o ke keiki, ua malama ia i loko o kekahi omole a hiki i ka hele ana o ka ohana i Kauai ma ka uila o Lopikana ma; a laila, ua kiola ia ka piko i loko o ke kai hohonu o Kaulakahi, o ia hoi ke kai ma waena o Niihau a me Kauai. Pela no ka hana a ka poe Niihau me ka manao e lilo ana ia keiki i lawaia. No ia mau kumu, ua hana ia keia mau mea no ka pono o ke keiki i loko o kona ola honua ana ma Niihau.

Ka Wai Huna O Ka Paoo

I loko o ka moolelo elua, wehewehe ana ia moolelo no ka imi ana i ka ike o na kupuna. O ka mea nui i loko o keia moolelo, o ia hoi ka mahele no ka ninaninau, ke kuleana, a me ka hana haipule. O ka papahana ninaninau, ua malama ia no me ka poe Niihau, no ka mea, na lakou mai na moolelo hai waha e pono ai keia kakau pepa ana. A ma ka olelo kanaka no i malama ia ai ka ninaninau ana. Ma mua nae o ka hiki ana mai o ia wa, ua upu maila kekahi ninau, no wai la ia kuleana e kakau ai i ia mau ike o Niihau? I koʻu manao, ua upu mai keia wahi olelo, ina he moolelo no Niihau, na ka Niihau no e hoike pololei aku i ko lakou moolelo ponoi. Aole ia kuleana i ka poe o waho. O ka mahele hope o keia moolelo, o ia hoi ka hana haipule. Ma Niihau, he mea nui ka hana haipule, a ma na mea a pau a ka poe Niihau e hana ai, ua hoomaka ia a hookuu ia no me ka pule.

Niihau I Ke Kiku

I loko o ka moolelo ekolu, pili no i ka olelo kanaka, o ia hoi ka olelo i hanai ia I ka poe Niihau mai ka wa kahiko a hiki i keia la. Hoike ia ke ano o ka olelo Niihau me ka t, ka puana ana, ka puana pokole ana, na hua olelo Niihau, ke kakau ana, na olelo nane, na olelo noeau, ka olelo kake, a me na moolelo no Niihau. I ke kuai ana ia o Niihau e ka ohana Sinclair i ka makahiki 1864, ua ao mai na haku aina i ka olelo kanaka i wahi no lakou e kamailio ai me ka poe Niihau. I ka wa ma mua, ua kipa na malihini olelo kanaka i Niihau, a ua kamailio lakou me ka poe Niihau ma ka olelo kanaka.

Ke Ko Eli Lima O Halalii

I loko o ka moolelo eha, ua koho ia o "Ke ko eli lima o Halalii" mamuli o ke kaukai ana o ka poe Niihau i ka laau lapaau. Mamuli o ka loaa ole ana o ke kauka lapaau ma Niihau, ua kaukai ka poe Niihau i ka laau lapaau no ka lapaau ana i ko lakou mai. No ia kumu, he nui na laau lapaau a ka poe Niihau i hoohana ai no kela ano mai keia ano mai. O na laau i hoohana ia, o ia hoi na laau i loaa ma Niihau. Na koʻu kupunakane, o Ernest Enoka Kaohelaulii, i hoomakaukau i ka laau lapaau na ka ohana. O kekahi kuleana ona, ka hoomakaukau ana i ka laau lapaau i kapa ia he apu hala no na wahine hanau o Niihau. I koʻu wa kamalii, he mea maamau ke kau mau o ka maka o ka poe Niihau i koʻu kupunakane no ka hoomakaukau ana i ka laau lapaau e like me ka apu hala, ka popolo a me ke kukae puaa, a me ka pohuli maia. Mamuli hoi o ka ike o koʻu kupunakane i loko o ia mahele, ua ili mai kona ike ma luna o kana mau pulapula.

Na Ulu Hua I Ka Hapapa

I loko o ka moolelo elima, pili no i ka hanau keiki ana ma Niihau. Ua koho ia o Na Ulu Hua i ka Hapapa i poomanao no keia mokuna mamuli o ka manao o "hua." Ua koho ia keia poomanao i kumu e wehewehe aku ai i ka hanau keiki ana ma Niihau. O kekahi kumu i manao ia ai i mea e hoike ai i ka lehulehu na na kupuna no o Niihau i malama i ka hanau keiki ana ma Niihau. O Niihau, aohe haukapila a aohe kauka lapaau e like pu me ko waho nei. No laila, na kela me keia kupuna i loko o kela me keia ohana, na lakou no i malama i ka mahele hoohanau keiki. Wahi a Mileka Kanahele, i kona wa opio, na kona makuakane o Kumuwaina Kanahele i hoohanau i na wahine hanau keiki o Niihau. Oiai, o ia ka hanau mua i loko o kona ohana, nana no i kokua aku i kona makuakane ma ka hoomakaukau ana i na mea e pono ai ka hanau keiki ana. O kana hana, o ia hoi ka hoowela ana i ka wai wela i loko o ke kapu a i ole ke kini huina ha. Ua hoohana ia ka wai wela ina hanau ia mai ke keiki a hauliuli kona ili mamuli hoi o ke anuanu. O ka wai wela ka mea nana i hoopumehana hou i ke kino o ke keiki. O ka mea e ike ai i ka mehana hou ana mai o ke kino o ke keiki, ka hele ana a haulaula ke nana aku. Oiai, okoa ka hanau ana a ka poe Niihau, ua manao au he mea nui ka hoike ana i keia ike hanau keiki o ka poe Niihau i loko o keia moolelo i hiki i ko waho nei ke hoohana aku i kela mau ike hanau keiki ina pono.

Olelo Wehewehe i ka Mea Heluhelu

He mau manao keia e hapai aku nei i mua o ka mea heluhelu no na ike i hoike ia i loko o keia puke. He mau manao hoakaka wale no keia i ka mea heluhelu i wahi e ike ai i ke kumu i koho ia ai keia mau mahele o lalo nei, no ka pela ana, na hua olelo i hoohio ia, na hua olelo hou, na hua olelo Niihau, na kaha apo, a me ke kaha puanai.

Ka Pela Ana

Ua koho au e hahai i ka pela ana o na hua olelo i loko o keia puke e like me ka mea i kakau ia ma ka puke wehewehe olelo a Pukui laua o Elbert. O kekahi kumu no ia koho ana, i mea e kau like ai ke kakau ana ma ka olelo kanaka. O ka pela ana a ka poe Niihau, okoa iki ae mai ko waho nei poe. I kekahi manawa, ua hoohui ia elua hua olelo a i hookahi hua olelo a he ike ia no ia ano pela ana ma na nupepa kahiko kekahi. Oiai, aole no kekahi Niihau i kakau mua i kekahi puke ma ka olelo Niihau, eia nae, ma loko wale no o ke kakau ana i na leka na ka ohana i ike ia ai kela ano pela ana i na hua olelo. I wahi e nani ai ka olelo o keia puke i ke anaina o waho nei, ua hooholo ia e pela e like me ke ano o ke pela ana o keia wa.

Na Hua Olelo Hio

O ka mea hoi e ike ia ai ka okoa ma waena o ka olelo kanaka a me ka olelo haole, ua hoohio ia na hua olelo i pela ia ma ka haole. A o kekahi o na hua olelo i hoohio ia, he hua olelo no ka poo manao o kekahi puke a i ole i kekahi hua olelo me ka manao ano nui i hoohana ia ma kela me keia mokuna o ka puke.

Na Hua Olelo Hou

Nui na hua olelo hou i hoohana ia i loko o keia puke. No ka nui o na hua olelo i hoopuka ia i ka waha o na kanaka Niihau, pela no i komo ai i loko o keia puke.

Na Hua Olelo Niihau

O na hua olelo Niihau i paa ma keia puke, he mau olelo wale no i hoopuka ia mai ka waha mai o ka poe Niihau. O lakou wale no ka poe i ninaninau ia no keia puke no na hana a lakou i lawelawe ai no ka pono o ke ola kino a me ke ola uhane. O kekahi mahele nui i ninaninau ia, ko lakou ike, ko lakou noeau, na olelo ao, na manao waiwai i loko o ko lakou ola, ka lakou hana, a me ka noho ana. Ua malama ia na kukakamailio ana ma ka olelo Niihau wale no. E like me ka mea i hoopuka ia mai ka waha mai o ka poe Niihau, pela no i kakau ia ai ma keia puke. He mea waiwai ka ike ana o ka mea heluhelu i ke ano o ka olelo Niihau.

Na Kaha Apo

O na kaha apo, ua hoohana wale ia no no ka hoike ana i ka inoa o ke kanaka nana ia olelo a me ka makahiki i pai ia ai ka puke.

Na Kaha Puanai

O na manao i ohiohi ia mai kekahi puke mai, ua hoohana ia ke kaha puanai no ka hoike ana i ka olelo oiaio a ia kanaka. Pela pu na olelo i hoopuka ia i ka waha o ka poe Niihau, ua hoohana ia ka puanai kekahi. E like hoi me ke ano o ke kakau ana a ka poe kakau moolelo ma o ka hoohana ana i ke kaha puanai i mea e hoike aku ai i ka mea heluhelu, he olelo ia mai kekahi kanaka mai.

MAI PUKAIKI KULA MANIANIA A PUUWAI ALOHA O KA OHANA

MOKUNA EKAHI

Aia i Niihau Kuu Pawehe He Moena e Pahee ai ko Ili

Hoomaka ia keia moolelo me keia poo manao o "Aia i Niihau kuu Pawehe, he Moena e Pahee ai ko ili." Ua huki ia keia poo manao mai loko mai o ke mele o "E ho'i ke aloha i Ni'ihau." He mele kaulana keia a he mele i kamaaina i ka lohe ia e ko'u pepeiao i ko'u wa kamalii e noho ana ma Niihau. Ua himeni mau ia keia himeni e o'u mau kupuna. Ua hoike pu ia keia mele i loko o ke mele o "Niihau" i hoike ia i loko o ka puke a Revioterai Tava laua o Moses Keale, oia hoi o Niihau: *The Traditions of an Hawaiian Island,* 1989. O ka mea i olelo ia e laua nei, na Kalekahee i haku i keia mele. Ua haku oia i keia mele no ka moena makaloa a oia no ka moena nana i hookaulana ia Niihau, ka moena i ulana ia me ka makaloa. He moena palupalu a pahee kona ano a oia ke kumu i ulana ia ai ka makaloa i moena e halii ai no loko o ka hale. No ke koho ia o keia poo manao no keia mahele o ka moolelo, ua upu mai ka niele i loko o'u e ninaninau i ko'u makuahine o Mililani Kanahele ina hoomanao oia i ka ulana o kona mau kupuna i ka moena makaloa i kona wa kamalii e noho ana ma Niihau? Hai maila oia, aole kona mau kupuna i ulana i ka moena makaloa aka, ua ulana ka poe o ka wa kahiko i ka makaloa i loko o ke ana o Keanahaki ma Leahi Niihau. He mea e hoi ka lohe pepeiao ana i keia olelo a ko'u makuahine i hai ai no ka mea, aole no ike ia kela ano hana i keia manawa. Malia no ka noho paha o ka poe o ka wa ma mua ma o a ma anei o Niihau i hoolilo ia ai ke ana o Keanahaki i ana e ulana ai i ka moena makaloa no ka oluolu o loko o ke ana. Ma mua o ke kuai ana o Sinclair ia Niihau, noho palale ka poe o ia wa ma o a ma anei o Niihau mai nae o Lehua a hiki i lalo o Kawaihoa. Ma hope o kona kuai ana ia Niihau i hoonee ia ai ka poe e noho ana ma o a ma anei o Niihau a noho ma hookahi wale no wahi ma Puuwai, Niihau. He mea keia hoonee ana i ka poe Niihau i Puuwai i ole e kau liilii ka noho ana ma o a ma anei o Niihau. A oia no ke kumu no ko lakou noho ana ma Puuwai a hiki i keia la.

O ka noho huihui ana ma hookahi wahi ka mea e oluolu ai ke kino o ka mea ulana a he nee no ka hana i mua. Ua nani no ka lakou ulana ana i na moena makaloa i ulana ai i ka wa kahiko, me he mea la, ma ka hale no lakou i ulana ai.

O kekahi, laula a loloa na moena makaloa i ulana ia. Ua kiponapona ia na moena makaloa me elua ano kala o ka makaloa, ka makaloa keokeo a me ka makaloa ulaula. Pela no hoi e ike ia ai ka nani o ka moena makaloa i kiponapona ia me na kala elua. Eia kekahi olelo i kuhi ia maila e Tava laua o Keale i ke kumu i haku ia ai keia mele o "Aia i Niihau kuu pawehe, he moena e pahee ai ko ili." Wahi a Tava laua o Keale, ua haku ia keia mele no ka ui a me ka waiwai o ka moena makaloa. Ua kaulana loa ka moena makaloa no ka hoonaninani ia i ka pawehe i ke au ia Kamehameha III ma no ka lawe kino ia mai o na moena makaloa a na kupa o Niihau i makana hemolele ai ia lakou i ko lakou wa i kipa ai ia Niihau. I ia wa, ua kipa na alii ia Niihau no ka hoauhau ia o ka poe noho aina o Niihau i ka aina a me na holoholona. I ko lakou wa i kipa ai ia Niihau no ka ohiohi ana i na kala i hoauhau ia i ka poe Niihau, ua makana ia na moena makaloa ma kahi o ka uku maoli ana i ke kala e uku aku ai i ka lakou mau auhau aina a me na holoholona. O ka poe kahiko e noho ana ma Niihau i ia manawa, aole lawa ke kala e uku ai i ko lakou auhau aina. I wahi hoi e kaa ai ko lakou aie, o ka moena makaloa ka mea nana i hookaa i ko lakou aie aina a me ka aie holoholona. Ua makana nui ia na moena makaloa i na alii a i keia la, ke waiho kahelahela nei kela mau moena makaloa i loko o ka hale Hoikeike o Bihopa. He nani no hoi ka hoike hemolele ana o na kupa o ia wa i ko lakou mau manao ma luna o ka moena makaloa no ke kue ana i ka uku aina a me na holoholona. A lilo ihola ia moena kue i moena e ao ai i na hanauna hou i ka hana a na kupa o Niihau i ka moena makaloa. Aole no ike hou ia kela ano kaila ulana i keia au e holo nei. O ka ulana maamau wale no me na kinonanona i mea e hoonaninani ai i ka moena lau hala. I keia manawa, loaa no kahi a ka lehulehu e makaikai ai no ka ike maoli ana i ka nani lua ole o na moena makaloa o Niihau he alo a he alo. Wahi a na kupa o Niihau, o Niihau no kahi mua loa i hoomaka ia ai ka ulana ana i ka makaloa i moena. A oia no ke kumu i koho ia ai keia poo manao no ka pili o kona manao i ka moolelo aʻu e kakau aku nei no koʻu aina hanau. O ka aina hoi ia i hanau ia ai koʻu mau kupuna a me na makua oʻu, ka aina hoi i kaulana ai ka moena makaloa i ulana ia i ka pawehe.[1]

Ka Aina

Oiai, he pili ko ka makaloa i ka aina no ka hooulu ia ma Niihau, ua manao au he kupono ka wehewehe ana i koʻu aina hanau ma anei. Ma ka aina no ka poe Niihau i hookahua ai i ko lakou hale no ka ohana e noho ai. Ma ia aina hookahi no lakou i mahi ai i ka lakou ai no ko lakou ola. Ua pili no ka hana a ka poe Niihau i ka aina i ka manao o keia olelo noeau, "He alii ka aina, he kaua ke kanaka" (Pukui, 1983). O ka manao nui o keia olelo noeau, o ka aina, ua like no oia me ke alii, he noho wale iho no oia ma hookahi wahi me he alii la ke ano. Na ke kanaka e luhi i ka aina a loaa hoi ka ai i luhi ia ai. Aole e hua wale mai ana ka aina i ka ai ina aole e mahi ia e ke kanaka. Na ke kanaka e malama i ka aina a na ka aina e hanai mai i ke kanaka. I ka wa kahiko, ua mahi ai nui ka poe Niihau i ka aina i haawi hemolele ia ia lakou i wahi e mahi ai ai na lakou. O kekahi, no ka loaa ole o ka halekuai e kuai ai i ka ai e like me ko waho nei poe kekahi kumu no ka mahi ai ana. Ina pololi ka opu, loaa ka ai e hanai ai i ka ohana. O waho nei, ke pololi ka opu, ma ka hale kuai no lakou i kaukai ai i ko lakou pono. No ka poe Niihau, na lakou no i mahi kino i ka aina. Pela no lakou i hanai ai i ko lakou ohana. He mea nui ka aina i ka poe Niihau no ka nui o ka hana o ka aina. Ma ka aina no i kukulu ia ai ko lakou hale, ke kahua hoi o ko lakou pa hale, kahi hoi e hanai ai i na holoholona, kahi e kanu ai i ka honua o ka lakou mau keiki, kahi e waiho ai i ko lakou hana lepo, kahi e waiho ai i na kino wailua o ka ohana i hoi e i ka poli o Apelahama. O kekahi mea hoi nana i hoopili i ka poe Niihau i ka aina, ka hanau ana ia ma ko lakou aina ponoi.

O Niihau kekahi aina i helu papa ia i loko o na mokupuni o Hawaii nei. O kekahi mea hoi aʻu i lohe mau ai i loko o ke aloha welina a na kanaka i hoopuka ai i loko o ka lakou hai olelo, "Welina mai kakou e na hoa makamaka, mai ka moku o Keawe a hiki loa aku i ka mole olu o Lehua." Me he mea la, o Lehua kekahi mokupuni i noho ia e kanaka. Eia nae, he moku pohaku wale no o Lehua. O na lapaki a me na manu wale no na holoholona e noho nei ma luna o Lehua i keia mau la. O ka pololei, o Niihau no ka mea e pono ai i loko o ka lakou welina aloha. O Niihau kahi i noho kino ia e kanaka. Mai Kauai mai, he ahuwale no o Niihau ke nana aku a pela no me Niihau kekahi he ahuwale no o Kauai ke nana aku. He umi kumamahiku me ka hapa mile ka mamao o Niihau mai Kauai aku. O ka inoa o ke kai loa ma waena o Niihau me Kauai, o Kaulakahi. Hoike maila o Tava laua o Keale, he 47,217 ka nui o na eka aina ma Niihau. He 46,705 o ia eka aina, no ka ohana Sinclair. He 256 eka aina no ka moku aina a me ke aupuni kahi hoi e ku nei ka pa hale kula o Niihau.[2]

I ka makahiki 1864, ua kuai ka ohana Sinclair ia Niihau maia Kamehameha V no $10,000 kala.[3] Wahi a na kupa o Niihau, ua kuai ka ohana Sinclair ia Niihau i aina hanai holoholona. Ma hope o ka lilo ana o Niihau ia lakou, ua halihali ia na pipi, na hipa, na lio, ma Niihau. I keia manawa, aia no kekahi holoholona i kapa ia i ka inoa o "Elang." Wahi a na kupa o Niihau, o ke ano o ia holoholona, he hapa kia a hapa hipa. O kekahi mau holoholona e ae i loaa ma Niihau, o ka puaa, ka pokeokeo (pelehu), ka pikake, ka hoki, a me ka ekake. Aia no ia mau holoholona ma laila a hiki i keia la. I keia manawa, aia o Niihau ma lalo o ka malu o na pulapula a Sinclair a na lakou no e malama mau nei ia Niihau a me na kuleana e pono ai ka noho aina ana o ka poe Niihau. O lakou no na haku aina o Niihau a hiki i keia la. O kekahi mea i pomaikai ai ka poe noho aina o Niihau, aole ka ohana Lopikana i malama i ke ola o na holoholona wale no, ua malama pu ia ke ola o ka poe Niihau kekahi. I keia mau la, aia paha ma kahi o 150 a emi iki mai ka nui o ka poe e noho nei ma Niihau. O kekahi o lakou, ua nee a noho i Kauai, oia ke kumu i emi ai ka helu kanaka noho aina o Niihau. Eia nae, i ka wa no e upu mai ai ka manao e hoi i ka aina, ua hamama no ka puka no lakou e hoi ai. O ka mea nui nae, ka hoomaopopo ana i ka haku aina i lumi no lakou e kau ai ma ka moku halihali ohua o Lopikana ma. Ma ka moku halihali ohua no ka poe Niihau i hoi ai i Niihau i kela me keia wa. Ma ia moku no ka poe Niihau i hele ai i Kauai kekahi. Wahi a ka poe helu kanaka o ka U.S. Census Bureau, i ka makahiki 2000 Census, he 160 mau kanaka e noho ana ma Niihau i ia wa. O ke kumu no ia emi ana o ka helu kanaka, no ke kuai ana i ka hale ma ka aina hoopulapula o Kekaha a me Hanapepe, Kauai a aole hiki ke hoi hou i Niihau. Pono no lakou e noho i Kauai a uku i ka aie hale a lakou i kuai ai.

O Niihau, he aina maluhia no ia. O ka mea waiwai hoi o koʻu hookipa ana i koʻu ohana ma laila, ka noho hoonanea ana me lakou. Oia no kekahi mea i ike ole ia ma waho nei i keia mau la, ka noho pu ana o na opio me na kupuna. He kakaikahi wale no ka poe i ike ia i loko o ia ano noho ana. I koʻu kipa ana i koʻu ohana noho aina o Niihau, ua hoolilo nui aku au i koʻu manawa i wa e kukamailio ai me na kupuna a me ka hoolohe ana i na moolelo i hai waha ia no ko lakou ola ma Niihau. He mea hoopihoihoi ka lohe pepeiao ana i na moolelo o koʻu mau kupuna a me koʻu aina hanau. No laila, ke lohe aku au i kekahi kupuna e hai waha ana i kekahi moolelo, ma laila aku no au me lakou e pepeiao kiaha ai.

O kekahi mea i pomaikai ai ka poe noho aina o Niihau, aole i kaki ia ko lakou noho ana i loko o na hale i ke kaki uku hoolimalima hale e like pu me ko waho nei poe. He noho manuahi wale no lakou i loko o ka hale i hoolako ia no lakou e ka ohana Lopikana me ka uku ole. He mea ike maka ole ia keia hana ma waho nei. Ma hea la e loaa ai kekahi wahi e noho hemolele wale ai no me ka uku ole i ka hale? Ma Niihau wale no. He mea keia naʻu e haupu mau ai i koʻu wa e noho aina ana ma Niihau. O kekahi, nui koʻu aloha i ka noho ana ma ka aina aloha o koʻu mau kupuna a me oʻu mau makua no ka mea, oia no kahi nana i hanai a malama iau a me koʻu ohana.

O kekahi haalele ana o ka poe Niihau i ka aina, no ka hele ana i ka nana kauka. Ma Niihau, aohe haukapila a aohe kauka lapaau haole e lapaau ai i ko lakou mai. O ka hana nae, ina mai kekahi kanaka i loko o ka ohana, ua hele kino aku ia kanaka i Kauai no ka nana kauka. O ka manao o "nana kauka," ua like no me ka hele ana e ike i ke kauka no na pilikia like ole o keia noho kino ana. Minamina hoi ka nee ana o keia mau ohana a noho ma Kauai no ka imi ana i ke ola i na kauka lapaau o Kauai. He hoailona ka noho loihi ana i Kauai no ka haalele ana i ka aina aloha o Niihau mamuli o ke kaukai ana i na kauka o waho e lapaau i ko lakou mau mai.

Aole no pela ka noho ana o na kupuna o ka wa ma mua. Ua kaukai lakou i ka laau lapaau Hawaii o Niihau i ulu ahiu ma ka aina i laau e lapaau ai i ko lakou mau mai. He ala paha keia e hooikaika ai a hoola hou i ka hana o ka laau lapaau o Niihau i wahi e kaukai ole ai ka ohana i ka laau a na kauka o waho.

Na Inoa Aina

O kekahi mea i hoomanao ia no koʻu aina hanau, na inoa aina. Ua nui hewahewa na inoa aina ma Niihau. He mau kikoo wale no e hehi ai ka wawae, loaa hou kekahi inoa a paa naau no kela mau inoa aina iau i koʻu wa kamalii. I ka haalele ana ia Niihau a noho i waho nei, haalele pu kela mau inoa i koʻu waihona noonoo a pau i ka poina ia no ka ike hou ole ia o ia mau wahi i kela me keia la. O na inoa aina wale no i poina ole ia, kahi i noho paa ia e na kanaka. Kahi hoi e ku nei na kulanakauhale, ka hale kula, ka halepule, a me na wahi i hana ia i kekahi ano hana maamau i ka wa ma mua. Ma lalo nei, e hoike aku au i na inoa aina hanau o koʻu ohana kahi i hanau a hanai ia ai lakou.

O keia ke kaona o Puuwai Niihau. Noho ka nui o ka poe Niihau ma ke kaona o Puuwai Niihau. Hoolako ia ke kii e www.niihauheritage.org, Niihau Cultural Heritage Foundation.

O Waiaka Makai, o Kauanaulu, o Kauakinikini, o Pukaiki, a o Puuwai na inoa aina o ko'u mau kupuna. O Waiaka Makai, oia no ka aina hanau o ko'u mau kupuna kuakahi ma ka aoao o ko'u makuahine no laua na inoa o Nohokula Kaohelaulii laua o Naapuwai Kanealii. Ma laila hoi laua i noho pu ai a hanau i ka laua mau keiki a pau. O Kauanaulu, oia no ka aina hanau o ko'u kupunakane kuakahi ma ka aoao o ko'u makuakane no laua na inoa o Ikaaka Kanahele me Malaki Kanahele. Ua pili hoi ka inoa o ko laua aina hanau i kekahi inoa no kekahi ua o Niihau i kapa ia o "Kauanaulu." O Kauakinikini, oia no kahi e ku nei o keia hale pule o "Iubile Home Imi Ola Uhane."

He mea hoomanao keia kii iau i ko'u wa kamalii no ka mea, o nei kupa no ke kahunapule nana i malama i ka hana haipule ma ka halepule o Iubile. Mau no ia halepule o Iubile ma laila a hiki i keia la. O ka inoa o ka hoomana o Niihau, o "Hoomana Ia Iesu." O ka mea hoihoi hoi i ko'u lohe ana i keia inoa o "Hoomana Ia Iesu" no ka haku ia o kekahi himeni me ia inoa. Na na kupa no o Niihau i haku i nei mele. O ka lohe ana i na hua olelo i haku ia i loko o nei mele, he hoohihi hoi kau ke lohe aku. A penei no na manao o ke mele o "Hoomana Ia Iesu."

O keia ka hale pule o Niihau. O "Iubile Home Imi Ola Uhane" ka inoa piha o keia hale pule. I keia mau la, o Iubile wale no ka inoa i lohe ia. A o "Hoomana Ia Iesu" ka hoomana o keia hale pule.

Helu ekahi kuu Hoomana, ma ka honua nei a puni,
Ku kilakila me ke kamahao, ma Niihau moku o Kahelelani.
Hoomana, Hoomana, Hoomana ia Iesu ke alii,
Hoomana, Hoomana, Hoomana ia Iesu ke alii
(Haku ia e na kupuna o Niihau).

He nui hou aku na pauku o "Hoomana Ia Iesu" eia nae ua koho aku nei au i ka pauku mua a me ka hui wale no no ka himeni mau ia o ka pauku mua a me ka hui wale no e ka poe Niihau. He mea keia hoike ana i wahi e ike ai i ke ano o ka haku ana o na kupuna Niihau i ka lakou mele haipule.

O Pukaiki, oia no ka inoa aina hanau o koʻu makuakane. Ma laila no i hanau a hanai ia ai oia mai kona puka ana i ka puhaka o kona makuahine a hiki i kona hoi ana i ka poli o Apelahama. O ka aina hanau no ia o koʻu mau kupuna kuakahi, na kupuna o koʻu makuakane. Ma Pukaiki no i hanau ia ai kekahi o ka laua mau keiki. O kekahi mea hoi e hoomanao mau ai i koʻu aina hanau, ka paina heenalu o Kamoamoa. I koʻu wa kamalii, ua malama mau ia ka paina heenalu o Kamoamoa i na makahiki a pau. Oiai, o Pukaiki ka inoa o ka aina hanau o koʻu mau kupuna ma ka aoao o koʻu makuakane, eia nae, he mau kikoo wale aku no a hiki i kahakai kahi hoi nona ka inoa o Kamoamoa. O Kamoamoa, aia no ia inoa aina i loko o ka pana aina o Pukaiki. Ma koʻu hale, he ahuwale o Kamoamoa ke nana aku no ka mea, aia no i mua pono o ko makou pa hale. He ahuwale pu ka pa niu o Pukaiki, a ma laila no kekahi punawai nona ka inoa o Waimapuna. Ma laila no na kupa o Pukaiki i kii ai i ka wai no na holoholona. No ka uhi ia o Waimapuna e ka ulu kiawe, a me ke one o ia wahi, aole hiki ke ike hou ia ka punawai. Mai koʻu hale aku, hiki no ke ike ia o Waimapuna no ka mea, ma laila no koʻu mau kupuna i kii ai i ka wai no na holoholona. No ka nele o Niihau i ka wai ua, ua kaukai aku ka poe Niihau i ka wai mai na punawai i eli lima ia i wai no na holoholona.

O kekahi inoa i lohe ia no Pukaiki ke one hanau o koʻu makuakane, o Pukaiki Kula Maniania. Ua kapa ia keia inoa mamuli o ka ike ia o ka ania o ka la ma luna o ka mauu Kaleponi i ulu ahewa ma ka aina kula o Pukaiki. Ma Niihau, i ka wa ma mua, he mauu Kaleponi wale no ka mauu i ulu wale ma laila mai Lehua a hiki i Kawaihoa. A oia ke kumu i hookuu wale ia ai na holoholona e holoholo wale ma o a ma anei o Niihau no ka uluahewa o na mauu Kaleponi ma laila. O ka mauu Kaleponi, oia wale no ka ai a na holoholona o Niihau. O ka mea kupaianaha hoi o keia mauu Kaleponi, ke kau ka la i ka lolo, ike ia ka hahana a me ka ania o ka la ma luna o na mauu, pela no i loaa ai keia inoa no Pukaiki Kula Maniania. Eia no kekahi olelo i hai waha ia e kekahi kupa o Niihau no Pukaiki Kula Maniania:

> I ta wa ma mua, te nana oe i ta aina tula nui, he teoteo we no a hiti i nae. Mai ta hale mai, hiti ia oe te ite i ta pali o Lehua ma luna o ta olaelae o Puuaketua. I tela wa, he mauu Kaleponi we no ta mea ulu ma ta aina tula nui o Putaiti a hiti i Lehua. O tela ano mauu Kaleponi, te tau ka la i luna pono, hele a ania a me ta hahana pu o ta la ma luna o ta mauu Kaleponi. O ketahi, te mapopo e uila mai ana, mai Titie no o Eoma ma i nana ai i te awa. Ina malie ka tai, hiti i ta motu te holo i Niihau. Ina inoino ta moana tai, ale no holo ta motu i Niihau (Kaipo Kanahele, Mei 30, 2003).

O kekahi moolelo i lohe ia no Niihau, hiki no ke ike ia ka moku o Lehua mai Pukaiki mai. No ka laha o na ulu kiawe ma o a ma anei o Niihau, pau ka hiki ke ike hou ia o Lehua no ka alai ia e na ulu kiawe. Nui na ulu kiawe e ulu hewahewa nei a puni o Niihau a no ia kumu, pau ka loaa hou ana o ka mauu Kaleponi ma Niihau. I loko no o ka hoohana ia o ke kiawe i wahie e hana ai i nanahu, oia mau no ka nui o na ulu kiawe e ulu hewahewa nei ma Niihau. O kekahi ninau hoi i upu mai i loko iho oʻu, mai ke kumu hea mai hoi ka ulu hou ole ana o na mauu Kaleponi ma Niihau? Malia no ka loli no paha o ke au a loli pu me na mea ulu o ka aina kekahi. He mea hoomanao hoi ka nalowale ana o na mauu Kaleponi i ka olelo a koʻu makuahine. Olelo mai oia, i kona wa opio, oia no kekahi hana a lakou i hana ai. Ka okioki ana i na pua o ka mauu Kaleponi a hoouna i Kauai e kuai ai. Eia nae, aole oia ike, ia wai la i kuai ia ai kela mau pua mauu Kaleponi. I koʻu wa kamalii, o ka nahelehele wale no ia o Niihau. Ke puhi mai ka makani ma kula, hiki no ke ike ia ka momoe ana mai o na mauu Kaleponi a he ui okoa no ia o ka aina. I keia mau la nae, o ka mauu awaawa wale no na nahelehele e ulu nui nei ma Niihau. Ua ulu na mauu awaawa a puni o Niihau a komo pu i loko o ka pa hale o ka poe Niihau kekahi. I ka wa e ua nui ai, na ka mauu awaawa i hoouliuli i ka aina. Ke hiki mai ka wa ua ole, pau no i ka maloo. Oiai, na kela ohana keia ohana i malama ia waho o kona pa hale, he mea maamau ka ike ole ia o na mauu awaawa i ulu nui ma kahi i noho ia e ka poe Niihau no ka hukihuki ia a puhi ia i ke ahi. Ma kahi i noho ole ia e ka poe, ma laila no i ulu ahiu ai ka mauu awaawa.

O Puuwai ka aina hanau o koʻu mau kupuna, na makua o koʻu makuahine. Noho ka hapanui o ka poe Niihau ma Puuwai. Eia ae kekahi inoa kahiko i hoike ia no Puuwai, o Puuwai Aloha o ka Ohana. Eia nae, o Puuwai Aloha o ka Ohana, oia wahi like no e kapa ia nei o Puuwai. Aole i hoopuka piha ia e like me ka mea i hoike ia ma luna nei. O Puuwai wale no ka inoa e kapa ia nei i keia manawa.[4]

O Kauanaulu ka aina hanau o koʻu mau kupuna kuakahi, na makua o koʻu kupunakane ma ka aoao o koʻu makuahine. A ma Kauanaulu no laua i hanau ai i ka laua mau ohana keiki a pau. He ʻeono a laua mau keiki. He elua keikikane a he eha mau kaikamahine. Ma hope mai, ua nee koʻu mau kupuna a noho ma Puuwai, ma laila no laua i noho ai a hiki i ka haalele ana o koʻu kupunawahine i keia ola honua ana. Hoike maila o Tava laua o Keale i ko laua manao, o Puuwai no ka inoa pololei o ia wahi a he inoa ia no kekahi kanaka i kaulana hoi i ka hana no ka "lua." He hana ia i ku i ke ano o ka hakaka ana. A o kekahi inoa hoi i lohe ia me he olelo noeau kona ano o Kauanaulu, "Kau i ke ao Naulu, ola ka aina." I ka wa e kau ai ka ua Naulu, oia no ka wa e mahi ai i ka aina.[5] Ua maopopo hoi iau, o ka wa e ua nui ai ma Niihau, oia no ka wa a koʻu mau kupuna i mahi ai ai ma kula no ka lawe kino ia o maua o koʻu kaikuaana i kula e hukihuki ai i na nahelehele i ulu wale ma ka mala ai. He hana nui no ia a he hana i hana ia i loko wale no o ka hoomanawanui.

Eia kekahi, o koʻu mau kupuna, he poe mahi ai lakou. Maopopo ia lakou ka wa kupono e mahi ai ai i ka aina. I mea e lako ai lakou i ka ai i na wa a pau, mahi ai lakou ma kula a ma ka pa hale kekahi. I ka wa a Sinclair ma i kuai ai ia Niihau, ua kauoha ia oia e Kamehameha V e haawi i apana aina na kela me keia poo ohana o Niihau i aina e mahi ai ai na lakou. Ua kapa ia no hoi keia wahi apana aina mahi ai, o "kula." Ua haawi wale ia ka aina i kela me keia poo ohana i apana aina e mahi ai ai me ka uku ole i kekahi uku hoolimalima aina. Hoomaka ia ka mahele ana i ka apana aina mahi ai mai na kahunapule, na luna aina, a me na lima hana aina o Sinclair ma. Ma ia aina no lakou i mahi ai a hiki i ka laha ana o na holoholona ma Niihau. I ka laha ana o na holoholona ma Niihau, ua komo na holoholona i loko o na mala ai a ka poe Niihau a ai i na mea kanu i kanu ia ma ka mala ai a oia ka pau o ko lakou mahi ai ana ma kula. No ka nui o na hipa, a me na puaa ahiu i holo ahewa ma Niihau, ua hoomaka ka poe Niihau e mahi ai ma ko lakou pa hale ponoi. Manao au o ke kumu no keia mahi ai ana ma ka pa hale, i wahi e pakele ai ka lakou mala ai mai na holoholona aku. O kekahi, maalahi ka ninini ana i na mea kanu i ka wai no ka loaa o ka wai ma ka hale. Ma ka aina mahi ai o kula, aohe loaa ka wai. Ma mua o ka hele ana o koʻu mau kupuna i kula e mahi ai ai i ka mala ai, hele oia i ka punawai e kii ai i ka wai i wai e wai ai i ka mea kanu. Aia no ka pono o ka mea kanu i ka wai. A o ka mamao o ka aina o kula mai kahi aku o ka punawai, aia no ma kahi o elima a eono mau mile ka mamao. He hana nui ke noonoo ae i ka hana a na kupuna o ia wa eia nae, i ka pau ana o ia mau kupuna i ka haalele i keia ola honua ana, pau pu ka mahi ai ana o ka poe ma kula no ka nui o ka hana. Ma ka hale wale no lakou i mahi ai ai. Eia ae ka olelo a kekahi kupa i hai waha ai no ka mahi ai ana:

> Ma Niihau, te hele o Tutu Kalanipio ma i tula e mahi ai ai, lawe oia iau me ia. O taʻu hana, kotua ia ia kanu i ta uala. Kanu matou i ta uala i ta po we no o Mahealani. O Mahealani, he inoa o ta mahina. Olelo ia hoi, te kanu oe

i tau hua ai i ta po o Mahealani, nunui ana ta hua o tau ai i kanu ai. Ka tumu, i ta wa e hua ai ta uala, like tona nui me ta mahina o Mahealani (Kaipo Kanahele, aohe makahiki).

He mea hoomanao mau keia olelo ao a ko'u makuakane no ka mea, ua pau pu i loko o ia hana kekahi. Ua lawe pu oia ia maua o ko'u kaikuaana i "tula" no ka hukihuki ana i na nahelehele. Hoomanao nae au, o ka wa wale no a makou i hele ai i kula e mahi ai ai, i ka wa o ke kau ua. Hoomaka ke kau ua i ka mahina o Ianuali a hiki i ka mahina o Apelila, a laila pau ia wa ua. Malia no ka nui o ka wai ua o ia wa, he wa maikai no ia no lakou e mahi ai ai i ka mala ai. O ka maua hana, ka hukihuki ana i na nahelehele a me ke kope opala. Na ko maua makuakane i kalai i ka nahelehele a na maua e kope a hao i na nahelehele a kiloi i loko o ka ulu koa haole. O kekahi hana hou aku ma hope o ka hoomaemae ana i ka mala ai, ka oo ana i ka lepo a palupalu a makaukau no ke kanu ana i ka uala. O ke ka o ka uala ka mea i hoohana ia no ke kanu ana i ka uala. Ao maila oia ia maua i ke ano o ke kanu ana i ka uala. Hookomo i ke ka o ka uala ma waena o ka manamana kuhikuhi a me ka manamana loa a na ka manamana nui e pohu ia lalo o ke ka o ka uala a paa i loko o ka lepo a kanu i ka lepo me kekahi lima ae. Ma hope o ia hana, kekeehi i ka aoao o ka uala a paa i ka lepo. Ke ulu mai ka uala a ikaika kona ulu ana, hele hou maua me ko'u makuakane i kula e puepue ai i ka lepo o ka aoao o ka uala a palupalu. Na ka palupalu o ka lepo i puepue ia e kokua i ka ulu ana o ka hua uala. I ka wa e ulu ai ka uala loaa ka lumi e hoonui ai i ka ulu ana o ka uala a nunui ka hua. He nui no na keiki o Niihau i ao ia i ka hana no ka mahi ai e ko lakou mau ohana mahi ai. Ua lohelohe au, i ka wa ma mua, ua kaulana o Niihau i ka uhi. O ka uhi, he lala oia o ka ohana uala. Wahi a na kupuna o Niihau, o ka uhi i kanu ia ma Niihau, momona kona ono. Eia nae, loaa no kekahi uala i kanu ia ma Niihau a like no kona nana ana me ka uhi. Aka, he uala no ia e like me na uala maamau. Wahi a ko'u makuahine, o ka inoa o keia uala, o "hua moa" no ka alani o kona io a like hoi ka nana ana me ka hua moa. O ka uhi, he alani no kona io. Ua kuhi hewa paha ka poe i ike i ka uala hua moa o Niihau he uhi, no ka like o ko laua nana ana? O ka uhi hoi e kuai ia nei ma ka hale kuai i keia mau la, alani no kona kala a koe nae ka momona ole o ka ono. Ma ka lohe ana i keia olelo, me he mea la, he poe mahi ai no ko Niihau ma mua loa o ke kuai ana o Sinclair ia Niihau. I keia manawa nae, no ka nele o Niihau i ka wai ua a me ka loli o ke au o ka manawa, aole nui ka poe mahi ai i keia mau la. He mea nui ka hoi ana i ka aina e mahi ai ai i mea e hoomau ai i ka loina mahi o na kupa o Niihau i ole e poina ia. Oiai, mahi ai ka poe Niihau ma ka aina i haawi hemolele ia i aina e mahi ai ai no lakou, eia nae, he mau kapu no ko ka aina kekahi. Aole hiki i ka poe Niihau ke mahi ai wale no ma na wahi like o ka aina. Ma kahi wale no i haawi ia ia lakou i aina e mahi ai ai.

Na Kapu o ka Aina

He nui no na ano kapu o ka aina ma kela me keia mokupuni. I ka wa nae i ko kakou mau alii, ua nui na mea i hookapu ia. Malia, o ke kumu i hoomau ia ai kekahi o na kapu ma ka aina i mea e pale ai i na ano kuia like ole e upu wale ai ma ka aina. He kapu no ko ka aina, ke kai, ka ai, a he nui hou aku no na ano kapu like ole i kau kanawai ia. O kekahi kapu i malama ia ma Niihau mai ka wa kahiko mai a hiki i keia manawa, ka hiki ole ana i na kanaka like ole ke hele i Niihau me ko lakou manao iho no. Oiai, he aina ia i kuai ia e Sinclair ma, he kuleana ko lakou e hookapu ai i na mea like ole ma ia aina. He kuleana hoi ko lakou kau ana i na ano kapu like ole e pono ai ka aina a me ka poe noho aina o Niihau.

O kekahi kapu, ka hiki ole ana i na kanaka o Niihau ke hele i waho o ka aina kula i ka Lapule. O ka Lapule, he la ia e hoomana a hoomaikai ai i ke Akua a he la e malama ai i ka la Sabati e like me ka mea i palapala ia, "E hoomanao i ka la sabati a e hoano ia" (*Baibala Hemolele,* Pukaana 20: 8, 1994). Me ia manao e ku nei, ua malama loa ka poe Niihau i ke kanawai o ka la Sabati. O ka hana wale no ma ka Lapule, ka hele ana i ka pule a pau ka pule, hoi i ka hale a hoomaha wale no a po ka la. O ka Lapule no ka'u la punahele no ka hiki iau ke hiamoe a hoonanea wale no me ka ohana a po ka la. O na la noa e ae a pau, nui na hana e hana ai no ka pono o ka noho ana. Aia no ke ola o ka ohana ma ka malama ana i na kuleana i kau ia ma luna o makou. O ka hoomaemae hale, ka hoomoa ana i ka ai, ka holoi ana i na lole, ka holoi ana i na pa, ke kope ana i na opala o ka pa hale a me ka hanai ana i na holoholona. He hana i hana ia mai ka Poakahi a hiki i ka Poaono. Ma hope o ka hoopau ana i na hana o keia noho honua ana, ua hele a luhi ke kino a he ola ia e pono ai ka noho honua ana.

O kekahi mea i hookapu ia ma Niihau, ka inu ana i ka lama. O ka lama, oia mea hookahi no, he pia. He kapu keia i hoopaa ia ma waena o na kupuna a me na haku aina o Niihau mai ka wa mai no ia Sinclair ma. No ko lakou ike paha i ka hana apiki a ka lama i hookapu ia ai ka lawe ole ana o na kanaka i ka lama i Niihau. He mea ia e maluhia ai ka aina, ka loaa ole ana o na mea e hoohaunaele ai i ke ola o na kanaka noho aina. Manao au, he mea maikai loa ko lakou hookumu ana i keia ano kapu ma Niihau no ka mea, pela no e pale ai i na ano pilikia like ole mai kinohi mai. He mea ike maka kela na kakou i keia au e holo nei. Ina inu ka poe inu lama a ona, he hopena okoa ko laila. O ka loaa ole o ka lama ka mea e malama mau ai i ka maluhia o ka aina. Ina kau ia ke kapu mai kinohi mai, e hahai mau ia ana no ia kapu e na pulapula o ka hanauna e hiki mai ana. No ia kumu, aole no ike ia na ano pilikia like ole ma Niihau. O kekahi, no ke kamaaina o na kanaka noho aina kekahi i kekahi i kupu ole ai na ano kuia like ole ma Niihau. Maluhia no ka noho ana o ia wahi. Ina hele oe i ke aumoe lilo, aohe kanaka nana e hoopoino mai ia oe. Malia ua like no ka noho ana o waho nei me Niihau i ke au ia Kamehameha I, aka i ke komo ana mai o na lahui like ole, komo pu mai me na ano poino like ole kekahi.

O kekahi mea i hookapu ia, ka lawe kino ana i na hulu manu pikake i Kauai. I ka wa ma mua, nui hewahewa na manu pikake ma Niihau. O ka makou hana, ohiohi i na hulu pikake i helelei ma ka aina a hoihoi i ka hale na koʻu kupunawahine i hulu e humu papa ai i na lei hulu pikake. Aole makou i hukihuki i na hulu pikake mai ka manu pikake mai. O na hulu pikake wale no i helelei mai ka pikake aku. O koʻu kupunawahine, kau mau ana oia i ka lei hulu ma kona lauoho pu. A o koʻu kupunakane nae, kau oia i ka lei hulu i lei e hoonani ai i kona papale lau hala. Ua lei ia ka lei hulu pikake ma ka papale lau hala a i ole ma ka pu o ka lauoho. O koʻu kupunahine, ua wili oia i ka lei hulu pikake ma ka aoao o ka pu o kona lauoho i kela me keia Lapule. Ma ka nana wale aku no i ka nani o ka lei hulu pikake a i ole ka hulu manu kolohala, he hoohihi hoi kau. Aole nae au ike ina mau no ka loaa o na manu pikake ma Niihau. I keia manawa nae, ua hiki no ke kuai ia na hulu manu pikake ma ka halekuai i keia manawa. O kekahi mea i kapu ai ka hulu pikake, he mea ia e hookupikipikio ai i ke kai i ka wa e holo ai ka moku mai Niihau a i Kauai. Wahi a na kupuna, o ka hana a ka uila, aole no ka lawe ana i na mea i hookapu ia ma ka aina. No ka halihali ana i na holoholona, ka ohua, na ukana, a me na mea hana no ka aina. Aole no ka lawe ana i na mea i hookapu ia e na kupuna a me na haku aina:

> Te lawe ia tela ano mea i Tauai, inoino ka tai. Ma mua nui ta poe lawe i tela ano mea i Tauai. Tia manawa, te loa pono, tiloi ia i loko o ka tai. Oia ka tumu matau ta poe i ta lawe hou i tela ano mea i Tauai (Mililani Kanahele, Iune 21, 2010).

O kekahi mea kapu ma Niihau, aole ae ia ka hele wale ana o na kanaka malihini i laila me ko lakou manao iho no. Malia no ka makemake ia no paha e malama mau ia o Niihau e like me kona ano maoli no e like me ka wa ma mua kekahi kumu i hookapu ia ai ka hele wale ana o na kanaka i laila. Ina hele wale aku no kekahi malihini i laila me kona manao iho no, e manao ana na kanaka a pau hiki no ke hele wale aku no i laila me ka apono ole ia e ka poe no lakou ka aina. he ala hoi ia e komo pu mai ai na mea i hookapu ia kekahi. O ke ala wale no e hiki aku ai i laila, ma ka noi ana a apono ia e ka haku aina. Ua kipa no kekahi mau malihini i Niihau i ka wa ma mua a na kekahi ohana Niihau no i hookipa a malama ia lakou. E laa hoi me Mama Ella Wise, o Anake Genoa Keawe, o Anake Malia Craver, o George Huddy, a o Tutu Amelia Wainee me kona ohana. O kekahi mau malihini e ae i kipa ia Niihau, na kumu kula mai ke kula aupuni mai. Ua apono ia ko lakou kipa ana ia Niihau no ka loiloi ana i ka holomua o ka hoonaauao ana ia o na keiki hele kula o Niihau. He hookahi wale no kumu kula i hele a noho ma laila i ka wa kauwela. O Gabriel I, ka inoa o ke kumu kula. Nana no i hoolala a malama i kekahi papa kauwela me na kamalii o Niihau. Ua komo pu au i loko o ia papa kauwela i malama ia ma Niihau i ko'u wa kamalii. Na na kumu kula no o Niihau i hookipa a malama ia ia ma ko lakou hale ponoi. O kekahi mau malihini i kipa ia Niihau, ma ka mokulele pinao no lakou i lele ai i Niihau. He okoa keia ano kipa ana ia Niihau. Ma kahakai wale no lakou i kipa ai a laila, hoi hou i Kauai. O na malihini e ae i kipa ia Niihau, ua noho lakou me ka poe Niihau. No ia kumu, kakaikahi wale no ka poe malihini i kipa ia Niihau. O kekahi, o ka loaa ana mai o keia mau kapu ka mea e hoomaluhia ai i ka noho ana ma Niihau.

Ka Wai

He mea nui ka wai i ke ola o ka poe Niihau. Oia ke ola o ka aina a me na kanaka o Niihau. Ma Niihau, ke wi ka aina i ka wai, o ke Akua wale no ke Akua a makou i huli ai no ka wi o ka aina i ka wai ua. He mea nui ka wai i ka poe Niihau no ka pono o na mea ola a pau o ka aina. O ka mea wale no e loaa koke ai ia makou ka wai, ke ue ka lani a ola hoi ka honua. Hoomaka ke kau ua i ka mahina o Nowemapa ma hope o ka La Hoomaikai. Ma hope o ia wa, maopopo i ka poe Niihau, e hiki koke mai ana ke kau ua. Ma mua o ka hiki ana mai o ke kau ua, ua hoomakaukau ia ka pahu wai a me na kula hao a pau e hoopiha ai i ka wai ua. Hooholo ia na hawai mai ka hale a i ka pahu wai a me na kula hao. Ke helelei mai ka ua ma ke kaupoku o ka hale, holo pololei ka wai i ka hawai a i loko o ka pahu wai a me na kula hao. He nui no na ano o ka pahu wai i loaa ma Niihau. O ka pahu wai papa, ka pahu wai hao, ka pahu wai kimeki a me ka pahu wai ea. I ka wa ma mua, o ka pahu wai papa wale no ka pahu wai i loaa ma Niihau. No ka pau o kekahi o na pahu wai papa i ka popopo, ua hana ia ka pahu wai kimeki. A o na pahu wai hao, ma hope loa ka loaa ana ma Niihau. Loaa no hookahi pahu wai hao ma ko makou hale ma Niihau. O na pahu wai ea, he mau makahiki wale no i hala aku nei ka loaa ana ma Niihau. O ka mea apiki wale no o ka pahu wai ea, ka ii. Ulu ka ii i loko o ka pahu wai ea no ka pa ia e ka la. A o ka wai mai ka pahu wai papa mai, oia no ka wai ono loa. O ka pahu wai no ia a ko'u mau kupuna i malama ai i wai inu a i wai e kuke ai i ka ai. Malia oia paha ke kumu i malama mau ai ka poe Niihau i ka lakou pahu wai papa. Ina oaoa ka aoao o ka pahu wai papa, ua pake hou ia a paa i ke ka. O ka pahu wai kimeki, aole no ono ka wai. Loaa no ka pahu wai kimeki ma kekahi mau hale eia nae, o ka hapanui o na pahu wai ma Niihau, he mau pahu wai papa.

He elua pahu wai i kukulu ia ma ka pa hale kula o Niihau. Hookahi pahu wai kimeki a hookahi pahu wai papa a ma laila no i malama ia ai ka wai no ke kula, ka paina Kalikimaka a me ka paina Makahiki Hou i malama ia i na makahiki a pau. O ka pilikia wale no me ka pahu wai papa, ke hele a maloo ka wai, hoomaka mai e oaoa no ka maloo o ka wai o ka pahu wai. Ke hoopiha hou ia ka pahu wai e ka wai ua, kakahe mai ka wai ma kahi o ka oaoa. O ka pake ana i ka oaoa o ka pahu wai i ke ka, oia ka mea e pau ai ke kahe ana o ka wai. Na ke ka no i hoopaa hou i na oaoa i ole e kahe wale ka wai i waho a pau wale no ka wai o ka pahu wai. O ka pahu wai kimeki hoi, ina maloo ka wai, ua hoomaka maila e naha. Ina aole ike ia ka naha o ka pahu wai kimeki i ka wa i maloo ai ka wai, ke loaa hou ka wai ua, ua kahe mai ka wai ma kahi o ka naha. O ko‘u makuakane, makaala mau oia i ko makou pahu wai. Ina pono ke ka ana i ka pahu wai, ua hooponopono koke ia ma mua o ka hiki ana mai o ke kau ua.

Eia hou, aole hiki ke uhauha i ka wai e like me ka hana a ko waho nei kanaka. Ua hooholo wale ia ka wai ma ka pa hale no ka hooulu ana i na mauu. Ua ku paha ka hana ino o ko waho nei poe i ka wai no ka nui o ka wai. E hiki mai ana ka la e wi ai ka aina i ka wai a hoaa ka maka no ka hana ino i ka wai. Mai uhauha wale aku no i ka wai, e malama i ka wai. O kekahi hana a ko‘u ohana i hana ai, ka hookaawale ana i ka wai inu a me ka wai e kuke ai i ka ai. Okoa hoi kahi e kii ai i ka wai no ka holoi ana i na pa, na lole, ka wai auau, a me ka wai e hanai ai i na holoholona. O ka wai inu a me ka wai kuke, malama ia ka wai i loko o ka pahu wai papa a i ole ka pahu wai kimeki. O ka wai auau a me ka wai e holoi ai i na lole mai loko mai o ke kula hao. Hana ia pela i wahi e malama ai i ka wai o ka pahu wai. Ina maloo ka wai o ka pahu wai, aohe wai inu a hiki i ka wa e ua hou ai. Ua like ka waiwai o ka wai o Niihau me ka waiwai o ke gula a ko waho nei poe e minamina nei.

Eia kekahi, wahi a na kupuna o Niihau, o ke kumu i loaa ole ai ka wai ma Niihau, ua huna ia ke ki o ka wai o Niihau e Keale Kupuna. O Keale Kupuna kekahi kupuna i olelo ia, he kanaka i like kona ano me kekahi kaula. Ua hiki ia ia ke ike i na mea e hiki mai ana. Olelo ia, o ke kumu i huna ia ai ke ki o ka wai o Niihau, i wahi hoi no ka poe Niihau e hoopoina ole ai i ke Akua oiaio. Ina loaa wale no ka wai ia lakou, aole lakou e hoomau i ka pule i ke Akua oiaio. Aohe kumu e hoomana ai i ke Akua ina he loaa wale mai o ka wai ia lakou. Ina nele lakou i ka wai, o ke ki wale no e loaa ai ka wai, ka pule ana i ke Akua. No ia kumu hele aku lakou i ka halepule e noi ai i ke Akua no ka wai ina wi ka aina i ka wai.

Malia, he mea paha ia olelo e ao mai ai i na kanaka o waho nei e malama ia ka wai. E like akula me ke mele i himeni ia e Jerry Santos, "E malama i ka wai." He ike ia no ka uhauha wale ana o ko waho nei poe i ka wai no ka loaa wale o ka wai. Hoohana ia ka wai no ka holoi ana i na lole, na kaa, a me ke kiki wale ana i na mea kanu o ka pa hale. Ike ia no hoi ka lele wale ana o ka wai ma na pa mauu hili kolepa o Oahu nei a he hana hoi ia i ku i ka uhauha wai. Ma Niihau, kapa aku makou i ia hana uhauha, he hana ino wai. He mea nui ka wai ia makou a aole hiki ke uhauha wale no e like me ka hana e ike ia nei ma anei.

O ka waiho ana i ka manaolana i mua o ke Akua oiaio i wai no lakou, ka aina, na holoholona, a me na mea ola a pau o Niihau, ka mea i hana mau ia ma Niihau. Aole ke Akua oiaio i hoololohe i ka lakou leo pule. Ma kekahi olelo ana, aloha no keia ano noho ana. Eia nae, he mea ia e ao ai ia kakou i ka hana pono e hana ai i ka wai. Ina pau na lua wai i ka maloo, pau ka pono o ka lahui kekahi. Hoihoi keia ano noho ana o Niihau no ka like ole o ke ano o ka noho ana o laila me ko waho nei. Ma waho nei, ike ia no ke kahe wale ana o ka wai i mea e hooulu ai i ka mauu a me ka mea kanu. Pehea la ke ola o keia mau kanaka i maa i ka uhauha wai ke hiki mai ka wa e maloo ai ka lua wai. He aha la ka pono? He mea paha ia e ao ai ia kakou e makaala i ka kakou hana. Aole no ka wai wale no no na mea a pau. No ia mau kumu i lilo ai ka poe Niihau i poe hoomana i ke Akua oiaio i na wa a pau.

Ka Ai

No ka imiimi ana o ka poe Niihau i ko lakou pono ma o ka mahi ai a me ka lawaia ana, ua ao mai lakou i na ano ike like ole e loaa mai ai keia mau pono ia lakou. Ua nui no ka ai o ka aina a me ka ia o ke kai. I ka wa ma mua, ua mahi ai na kupa o Niihau i ka aina. Ua haawi ia i kela me keia poo o ka ohana kekahi mau apana aina ma kula i wahi e mahi ai ai na lakou. Ma kula no lakou i kanu ai i na ano huaai like ole e laa hoi o ka manako, ka maia, ka momona (he huaai kona ano), ka halakahiki, ke ko, ka uala, ka ipu haole a me ka hei. Ua lako no ka noho ana oia wa. O kekahi, hana nui na kupuna oia wa. Aole lakou i hoolilo wale i ko lakou manawa i wa e noho wale ai no me ka hana ole o ka lima i kekahi hana. Ua imiimi lakou i kekahi hana e hana ai i na ano hana like ole e pono ai ko lakou ola.

O kekahi hana i hana mau ia, ka lawaia, ka hopu hipa, ka hahai pua. Na ka lio no i lawe ia lakou i ka lawaia, ka hahai hipa a me ka puaa. O ka poe i loaa ole ka lio, ma ke kaa hehi wawae, a i ole ma ka palau ana no ma na palaulau wawae a ke Akua i hana ai. O ka lio, hoohana wale ia no no ka hana aina. O ka poe no lakou ia mau lio, ka ohana Lopikana. Ua haawi ia na lio ahiu i na kanaka Niihau no ka hoolakalaka ana. Na kela kanaka keia kanaka i hoolakalaka i kona lio ponoi a hiki i ka wa e laka ai. O ka lakou hoolakalaka ana i ka lio, ua lawe ia i kahakai a hooholo ia ma ke one. I lalo, i nae, i lalo, i nae a hiki i ka wa e luhi ai ka lio. Me he mea la, he ala ia e laka koke ai ka lio. O ke kumu i hoolaka ia ai ka lio i kahakai, ina oala ia ke kanaka hoolaka e ka lio a haule i lalo, aole eha. O kekahi, na ke one i hooluhi koke i ka lio. Ua oi aku ka palupalu o ke one ma mua o ka lepo. O kekahi mea ma ka aina, nui ino na pohaku. Ina puiwa ka lio a holo, aole i nana ia kahi e haule ai ke kanaka. Ma ka aina palahalaha a i ole ma kahi o na aa pohaku. Ina haule ma luna o na pohaku, he pilikia okoa aku ia. Pela no ka hoolakalaka ana o ka poe Niihau i ko lakou lio ahiu.

O ka hipa, ua haawi wale ia i ia na ka poe Niihau me ke kuai ole aku i ke kala. Ina makemake kekahi ohana i ka hipa, na kekahi kanaka o ka ohana i hele kino aku e hopu i ka hipa i makemake ia. Oiai, he poe hanai puaa ka poe Niihau, aole no i ai ia ka puaa i kela me keia la a i ole i kela me keia pule. Aia no a nele loa ka ohana i ka ia a laila, pepehi ia ka puaa. O kekahi, ua pepehi ia ka puaa no ka paina. A oia no ka ia e ai ai no ka paina.

O ka hahai puaa ahiu kekahi mea e loaa ai ka ai. O ka hana me ka puaa ahiu, ke kapi paakai a i ole ka helehele kaula. Ua helehele ia ka io o ka puaa a kapi ia i ka wai paakai a miko a kaulai ma ke kaula. O kekahi hana, ua kapi ia ka io puaa i ke koiu a kaulai ia ma ke kaula. He ono okoa no ka ai ana i ka io puaa i kapi ia i ka paakai mai ke koiu aku. O ke kumu no ia hana, i hiki ke malama ia ka io puaa a loihi. O ka hapanui o ka manawa, ua kapi ia ka io puaa i ka paakai no ka nui o ka paakai ma Niihau. A ke hiki mai no ka wa e nalu ai o kahakai, o ka ia no ia e ai ai. Oiai, aohe halekuai ma Niihau, ua kaukai nui ka poe Niihau i ko lakou ola i ka ia o ka aina a me ka ia o ke kai.

O kekahi, ina aole lawa ka ai, ua kii ia ka ai mai ka aina a i ole mai ke kai mai. Ma Niihau nui hewahewa ka ia. Nau ka wae i ke ano o ka ia e kii ai. Ua kii ia ka ia a lawa wale no no ka ai ana na ka ohana. Ina nui ka ia i loaa mai, ua mahele ia na ka ohana a pau. Aole i malama ia na ka poe lawaia wale no. Ua mahele ia ka lakou loaa na kela me keia ohana i noho kokoke ia lakou. A oia no kekahi mea i okoa ai ka noho ana ma Niihau i ko waho nei. O waho nei, nana no oe i kou pono iho no. He mea minamina hoi ka noho ana o kanaka i keia au e holo nei oiai, mai hookahi lahui no kakou a pau i hele mai ai. Ma Niihau, ina aole lawa ka ai a kekahi ohana, hele kela ohana i nele i ka ai i kekahi ohana no ko lakou nele. Pela no ko lakou noho ana ma ka malama ana kekahi i kekahi me ke aloha. A oia no ka mea nui i loko o ko lakou noho ana.

O kekahi mea e loaa mai ai ka ai, ka mahi ai ana. O koʻu kupunakane, he kanaka mahi ai oia. Piha kona pa hale i na ano kumu laau hua ai like ole. O ka manako, ka hei, ka maia, ke kuawa, ka momona, ka alani, ke ko, ka uala, ke kulina, a peia aku ana a peia aku ana. No ko lakou mahi ai ana, he mea ia e lako ai ka noho ana. Ina ono oe i ka manako, he hele wale aku no i ke kumu manako a lou i ka hua pala e lewalewa ana i lalo, a ai. Aohe wa i hele ai a pololi ka opu i ka ai ole. O kekahi, aole no i hele aku kekahi kanaka e aihue i ka ai a hai. Ina makemake lakou i ka hei, ka manako a he aha la, ua hele pololei aku no i mua o ka mea nona ia pa hale i piha i ka ai a noi. "Hiti no te loa mai kahi hua manako!" Ua haawi hemolele ia ka ai e like me ka makemake o ia kanaka. O ka ai wale no i loaa ole ma Niihau, ke kalo. Wahi a ka lohe, ua kanu kalo no ka poe kahiko o Niihau, i luna o Kaali. Loaa ka wai ma laila a loaa no ka loi kalo ma laila i ka wa ma mua. No ka nele paha o Niihau i ka wai ua i keia manawa, aole i kanu hou ka poe Niihau i ke kalo ma Kaali. Ua kuai ia ke kalo a i ole ka poi mai Kauai mai. Aole nae au ike i ka wa hea la i pau ai ke kanu ole ana i ke kalo ma Kaali. Ma Kauai wale no e kuai ia nei ka poi a hiki i keia la.

O kekahi mea e hoonui ai i ka ai, o ka palaoa. O ka poi palaoa, he palaoa maka i ko ia me ka wai wela a wali a hoohui ia me ka poi kalo a loaa mai he "poi palaoa." O ka hana, hoopaila ia ka wai a wela ino, a laila, lulu ia ka palaoa maka i loko o ka wai wela a ko ia a wali. Ke wali, waiho ia a maalili a hoohui ia ka poi palaoa me ka poi kalo. A oia ke kumu i kapa ia ai, he poi palaoa. Ina nui ka poe i loko o ka ohana, o ka poi palaoa no ka mea e pono ai. O ka mea i hoohana ia no ke ko ana i ka poi palaoa, ke kui ai. He laau ke kui ai i kalai ia i kui ai. Me ia kui ai no i ko ia ai ka poi palaoa. O ka mea e ike ai ua moa ka palaoa ke pau ka puupuu a hakeokeo kona nana ana. O keia hana, he wili poi palaoa, na ka poe wale no i maikai ka lima no ka wili ana i ka poi palaoa. Ina aole maikai ka lima nana i ko i ka poi palaoa, hele a momona ka poi palaoa. Aole makemake ia ka poi palaoa momona. O ke kumu, loaa ana ka poe i ai i ka poi palaoa momona i ka mai hi. O kekahi hoailona hoi nana e hoike mai i ka ono o ka poi palaoa, ka pukapuka o ka poi palaoa a me ka awaawa. He hoailona ia o ka ono o ka poi palaoa a me ka hoolawa ana i ka poi no ka poe ohana nui. Ke ai ia a emi ke pola poi i lalo, ua pii hou ka poi palaoa a piha hou ke pola. He kupaianaha no ia hana. Aohe wa e nele ai ka ohana i ka poi a loaa hou ka poi kalo e wili hou ai i ka poi palaoa. Eia ae no ka olelo a kekahi kupa no ka poi palaoa. He kupa oia no Niihau a he ai ono ia na Mama Kananiokaleohoomana Kanahele Nizo (2007):

> Ta wili ana, hootahi no aoao oe e wili ai. Aale tela ano wili imua, wili ihope. Wili wale no oe i ta aoao atau, o tela wale no. Wili hou oe ihope, a e momona ana. Hootahi no aoao e wili ai. Te hele a pau, ketahi manawa no, hoohui maoli oe me ta poi maoli (Virginia Kananiokaleohoomana Nizo, 2007, 49).

He nani lua ole ka olelo a nei kupa i hoike maila i ka wili ana i ka poi palaoa. Ua ike maka au i keia hana i ko‘u wa kamalii, a aole nae au i ike he kumu no ka hana ana pela. I ka wa i komo io ai i loko o ka hana i maopopo lea ai keia hana iau. Ua pili hoi keia hana i ka hana a ka laau lapaau popolo. Ma ke kau ana i ka popolo, he hookahi wale no aoao e kau ai a pau ke kau ana. Ua ike maka au i keia hana mai ko'u makuahine mai i kona wa i kau ai i ka popolo ma ko'u opu. I loko o ko'u ohana, na ko'u makuakane laua o ko'u kaikuaana wale no i wili i ka poi palaoa na ka ohana. Ina aole lawa ka poi kalo, ua wili ia ka poi palaoa. He ono no ka poi palaoa a laua i wili ai. I ka piha ana i ka'u mau keiki mahoe ko laua makahiki he hookahi, ua malama ia ka paina ma Niihau. Mamuli hoi o ka loihi o na la i malama ia ai ko laua paina la hanau, a me ka nui o ka poe i hele mai i ka paina, ua wili ia ka poi palaoa i mea e lawa ai ka poi e hanai ai i ka nui poe. Eia ae ka olelo a kekahi kupa o Niihau:

> Ai no katou i ta poi palaoa. Teia palaoa, wili no oe a moa me ta wai wela. Kute maoli me ta wai wela. Kute oe i ta wai wela a wela, a tela palaoa, ninini no i tela wai wela iloko a hoowali. Hoowali i tela palaoa me tela wai iloko o ta pakete. Paila oe i ta wai i loko o ta kini ma luna o ka tapuahi a moa. A paila a hootomo iloko o ketahi pakete otoa. A ta mea paila i ta wai wela, he kini. Ketahi poe, loa ta kelemania, ketahi poe, aale. He pakete ea no. Hiti no te wili ia iloko o leila i tela manawa. Wili no oe a hoonui me ta poi. Te loa wahi poi liilii, wili no oe a hoohui, pau. Waiho a huihui. Oia no ta mea e ai ai (Virginia Kananiokaleohoomana Nizo, 2007, p. 49).

He ai ono ka poi palaoa i ka poe noho aina ma Niihau. No ka poe ono i ka poi palaoa, o ka lakou ai maamau no ia. Ai ia ka poi palaoa i na la a pau. Ina pau ka poi palaoa, ua kui hou ia i loaa ka ai e ai ai a hiki i ka holo hou ana o ka uila i Niihau. I ka wa ma mua, ua kauoha ia ka poi i Kauai ma lalo o Lopikana ma. He 50 paona o ke eke hookahi. Ina nui ka ohana, ua kauoha ia he elua eke poi. Eia nae, no ka ai ia o ka poi i kela me keia la, pau koke ka poi. Ma ka moku halihali ohua o Lopikana ma i lawe ia ai na eke poi i Niihau i kela me keia pule. I keia manawa, na kekahi kanaka o ka ohana i kuai pololei i ka lakou poi ponoi mai ka halekuai mai a hoouna i Niihau. Ina pokole ka poi, o ka laiki no ka mea e ai ai. He mea nui ke ao ana i na hanauna hou i ka hana a ko kakou mau kupuna i wahi e ike ai lakou i keia ano noho hoohaahaa ana o na kupuna.

Na Kukui

Okoa ka noho ana ma Niihau a okoa hoi ka noho ana o waho i ka loaa ole o ka uila. O ka uila no ka mea nana e hoa i ke kukui, ke kiwi, ke kapuahi, ka pahu hau, ke kelepona, a he nui hou aku na mea i hiki i ka uila ke hana no ka poe o waho. No ke kuokoa paha o Niihau nona iho, mau no kona ano maoli mai ka wa mai i hookumu ia ai o Niihau a hiki i keia manawa, aohe uila. Mai ka wa ma mua mai no ka loaa ole ana o ka uila ma Niihau a hiki i keia la. No ka loaa ole o ka uila, ua hoohana ia ke kukui helepo, ke kukui pauma, a me ke kukui paalima i kukui e hoomalamalama ai i ka poeleele o ka hale. O ke kukui hele po, hoohana ia oia no ka hiamoe ana i ka po. I ka wa e ala ai i ka po no ka hoopaupilikia, hiki ke ike i kahi e hehi ai ka wawae i loko o ka hale.

O ke kukui pauma, hoohana ia oia i kukui no ka paina ana a me ka hana pupu i ka po. No ka maamaama o kona a, hiki ke ike i na pupu i ka po eleele. Hoohana pu ia ke kukui pauma no ka hana ia. Ina hele kekahi i ka lawaia a hoi i ka hale i ke aumoe, hoa ia ke kukui pauma i kukui e hana ai i na ia. O kekahi mea i hoohana ia ai ke kukui pauma, no ka paina nui. I ka wa ma mua, o ke kukui pauma na kukui i hoohana ia no na paina piha makahiki, paina male, a me na paina maamau. I ka loaa ana o ka mikini kukui, pau ka hoohana hou ia o ke kukui pauma. O ke kukui pauma, ke emi mai kona a, pono e pauma hou i ka aila a loaa hou ka ikaika o ka maamaama o ka a o ke kukui. I kekahi manawa, ua emi ka a o na kukui a pau i ka wa hookahi. Na ke kanaka akamai i loko o ia hana i malama i ka hoa a me ka pauma ana i ke kukui pauma.

O kekahi kukui i hoohana ia ma Niihau, ke kukui uila. Oia kukui hookahi no e like me ke kukui paa lima. Ma Niihau wale no i lohe ia ai keia hua olelo, he kukui uila. O kukui uila hoi ka hua olelo i lohe ia mai koʻu mau kupuna mai. Malia ua upu mai keia hua olelo mai ka uila i olapa mai ka lani mai. O ke kukui uila, o ke kaomi wale aku no i ke pihi, ua a ke kukui uila. He kukui hoi i hiki ke hoa koke ia me ka nui ole o ka hana. Ua hiki no ke hoolapalapa ia e like me ka uila lani. O ke kukui helepo a me ke kukui pauma, pono ka aila i kela me keia la. O kekahi hana nui no ke kukui helepo a me ke kukui pauma, pono e holoi i ke aniani. Ina piha ia ke aniani e ka pau ahi, eleele ke aniani. O ke kukui uila, he hookomo wale aku no i ka iho a hoa i ke kukui. Aole pono ka hookomo ana i ka iho i na la a pau. O kekahi ano kukui uila i hoohana ia me ka iho, ke kukui poo. Hoohana ia ke kukui poo no ka lama ana i na papai aama. No ka hoohana ia o na lima elua no ka lama ana i na papai, ua lilo ke kukui poo i kukui punahele na ka poe lama papai o Niihau. Ua like no laua a elua, o ka mea okoa wale no o laua, o kekahi kukui paa ma ka lima a o kekahi kukui, kau ia ma ke poo. Loaa no ka ili e hoopaa ai ma luna o ke poo.

O ka mikini kukui kekahi kukui i hoohana ia ma Niihau. O ka mikini kukui, he mikini kona ano a hu no hoi ka mikini ke holo. O ka mea e holo ai oia, ka aila kakalina a me ka huki lima ana i ke kaula e pono ai oia. Hooholo ia ka uea kukui mai ka mikini a komo i loko o ka hale i loaa ke kukui e hoomaamaama ai ia loko o ka hale e like akula me ke kukui pauma. O ka mea apiki wale no, ke holo ka mikini a pau ka aila kakalina, pio ke kukui. Mahalo nae au i ka hanai ia me ia mau kukui. Hoohana ia ke kukui uila ina pio ka mikini. Ma waho nei, maa wale no kakou i ke komo i loko o ka hale a pale i ke pihi a hoa ia ke kukui. Ma Niihau, pono e hana lima i na mea a pau a oia ka loaa ana mai o ke kukui e maamaama ai ka hale.

No ka nui o ka hana e hana ai no keia mau kukui aʻu i hoike aela ma luna nei, ua imi aku ka poe Niihau i kekahi ala e loaa mai ai ke kukui ma ka hoohana ole ana i ka iho, ke kakalina, a me ka aila mahu. Ua ike no hoi lakou i ka hoohana ia o na pa hana uila i kapa ia he *solar panel* i mea e lilo ole ai ke kala i ke kuai mau i ka iho, ke kakalina a me ka aila mahu. No ka poe i lawa ke kenikeni e kuai ai i ke pa hana uila, ua kuai a kukulu ia ma luna o ka hale o Niihau i ka makahiki 1970. Na kekahi ohana i hoolaha mua i keia ano pa hana uila ma Niihau. I ka ike ana o kekahi mau kanaka i ka hana a keia mau pa hana uila, ua hoomaka lakou e kuai a kukulu pu ma luna o ko lakou mau hale kekahi. A oia ka laha o keia pa hana uila ma Niihau. O ka poe i loaa ole na pa hana uila, mau no ko lakou hoohana ana i ke kukui hele po, ke kukui pauma, ke kukui uila paa lima, a i ole ka mikini kukui. No ka nui o ka uila i loaa mai i keia pa hana uila, ua kuai ia na ano pono hale like ole i hiki ke holo i ka uila. O ka pahu hau, ke kapuahi uila, ka oma uila, ka mikini holoi lole a me ke kukui o ka hale kai hiki ke hoa ia me ka pa hana uila. Kupaianaha maoli no ka hana a ka poe Niihau ma ka imiimi ana i na mea e pono ai ko lakou noho ana a me ko lakou ola. No ka loaa ole o ka halekuai e kuai ai i na pono like ole, ua kaukai nui ka poe Niihau i keia mau mea no ko lakou pono ma ko ke kino a ma ko ka uhane. O ka ohana no ka mea nana e alakai i ka nohona ohana o ka poe Niihau.

Ka Ohana

He mea nui ka nohona ohana ma Niihau. Ua malama ia keia ano nohona ohana e na kupuna o Niihau ma ka malama ana i ko lakou ohana. O ka mea waiwai hoi o ka noho ohana, ke ao ana i ka ike kupuna. Wehewehe maila o Pukui, Mary K, Haertig, Elizabeth W, a me Catherine A. Lee i ko lakou manao mai ka lakou puke i kakau ai o *Nana I Ke Kumu* i ka manao o "ohana." Wahi a keia mau kanaka, mai ka "oha" mai o ke kalo i loaa mai ai keia kumu olelo no "oha." O ka oha ka mea i ulu ma ka aoao o ke kalo makua. Ua kanu ia ke kalo mai ka huli mai a i ka wa e oo ai ka huli, oo pu ke kalo. Ma laila no i ike ia ai ka ulu pu ana mai o na kalo keiki ma ka aoao o ke kalo makua a kapa ia keia kalo keiki, he "oha." Ua pili paha ka manao o keia olelo i ke ano o ka ohana kekahi. Mai na makua mai no i loaa mai ai na keiki e like akula me ke kalo a me ka oha. A no ia kumu he ohana kakou e like me ke kalo. A pela paha ke ano o ka noho ohana ana i ka wa ma mua. Ua hoohalikelike ia ke ano o ke kalo i ka ohana. O ka mea nana e hoike mai he ohana kakou no ka noho o ka ohana i loko o ka hale hookahi. O kekahi, ka puka ana mai o ka hanauna ohana mai loko mai o ka ohana hookahi. Ma Niihau, noho na ohana a pau i loko o ka hale hookahi, mai na kupuna a hiki i na moopuna. Na na makua, a me na kupuna i malama i ko lakou ohana ponoi. O kekahi, ua ohana maila i loko o ka noho ohana ana me na makua a kupuna. Oiai, kanu ia ka huli he hookahi wale iho no huli. I ka hua ana mai o ke kalo, hanau pu ia na keiki e like me ke ano o ka hanau ana o ke kanaka i kana mau keiki kekahi.[6]

O ka pili ohana kekahi mea i loko o ka noho ohana ana. Pehea e ike ai i ka pili ohana? Hiki ke ike i ka pili ohana mai na kupuna mai: Na kupuna o na kupuna a pii aku i luna. O kekahi mea nana e hoike mai i ka pili ohana, ka inoa ohana. O ka ike ana i na inoa ohana i okoa ae mai kahi ohana mai, he mea ia e ike ai kela ohana keia ohana i ko lakou ohana ponoi. I loko o koʻu ohana, he mau inoa ohana ko koʻu ohana. Eia nae, nana wale ia no na inoa o na kupunakane a me ka makuakane. Ma ka aoao o koʻu makuakane, o Niau ka inoa ohana o koʻu kupunawahine a o Kanahele ka inoa ohana o koʻu kupunakane. O Kanahele nae ka ohana nui loa ma Niihau no ka nui o na ohana keiki a Ikaaka Kanahele, koʻu kupunakane kuakahi. O kekahi mea i laha ai ka inoa o Kanahele ma Niihau, no ka male o kekahi Kanahele i kekahi Kanahele. Ua like paha keia ano male pili ohana i ke ano o ka male ohana ana o na alii. Eia nae, he kumu ko na alii male ana i ka ohana i mea e hoomau ai i ke koko alii i loko o ka ohana alii. O ka male ana o kekahi ohana i kekahi ohana, aole au i ike i ke kumu. Malia no ke komo ole mai o na kanaka e i loko o ke kaiaulu o Niihau i hana ia ai pela. Aole no i niele ia na kupuna a me oʻu mau makua i ko lakou manao no keia ninau eia nae, he kuhi wale no keia e like me kaʻu i hoike ae nei ma luna nei.

He mea nui ka pili ohana i ka poe Niihau. He mea ike maka hoi keia naʻu i koʻu wa e noho ana ma Niihau. He mea maamau ka noho like ana o ka ohana i loko o ka hale hookahi no ke kakaikahi o na hale i loaa ma Niihau. O kekahi mea waiwai hoi i loko o ka noho ohana ana, ke ao ana mai o na keiki i ka hana o ke kino a me ka uhane. Ao mai au i keia mau ike waiwai o koʻu mau kupuna no ka hanai ia me ia mau ike. I koʻu wa kamalii, aole no au i ike he mea nui ke Akua i loko o ke ola o koʻu mau kupuna. I kela wa me keia wa, ike ia no ko lakou pule mau ana i ke Akua. Na koʻu kupunahine ma ka aoao o koʻu makuahine i alakai i ka ohana haipule na ka ohana. Ma ka aoao o ke kino, na na kupuna o na aoao elua o na makua i ao mai i keia ike ma o ka noho pu ana a hana pu me lakou i ka wa like. No ia kumu, he mea nui ka maopopo ana ia kakou ko kakou mookuauhau no ke ao ana mai i ko kakou pili ohana.

O kekahi mea e ike ai i ka pili ohana, ka mookuauhau. Ma ka mookuauhau ohana hoike ia na inoa o kela me keia ohana. Na ohana e ku nei a me na ohana i hoi e i ke ala hoi ole mai. Ma ka mookuauhau no e ike ia ai o wai la ka ohana o kela kanaka keia kanaka ma ka inoa ohana. Ma Niihau, malama kela ohana keia ohana i ko lakou mookuauhau ohana ponoi ma ka hoopaa ana i loko o ka puke mookuauhau. Ma ka puke mookuauhau, hoike ia ka pili o na kupuna, na makua, a me ka lakou mau keiki. Ma ka puke mookuauhau o koʻu ohana, hoike ia na inoa o na kupuna ma na aoao elua o koʻu mau makua. No ka mookuauhau o koʻu ohana, na koʻu makuahine no i kakau lima a malama i ko makou mookuauhau ohana. Ua hoomaka ia no mai na kupuna kuakahi mai. Ma kahi no hoi i paa ka inoa o na kupuna kualua a kuakolu, hoike ia ma ka puke mookuauhau ohana.

O kekahi mea waiwai o ka puke mookuauhau ohana, ko lakou kakau pu ana i na la hanau a me ka makahiki i hanau ia ai o ua mau poe ala. Mai na keiki a hiki i na kupuna. Kakau pu ia ke kane a me ka wahine i noho ia a pau pu me na wahine i hanau i ke keiki me ka ole o ke kane. Ma ka inoa o ke keiki i hanau makuakane ole ia, kakau ia penei, "noho ia kamehai." O ka manao nui o "kamehai" o "ka mea a hai." Aole no i hoopuka ia keia ano olelo i loko o ke kukakuka ana me na kupuna. Malia he wa no paha e hiki ai ke olelo ia a i ole ia, he olelo wale no ia ma waena o na kupuna.

O kekahi mea i lohe ia no kekahi wahine i haalele i ke kane a noho hou i ke kane hou, ua kapa ia oia he "kumu" a i ole he "kumu lau." He ia paha ka mea nona keia inoa. O ka mea nana i hooni mai i ka hoihoi i loko oʻu e heluhelu i na manao i kakau ia i loko o koʻu mookuauhau no ka ike ia o keia olelo "malama i ke keakea o hai." Oiai, maopopo lea iau ka manao o "keakea" a makemake ana au e ike i ka manao nui o keia olelo. O ka manao o keia olelo, ka malama ana o kekahi kane a wahine paha i ke keiki a kekahi kane a kapa ia he "kamehai." Ka noho ana i kekahi wahine a kane i noho mua ia e kekahi wahine a i ole, he kane. Aole no lohe nui ia keia ano olelo no ka hoopuka ole ia paha e na kupuna. Ma ka heluhelu ana i na mea i kakau ia ma ka puke mookuauhau i paa ai keia mau hua olelo a me ko lakou manao iau.

O kekahi mea waiwai o ka puke mookuauhau, hiki i na hanauna hou ke ike i na inoa o ko lakou ohana i kakau lima ia. He nani maoli no ka lima kakau o na kupuna. He hana hoomanao keia ike ana i ke kakau lima ia o ka mookuauhau i ke kakau lima ana o koʻu kupunakane i ka pepa la hana o na kanaka hana aina o Niihau. Malie nae kana kakau lima ana a me ka maiau pu o ka hana. Aole nae au ike i ke kumu o ko lakou kakau lima ana i ko lakou mookuauhau, ke kuhi nei au no ka loaa ole o ka mikini pai hakahaka ma Niihau. A i ole ia no ka maa ole o ka lima i ka hana o ka mikini pai hakahaka. He mea ia e hoopokole ai i ka hana ma kahi o ke kakau lima ana. A i ole ia, no ka loaa ole paha o ka mikini pai hakahaka ma Niihau i kakau lima ai lakou i na mea a pau ma ka puke. Ua pau pu me ka poe kakau olelo ma ka halepule kekahi. He elua kanaka i koho ia i kakau olelo no ka halepule o Niihau. A o ka laua hana o ke kakau lima ana i na inoa o na kanaka a pau i hele i ka hale pule i kela me keia Lapule a pau pu me na poe i hele i na la halawai noa. Mamuli o ia hana, ua hoomaka maila na paila puke a na kakau olelo i kakau lima ai e paila a kiekie. Oia hoi kekahi mea e hoomanao mau ai au i ka hana a ko'u mau kupuna i ko'u heluhelu ana i ko lakou mookuauhau. He mea mahalo ia ka loaa ana o ia mau puke mookuauhau i mea e hoomanao ai i ka lakou hana o ia wa. O kekahi, na lakou no i kakau lima pololei i ko lakou mau mookuauhau a aole hoi na hai. He mea kela e hoike mai ai iau o na inoa i kakau lima ia, o ko lakou inoa pololei no ia. O kekahi mea hoi e mahalo ia ai ka loaa ana o ka puke mookuauhau, ke pela ana i na inoa o na kupuna. I ka wa ma mua, aole no i kaukai ka poe Niihau i ka loaa ana mai o ka puke wehewehe olelo a me kela mau kaha e ao ai ia lakou i ka puana pololei ana i na hua olelo like ole. Ua ao aku lakou i ka puana pololei ana mamuli wale no o ka heluhelu ana i na inoa aina, inoa kanaka ma o ka puke mookuauhau a me ka heluhelu nui ana i ka *Baibala Hemolele.*

Eia kekahi, ua lohe ia no hoi keia olelo noeau, "Mai kaulai wale i ka iwi o na kupuna" (Pukui, 1983), me ka manao, aole e hoike wale aku no i ka mookuauhau o ko kakou mau kupuna ia hai. Eia nae, ua hoolaha ia na mookuauhau o ko kakou poe alii, ka poe me ke kulana kiekie loa i loko o na nupepa a me na puke i kakau ia e na kanaka kakau moolelo i hala aku nei. No kakou ka poe i hanai ia me ia ike o ka mookuauhau ohana, he kapu ka hoi ka hoike ana aku i ko kakou mookuauhau a me ka mookuauhau o ko kakou mau kupuna. Ina pela, pehea e maopopo ai i na hanauna hou ko lakou pili ohana? O ka mookuauhau wale no ka mea nana e hoike i ka pili ohana o na kupuna i hoi e i ke ala hoi ole mai. Aole no keia hoike ana i ka mookuauhau o ko'u mau kupuna no ka hoike wale aku no, he wahi hoi ia hana e hoohanohano ai i ka poe i hanai mai iau i ko lakou ike. Aole no mai a'u ae no na manao a'u e kakau nei ma keia puke mai ko'u ohana mai no. Mamuli wale no o lakou i ili ai keia mau ike ma luna o'u. A o ka ninau nui hoi a'u e nune nei i loko iho o'u, he aha hoi ka'u e hana ai me ia mau ike? O ka haina paha o keia wahi ninau a'u, e ao aku i na hanauna hou e nee nei. Na hanauna e hoihoi mai ana i na ike kupuna. He ala ia e ola mau ai ko lakou ike no na hanauna hou a me na hanauna e hiki mai ana. Hoike maila o Linda Tuhiwai Smith, i kona mau manao no ia mea he "pilina." He mea ka pili o ke kanaka i kona aina hanau mamuli o na hana a lakou i hana ai ma ia wahi.[7] E like akula me ko'u kupunakane i kona wa e hoomakaukau ana i ka apu hala, ua noho oia ma hookahi wale no wahi hana apu hala me he mea la, oia wale no kahi e hiki ai ia ia ke noho a hana i ka apu hala. Malia, he mana paha kahi ana i koho ai no ka hana ana i ka apu hala. A i ole ia, no ka oluolu paha o ia wahi i kona kino kekahi kumu i koho ia ai no ka hana apu hala. Aole no ka hana laau lapaau wale no ko lakou aloha i ka aina. He mea i hana ia e na kanaka a pau i noho ma Niihau. He aha ka loihi o ka noho ana ma Kauai no mau mahina a makahiki paha, i ka wa no e upu mai ai ka noonoo i ka aina, lohe ia keia olelo i puka mai i ka waha o na kupa no ko lakou aina aloha. O ka mookuauhau kekahi mea e hoomanao mau ai ka poe Niihau i ko lakou aina hanau no ka ike ia o na inoa aina a me na inoa o na kupuna i kakau lima ia ma ka puke mookuauhau.

Ka Haipule

Aole o ka mookuauhau wale no kekahi mea waiwai i loko o ke ola o ka poe Niihau, o ka haipule kekahi. He poe haipule ka poe Niihau a pau. I loko o koʻu ohana, na koʻu kupunawahine i alakai i ka ohana i loko o ka haipule ana i kela me keia la. Ma laila no i ao mua ia ai au i keia hana no ka hana haipule mai koʻu kupunawahine mai. Ma ka hale no i hoomaka ia ai ke ao ana i ka haipule ana i ke Akua no ka pule o koʻu ohana i ke kakahiaka a me ke ahiahi. Ao ia no hoi ma ka hale pule i ka wa e hele ai i ka pule ma na la pule a me na la halawai noa. Ao ia no hoi ma ke kula ma mua o ka hoomaka ana o ke kula i kela la keia la. Malama pu ia ka hana haipule ma ke kaiaulu me ka poe a pau o Niihau no kekahi hana ano nui i hana ia ma Niihau. Noʻu iho, ua ike maka au aole hiki ke hookaawale ia ka hana haipule mai ka poe Niihau aku. Ua pule lakou i ke Akua i kela la keia la. I kekahi manawa, he ekolu manawa o ka la e pule ai. He mea hoomanao ka pule iau i ka hana a koʻu mau makua no ka malama ia o ka pule i na la a pau. Mai koʻu wa kamalii a hiki i keia manawa, aohe wa aʻu i ike ole ai i koʻu mau makua e noho wale ana me ka pule ole. O ka lakou hana, aia wale no i loko o ka pule i na wa a pau. Ina mai kekahi keiki, kekahi kanaka, a i ole kekahi makua paha, ua holo lakou i koʻu mau makua e pule ai no ko lakou mai. Me he mea la, o koʻu mau makua ke Akua e holo ai no ka hoola ana i ko lakou mai. Ma koʻu ike ana a ao ana hoi i keia hana me oʻu mau kupuna a me na makua, ua lilo koʻu ola holookoa i mea e malama ai i ke Akua oiaio i loko o koʻu ola kekahi. A pela no hoi au e hoomau nei i ia hana haipule ma o ka pule mau ana i ke Akua oiaio me koʻu ohana ponoi.

O kekahi wahi i malama ia ai ka hana haipule, ma ka hale pule o "Iubile." O ka inoa no ia o ka hale pule o Niihau a oia no ka inoa i maopopo iau i koʻu wa e noho ana ma Niihau. A oia no ka halepule hope loa i kukulu ia i ka makahiki 1912 o Ianuali. Hoike hou maila o Tava laua o Keale, na Kealekupuna i kapa i keia inoa o "Iubile" no ka hale pule o Niihau.[8] Ua lohe au i ka olelo a koʻu mau kupuna i hai waha ai ia makou, he kaula o Kealekupuna, a nana no i huna i ke ki wai o Niihau. O kona kumu i hana ai pela, i wahi e haalele ole ai ka poe Niihau i ka hoomana. Pono ka poe Niihau e pule mau i ke Akua i na wa a pau. O kekahi inoa kahiko i lohe ia no ka hale pule o "Iubile" o "Iubile Home Imi Ola Uhane." O ka inoa kahiko ia o ka hale pule a no ka loihi paha o ka hoopuka ana i nei inoa, ua puana wale ia no o "Iubile" wale no. Malia no ka maa paha o ka waha o ka poe Niihau i ka hoopokole i ka olelo i loko o ka walaau ana i hoopuka ia ai o "Iubile" wale no. Eia ae no ka olelo a kekahi kupa o Niihau:

> O "Iubile Home Imi Ola Uhane" ta inoa pololei o tia hale pule i tia manawa. O ka tumu i tahea ia ai tia hale pule o "Iubile Home Imi Ola Uhane" olelo ia hoi, he wahi ia e imi ai na kanaka i to lakou ola i ke Tua. Ma lila hoi lakou e hele ai no te ola. O Iubile Lanakila" oia ketahi inoa kahito o ta hale pule i tutulu ia i Nonapapa O ta wahi e tu nei i tia manawa, oia no o "Iubile Home Imi Ola Uhane" (Mililani Kanahele, Malaki 8, 2014).

O kekahi hana haipule i hana ia, ka ohana haipule ana ma ka hale. E like me ko makou haipule ana ma ka halepule, malama pu ia ka hana haipule ma ka hale kekahi. O ka haipule kekahi mea nana i alakai mau iau i ke ala pololei e hahai ai i loko o na hana a pau aʻu e hana ai. O ka hahai ana i ke ala pono ma laila e hele ai. O ka aoao hoi e ku ole ai i ka pono ole, oia na mea e hoalo ai a mai no a huli hou aku i ia aoao. He mea kela e hoike mai ana ia kakou i ka pono a me ka hewa. O ka malama mau ana i ke Akua, ma laila ke ala pono a he ala ia o ke ola. O ka malama ole ana i ke Akua, ma laila hoi ke ala pono ole e hele ai a he ala hoi ia i ku i ka aoao o ka hewa. O ka haipule a me ka malama ana i ke Akua oiaio, oia kekahi mea nana i kuhikuhi mai i ke ano o koʻu noonoo a me ke ano o kaʻu hana e hana ai i loko o koʻu ola ana. Ma kekahi ano, he koho hoi ia na kakou, ma ke ala hea kakou e hele ai. Noʻu iho, ua koho au i ke ala a koʻu mau kupuna a me na makua i waele ai noʻu no ka mea, o keia ke ala hookahi a lakou i koho ai, ka malama ana i ke Akua oiaio i loko o ko lakou ola. Ua wanana e ia i loko o na puke a ka poe o ka wa kahiko i kakau ai o Iesu wale no ke ala. Eia ae ka olelo a Laiana, ka mea nana i kakau i kekahi o na himeni haipule mai ka *Buke Himeni Hawaii;* "Aole loa he ala e, o Iesu wale no, e hiki ai la kakou nei, i kahi ola mau" (p. 142). E like akula me ka mea i olelo ia e Laiana, aohe ala e ae o Iesu wale no ke ala e hiki aku ai i kahi o ke ola mau loa. Kakoo pu maila o Kapena D. Smith i ka manao o Laiana no ke ala pololei e hele ai. He mea kakau ʻo Kapena Smith no ka nupepa o "Ka Lahui Hawaiʻi." Eia ae no ka olelo a Smith i hoopuka ai ma ka nupepa o "Ka Lahui Hawaii:"

> E ala e Hawaii! a e hoomanao hookahi puuhonua, hookahi kalahala, a hookahi hoola. Ke hilinai aku ia ia ola, a haalele aku hoi ia ia make. E hoomanao i ka leo o ka bele pule ma na Sabati, mai moe ma ka hale me ka hoomaloka, mai uhauha me ka lealea haumia i ka maluhia o ka la hoano, a mai paki wale i ka manawa i haawi ia mai no ka hoomakaukau ana ia oe iho, aka, e hoolilo i kou ola ana malalo o ka "nohoʻna haipule," a e loaa mai no ka lei momi makamae o ka maluhia, ka hoopono, a me na pomaikai he lehulehu, "A e ola ka Lahui Hawaii i ke Akua" (Smith, Ianuali 1, 1875).

O John Kekuhina Kaohelaulii keia kupunakane e ku nei ma hope o ka halepule o Iubile. Oia kekahi o na kahunapule o ka halepule o Iubile ma Niihau. Hoolako ia ke kii e Kauai Historical Society.

Ua kakoo maila no ka Smith olelo i keia wahi manao a'u e hapai aku nei i ka hana haipule no ka mea, hookani ia ka pele ma na Lapule a me na la halawai noa kekahi. Ma na Lapule, hoolohe makou i ke kani o ka pele. O ka pele mua i hookani ia, ma ka hola ehiku no. Hookani hou ia i ka hola ewalu. A o ke kolu o ka pele e hookani ia ai, oia no ka wa e hoomaka ai ka hana haipule. Me he mea la, ua like ke kani o ka pele me ka leo o ke Akua e heahea mai ana ia kakou e ala e hele i ka pule. Mai hoomaloka wale no ma ka hale. Ma laila no e loaa mai ai ka papale alii a loaa pu hoi ka maluhia i loko o ke ola hou ana.

Aole ma ka hale pule wale no i malama ia ai ka hana haipule. Malama ia ka hana haipule ma ka hale kekahi no ka hoomana mau ana i ke Akua i na la a pau. Ma ko'u hale, malama ia ka hana haipule i ke kakahiaka a me ke ahiahi. Ma mua o ka hoi ana e hiamoe, malama ia ka hana haipule. I loko o ko'u ohana i ko'u wa kamalii, o Bonikani Kaohelaulii ke alakai ma ka malama ana i ka hana haipule na ka ohana ma ke ano he ohana haipule. Mai ka ohana haipule no i ao ia ai na keiki i na pule, na himeni, ka heluhelu ana i ka *Baibala Hemolele* a me ka hoopaa naau ana i na pauku paa pela mai loko mai o ka *Baibala Hemolele* a me ka *Buke Himeni Hawaii.* Ua hoomaka ia ka ohana haipule me ekolu mau haawina. O ka haawina mihi, ka haawina noi, ka haawina hoomaikai a hookuu me ka ohana. Hoomaka ia no me ka pule, himeni, pule, pauku pela mai ka *Baibala Hemolele,* helu himeni mai ka *Buke Himeni Hawaii,* pule, himeni, pule a hookuu ia ka haawina mihi.

Hoomaka ia no ka ohana haipule me ka haawina mihi, e mihi ana i ke Akua no na hewa a pau i hana ia, noonoo ia, olelo ia. O kekahi mea paakiki ma ka noonoo ana i keia manao no ka mihi, ka noonoo ana i na hewa a pau i hana ia e ke kanaka. O ka mea paha e kuhihewa ai i ka manao o "mihi," no ke aha mai kakou e mihi ai i ke Akua ina aole kakou i hana i kekahi mea e hewa ai kakou e like akula me ka pepehi kanaka a oia mau ano. Me he mea la o ka pepehi kanaka wale no ka mea e hewa ai ke kanaka. Eia nae, i ka manao o na kupuna, ma ka noonoo wale no kakou i kekahi hana, ua komo oe i loko o ka hewa. Ina kuko aku oe i ka wahine a i ole i ke kane a hai, ua komo oe i loko o ka hewa. A no ia kumu ka malama mau ana i ka mihi i ke Akua i kela me keia la no ka noonoo i kau wale mai i ko kakou waihona noonoo. Aole o ka hana io ana i kekahi hana me ko kakou lima ka mea e hewa ai ke kanaka aka, ma ka noonoo ana i kekahi mea a kuko paha i kekahi mea e hewa ai oe. O kekahi, o ka olelo pelapela ana i kekahi kanaka, he hewa kela e pono ai ka mihi ana i ke Akua e huikala mai i na hewa nui, na hewa liilii i hana ia. Pela no paha ka manao o na kupuna no ka mihi.

O ka haawina noi, he haawina e noi ana i ke Akua i ko kakou makemake. Ma ka haawina noi oe e waiho ai i kou mau manaolana i ke Akua. Ina o ka hoola ana i kekahi kanaka, ka haawi ana mai i wai no ka aina, ka malama ana mai i ke ola o ka ohana, ke kiai ana i na ohana i noho kaawale i kahi e, a i ole ka hoolako ana mai i ka noho kino a me ka noho uhane ana o ka ohana a i ole na mea i helu papa ia i ke Akua e like me ka makemake o ke kanaka. Oia no ke kumu i malama ia ai ka haawina noi. O kekahi moolelo a'u i lohe ai, ua hoohana ia ka haawina noi no ka noi ana i ke Akua e haawi mai i keiki na lakou. Hoihoi keia manao no ka mea, o ko'u anake kekahi wahine i komo pu i loko o keia hana kekahi. Ua noi oia me kana kane i ke Akua e haawi mai i pepe na laua. O ka mea hoihoi hoi, ka lohe ana mai o ke Akua i ka laua pule. Aole ma ka hanau ana mai o ko'u anake i kekahi pepe, aka ua haawi ia kekahi keiki na laua mai ka ohana mai ma ke ano i keiki hanai na laua. Wahi a ko'u makuahine, ina e noi aku i ke Akua i kekahi mea i makemake ia, e makaala i ke ano o ka noi ana. E noi e like me ka mea i makemake ia ma ka hai pololei ana aku i ke Akua i ka mea i makemake ia. Mai pono noi wale no o ike auanei i ka hopena. O ka hoike pololei aku i ke Akua i kou mau manao a me ka mea e noi ai ka mea e pono ai. Mai hai wale no i ka makemake, Ke Tua, haawi mai oe i pepe na'u! No keia noi ana, aole no i hooakaka pono ia ka noi i mua o ke Tua. Ua noi wale aku no i ke Akua e haawi mai i pepe na'u aka aole i noi ia, e haawi mai i pepe na'u ponoi e hanau ai mai ko'u puhaka mai.

He mea nui hoi ka hoike ana i ke Akua i kau mau mea e noi ai ia ia. O ka manaoio i ka leo pule i heahea ia i mua o ke Akua ka mea e pono ai. Na ke Akua e ae mai i kau noi i ka wa a ke Akua e ike mai ai, ua pono keia noi ana i mua ona. O kekahi olelo ana, i ka wa e makaukau ai ke Akua, e ae mai ana no oia i kau leo pule. Aole i kou wa e ake nui ai. Ua nui no hoi ko'u ao ana i keia ano noonoo ana i na manao i hoike ia ae nei no ka mea, ua lohe nui au i keia mau olelo mai ka waha mai o ko'u mau kupuna. Ua ike ia no ka pane ana mai o ke Akua i ka leo noi a kekahi mau kanaka a me ka ole a kekahi. Malia, aole no paha i lawa ka manaoio o ua kanaka ala i na mea ana i noi ai i ke Akua. E like me ka mea i hoike ia ae nei, e makaala i ka mea e noi ai i ke Akua.

O ka haawina hoomaikai, no ka hoomaikai hou ana i ke Akua no na pomaikai a pau ana i haawi mai ai ia kakou. O ko'u makuahine, hoopuka mau ana oia i keia olelo ma mua o kona hoomaka ana i ka haawina hoomaikai, "Pono e hoihoi hou i ta hoomaitai i ke Tua no ta lohe kote ana mai i ta katou leo pule" (Mililani Kanahele, Pepeluali 1, 2014). O kekahi mea nui i loko o ka haawina hoomaikai, ka hoihoi hou ana i ka hoomaikai i ke Akua i na wa a pau. Ina he pomaikai nui a uuku e hoomaikai aku no i ke Akua. I kekahi manawa, ina hoopomaikai mai ke Akua ia kakou, poina kakou i ka hoomaikai hou aku i ke Akua no kela mau pomaikai. O ka hopena, pau ka loaa hou mai o ka pomaikai ia kakou. Ma kekahi ano, na mea a pau i loaa ia kakou, he pomaikai ia mai ke Akua mai. Aole maia kakou ae no. No ia kumu ka hoomaikai mau ana i ke Akua i na wa a pau.

O ka haawina ohana haipule ka hopena. O ka haawina ohana, hoomaka ia me ka pule, helu puke paipala, helu himeni, himeni a pule hookuu. Ua okoa hoi ka hana no ka ohana i keia manawa mai ka wa mai o koʻu kupunahine. Hoomaka koʻu kupunahine i ka haawina ohana me ke kahea ana, "Eia ka manawa hoopau pilikia! Eia ka manawa hoopau pilikia! Eia ka manawa hoopau pilikia! Ohana! Ohana! Ohana! Hoomata ana ta katou ohana ma ta pule pualu, pule Alakai a ka Hatu, hoomakautau a pule" (Rowena Bonikani Kaohelaulii, 1970). Eia hou, ma kela kahea ana a keia kahea ana i ka ohana, ua hoomaha aku no oia ma kahi o ehiku a umi paha mau minuke ma waena o kela me keia kahea ana a laila kahea hou i ka lua o ka manawa, "Eia ka manawa hoopau pilikia!" Meia wale no oia i kahea ai a piha he ekolu manawa e kahea ai, "Eia ka manawa hoopau pilikia! Ma hope o ke kolu o ke kahea ana, hoomaka oia e kahea i ka "ohana." He ekolu no manawa e kahea ai i ka "ohana" kekahi. Ke hiki aku i ke kolu o ke kahea ana i ka "ohana," oia no ka manawa e hoomaka io ai i ka pule ohana. Mamuli o ia hana, ua upu maila ka manao e ninau aku i na kupa o Niihau i ke kumu i hana ia ai pela. Eia ae no ka olelo a keia wahi kupa:

> O ka tumu i hana ia ai me tela, hiti ia katou te hele i ta lua e hoopau pilikia ai i ta wa e tahea ia ai o "Eia ka manawa, hoopau pilikia." Ina mamate oe e hele i ta lua e mimi ai a i ole tio paha, oia ta manawa no katou e hootuu ai i tela mau pilikia o katou. Te hoomata ia e tahea ta ohana, aale tela ta manawa e hoopau ai i tou pilikia. Te tu oe i luna a hele i waho, loa oe i ta nuku ia. Olelo ia mila oe, "Ahe tela he wa nou e hele ai e hoopau pilikia. Noho i lalo, he wa tela no ta ohana (Mililani Kanahele, Malaki 21, 2010).

Mamuli o ia olelo ao a na kupuna, ua lohe no ka pepeiao hookuli o na keiki. I ka wa i kahea hou ia ai ka ohana, "Eia ka manawa, hoopau pilikia," ua hele aku no na keiki e kuu pau i ko lakou pilikia i ole e loaa i ka nuku ia i ka wa e malama ia ai ka ohana. O ka mea waiwai hoi i loko o keia hana he ohana haipule, ua ao maila au i na pule a me na himeni a na kupuna i haku ai. O kekahi o kela mau pule, o Ka Pule Alakai a ka Haku, Ka Pule ka Like Kahikolu, Ka Pule ka Uhane ka Amene, Ka Pule ke Akua Aloha, Ka Pule Lanakila, Ka Pule Kahikolu, Iehova Kekela, a he mau pule hou aku no i koe. I loko o keia mau pule a pau aʻu i hoike akula ma ko lakou inoa, o Ka Pule Alakai a ka Haku kekahi pule ano loihi ma waena o na pule e ae. Oia no ka pule i hoohana nui ia i loko o ka pule ohana i pule e hoomaka ai i ka haawina mihi, noi a hoomaikai. O kekahi pule loihi hoi ma ka pule ana, o Iehova Kekela a me Ke Akua Noi Hoomaikai. O keia mau pule elua nei, pule wale ia no i loko o ka hale pule ma na Lapule. Aole i hoohana ia keia mau pule ma ka la halawai noa a i ole ma ka hale. O ka pule i hoohana ia no ka ohana haipule ma ka hale, o kela mau pule i hoike mua ia ae nei ma luna nei, na pule ano pokole iki mai. Ua ao maila no au i keia mau pule no ka pule mau ia i kela me keia la. Hoike maila o Bernice Elama Kanahele i kona mau manao no ka ohana haipule:

> Na ohana a pau, malama ohana lakou. Oia ta ohana haipule. Ala mai i takahiata a ohana ma mua o ta hele ana i ta hana, hele i ta kula, hele i tahakai paha, oia mau ano. A ohana takahiata, ta ahiahi, like pu. Ma mua o ta hiamoe ana a ohana ahiahi. Oia kula tela ohana a katou. Mahalo i te Akua no ta malama mai, no ta hoolako hou mai i ka noho ana i teia la i pau iho la, peia'ku ana la, peia'ku ana la. A me ka Lapule, oia ka la hele i ta pule (Bernice Elama Kanahele, 2007, p. 22).

O kekahi mea waiwai o ke ao ana i ka hana haipule i loko o ka ohana haipule, ke ao ana mai i na mele haipule i himeni ia no ka haipule ana. O kekahi o kela mau mele haipule, na na kupuna i haku i ka leo. Ua lilo ia leo i haku ia no na mele haipule i mea e hoonahenahe ai i koʻu pepeiao. Mamuli o ia hana, ua lilo kekahi mele punahele i himeni e himeni ai i loko o ka ohana haipule i na wa a pau. E laa hoi me keia himeni a koʻu kupunahine i haku ai, o "Ka Makua Ma Ka Lani." Ua haku ia keia mele i ka wa i loaa ai koʻu Papanui i kekahi ulia koikoi. O ka ulia i ulia ai oia, ka haule ana o kekahi pahu hau ma luna ona a opaha hookahi aoao o kona poo. Wahi a koʻu makuahine, o ka ulia i loaa ia ia, aohe ola. Aia wale no ke ola i ke Akua. I ka wa i kahea ia ai koʻu mau kupuna e hele i Oahu nei e ike ai i koʻu Papanui, "Ua pau oia. Ai no oia i loko o ta koma" (Mililani Kanahele, Aukake 2, 2010). O ka hana a ka ohana i kela la keia la a po ka la, pule i ke Akua no ka hoola hou ana i koʻu Papanui. No ia kumu i haku ai koʻu kupunahine i keia himeni haipule o "Ka Makua ma ka Lani." Penei no ka olelo o ke mele:

> Ka Makua ma ka lani
> Aloha mai oe ia makou
> E kokua mai oe
> I kau poe kauwa nei.
> (Haku ia ka pauku mua e Rowena Bonikani Kaohelaulii, 1963)

O ka lua o ka pauku o nei himeni, ua haku koʻu kupunahine i keia pauku ma hope loa mai i ka paa ana o Lester Robinson, kekahi o ka haku aina i loko o ka haukapila i ka mai. Eia ae no ka olelo o ka pauku elua:

> Me na haku o makou
> Ma keia noho ana

E aloha like oe
I kau poe kauwa a pau. Amene.
(Haku ia ka pauku elua e Rowena Bonikani Kaohelaulii, 1969)

Ma ka nana ana i na olelo i haku ia i loko o na pauku o keia mele, he mele keia e noi ana i ke Akua, ka Makua o ka lani no ke kokua ana i koʻu ohana a me ka ohana Lopikana. Kupaianaha maoli no ka hana a na kupuna ke noonoo ae no ka mea, o ke ano o ka haku ana i ke mele haipule, ua like no me ka manao a lakou i hai ai i mua o ke Akua ma o ka pule ana. Wahi a koʻu makuahine, o Mililani Kanahele, ua haku koʻu kupunahine i keia mele no Lester Robinson, kekahi haku aina no Niihau i kona wa mai i loko o ka haukapila. Noʻu iho, he mahalo palena ole koʻu i koʻu mau kupuna i ka hoolilo ana i ko lakou manawa i ka pule ana i ke Akua no ka pono o ka ohana, ka aina, a komo pu i na haku aina kekahi. He mea kakaikahi keia ano hana ka pule ana no kekahi ohana. Ike ia no ka pule ana o ka poe Niihau no ko lakou ohana a me na ohana a pau o Niihau. Aole no ike nui ia keia ano hana i keia manawa. O koʻu makuahine wale no kai ao mai i keia ike mai na kupuna a makua mai, a pela no kana hana i keia manawa. Ina noi mai kekahi kanaka i ka leo pule no kekahi kumu a i ole no ka mai paha o kekahi kanaka o ka ohana, ua hoomaka wale oia e pule. Aole oia i nana i kona maopopo a maopopo ole i ia kanaka. O kona manao wale no, ina hiki ia ia ke kokua i kekahi kanaka ma ka pule ana no ia kanaka, oia ka mea nui i loko o kona ola. He mea maamau keia hana i loko o kona ola a hiki i kona haalele honua ana i keia ola a hoi i ka poli o Apelahama.

Ka *Baibala Hemolele*

O ka *Baibala Hemolele* kekahi puke i hoohana nui ia ma Niihau no ka heluhelu ana ma na Lapule, na la halawai noa, a me ka ohana haipule. O ka *Baibala Hemolele* kekahi puke i hoola mau i ka olelo kanaka o Niihau. He mea nui ka *Baibala Hemolele* i ka poe Niihau. No ka loaa ole o na puke heluhelu ma Niihau, ua hoohana nui ia ka *Baibala Hemolele* i puke heluhelu i na la a pau. A oia wale no ka puke i loaa ia makou i ia wa a he puke olelo kanaka no ia. Mamuli o ka loaa ana o ia puke hookahi ma na hale a pau, ua hoomaka ia no na keiki e ao i ka heluhelu a me ka hoopaa naau ana i na olelo o ka *Baibala Hemolele.* He hana maamau kela ma na hale a pau. I ke kakahiaka a me ke ahiahi o na la a pau i malama ia ai ka ohana haipule, heluhelu ia ka *Baibala Hemolele.* O kekahi, no ka heluhelu pualu mau ia o na pauku pela i paa naau ai ka olelo o ka *Baibala Hemolele* i na keiki. Pela pu no hoi koʻu ao ana kekahi. I keia manawa, ua hiki iau ke pela wale i kekahi mokuna holookoa me ka nana ole i ka olelo o ka *Baibala Hemolele.*

O kekahi mea i hana mau ia no ka ohana haipule, ka noonoo ana i ka pauku hoopaa naau e pela ai. Malama ia no ka pela pakahi ana o kela kanaka keia kanaka i ka pauku hoopaa naau no ka ohana haipule. Ina pela ia kekahi pauku e kekahi kanaka, aole hiki ke pela hou i ka pauku hookahi i pela e ia e kekahi kanaka. He hookahi wale no manawa e pela ai. O kekahi aole makemake ia ka pela papalua ana i kekahi pauku paa naau. O kekahi mea a na keiki i hana ai, a me he mea la e hoike ana kela keiki keia keiki i kona makaukau pela a me ka paa naau o na pauku pela like ole ia ia. I ka wa e pela ai i ka pauku paa pela, makemake ana kekahi e hoomaka koke ma mua o ka pela ana o kekahi kanaka. O ka'u hana nae, ma hope pono no o ka pela ana a ko'u kupunahine i kana pauku paa pela, ua hoopuka koke akula au i ka'u pauku paa pela ma hope pono ona i ole e pela ia ka pauku paa naau a'u i koho ai no ka ohana haipule. Me he mea la, ua lilo keia hana i hana hookuku ma waena o na keiki. I kekahi manawa, hahai ia ka pela ana o kela mea keia mea ma ka hahai ana i ka lalani i noho poai ia. Aka, i kekahi manawa, ma ke komo wale ana no i ka hana ka mea e pono ai. O ka mea nui nae, ua pau na kanaka a pau i ka pela i ka lakou pauku paa pela. I loko o ko'u ohana, na ko'u kupunahine wale no i alakai i ka ohana haipule. I kela me keia la, nana no i alakai i ka ohana haipule a hiki i kona haalele honua ana ia makou. Ma hope o kona haalele ana, na ko'u makuahine no i alakai i ka ohana. Nana no i alakai i ka ohana a hiki i kona haalele ana i keia ola honua ana. Ke hui ka ohana a pau ma ko laua hale, nana no i alakai i ka pule. Oiai, ua ao ia makou i keia hana ma ke alakai ana i ka ohana haipule, ua makaukau no makou i loko o keia hana. He mea maamau ke alakai ana o kekahi kanaka makua a kupuna i ka ohana haipule na ka ohana.

O kekahi, aole hiki ia makou ke heluhelu i ka pauku paa pela mai loko mai o ka *Baibala Hemolele.* O ka hoopaa naau wale no ka mea e pono ai. No ia kumu, ua hoopaanaau makou i na pauku paa pela like ole ma ka papa o ka naau i wahi e hiki ai ke komo wale aku i loko o ka hana i ole e hoohilahila ia na makua. O ka poe wale no i komo ole i loko o keia hana he pauku paa pela, na keiki i hiki ole ke heluhelu i ka *Baibala Hemolele* no lakou iho. O ka poe i hiki ke heluhelu i ka *Baibala Hemolele* a i ole i hiki ke kula ia, ua ao ia lakou i ka pauku paa pela ma o ka hoopili ana i ka olelo kula a ka makua. Mamuli o ia hana ua lilo keia haawina i haawina e hooikaika ai i ko'u naau e hoopaa i ka olelo oiaio a ke Akua mai ko'u wa kamalii. O kekahi, he mea kela e kaukai ole ai na keiki i ka huli ana i kekahi pauku paa pela mai ka *Baibala Hemolele* ke hiki mai kona wa e pela ai no ka ohana haipule i malama ia ma waho ae o ka hale. Malia, o ka paa ole o ka pauku paa pela i ka naau o ke keiki kekahi kumu e hilahila ai ka makua nana ia keiki. O ko'u kupunahine, ina aole makou hoopaa i ka pauku hoopaa naau, o ka loaa maila no ia i ka puu nuku. Olelo ia na keiki, e hoopaa naau i ka pauku paa pela ma mua o ka napoo ana o ka la. Ke malama ia ka ohana haipule i ke ahiahi, hoike akula makou i ko makou ike i ke kupunahine, ua paa ka pauku paa naau ia makou. He mea nui ka hoopaa naau ana i ka olelo a ke Akua i koʻu kupunahine no ke ao ana i na keiki i ka olelo ao a ke Akua.

Eia kekahi, i ka wa i malama ia ai ka ohana haipule, aole no i heluhelu ia ka pule, ka himeni, ka pauku paa pela mai ka puke mai. Ma ka naau wale no i hoopuka ia ai. Ua ao ia keia mau ike mai ka haawina kula. O ka haawina kula, ke kula ana i ke keiki i kekahi pauku mai ka *Baibala Hemolele* a me ka *Buke Himeni Hawaii.* Ina aole maopopo i ke keiki ka heluhelu ana i ka *Baibala Hemolele,* na kela makua keia makua i kula i kana keiki ponoi. O kekahi haawina kula i kula ia i ke keiki, ma ke kula Sabati ma ka hale pule. I na la Sabati a pau, heluhelu pakahi ia na pauku a pau o ka *Baibala Hemolele* e na kanaka a pau i hele i ka hale pule. Ina pau na pauku o ka mokuna i ka helu ia a aole i pau na kanaka i ka heluhelu i ka *Baibala Hemolele,* ua hoomaka hou ia kekahi mokuna hou a hoomau ia ka heluhelu ana a hiki i ka pau ana o na kanaka a pau i ka heluhelu puke. Ina koe mai kekahi mau pauku mai ka mokuna i heluhelu ia, ua heluhelu pualu na kanaka i ke koena o na pauku o ka *Baibala Hemolele.* He hana maamau keia ma ka hale pule o ka poe Niihau. Okoa loa ka hana a ka poe Niihau i ko waho nei poe. O waho nei, na ke kahuna pule i koho i ka mokuna a me ka pauku no ka hai olelo wale no a ke kahuna pule a na hookahi kanaka wale no i heluhelu i ka pauku i koho ia no ka hana haipule. Oia no ka hana ma ka halepule o Kawaiahao a me ka halepule o Kalihi a me Moanalua. He mau halepule kalawina no ia a malia, hana ia no ma na halepule e ae, a o keia mau halepule wale no kaʻu i ike ai no koʻu hele kino ana ma laila ma mua.

Eia hou, hoomanao aela au i koʻu wa kamalii i ke kula ana o ke kahunapule i na keiki i loko o ka hale pule i ka la Sabati. O ka mea kaumaha nae, aole i hoomau ia kela ano loina i keia manawa. I ka hala ana o ke kahuna pule nana i malama i ia kuleana, aole i hoomau ia kana hana. I keia manawa, na kela makua keia makua i kula pololei i kana keiki ponoi i ka wa o na kanaka makua e heluhelu ai i ka *Baibala Hemolele.* O ke ano o ka lakou kula ana i ke keiki, kula pakahi ia ma na hua olelo i loko o ka pauku hookahi. Aole i nana ia ka loihi o ia pauku, ua kula ia ke keiki a hiki i ka pau ana. Eia no kekahi o kaʻu mau pauku paa pela punahele i koʻu wa kamalii:

> "Aloha ke Akua" (I Ioane 4:8); "O Iehova koʻu kahuhipa, aole oʻu mea e nele ai" (Halelu 23:1); "Pomaikai ka poe i haahaa ka naau, no ka mea no lakou ke aupuni o ka lani" (Mataio 5:3); "Pomaikai ka poe i aloha aku no ka mea, e aloha ia mai lakou" (Mataio 5:7).

He nui hou aku na pauku paa pela i hoopaa naau ia e aʻu. O kekahi mau pauku paa naau aʻu i hoopaa ai, mai ka mokuna holookoa mai e laa hoi me keia ma lalo nei.

> "E leha aku au i koʻu mau maka i na mauna, mai Iehova mai koʻu kokua. Nana no i hana i ka Lani a me ka honua. Aole ia e haawi i kou wawae i ke kulanalana; o ka mea malama ia oe, aole ia e maluhiluhi. Aia hoi, o ka mea malama i ka Iseraela, aole ia e maluhiluhi, aole ia e hiamoe. O Iehova no kou kiai; o Iehova no kou malu ma kou lima akau. Aole e hahau mai ka la ia oe i ke ao, aole hoi o ka mahina i ka po. E malama mai no o Iehova ia oe i ka ino a pau; nana no e malama i kou uhane. E kiai no o Iehova i kou puka ana i waho a me kou komo ana i loko, mai keia wa a ka manawa pau ole" (Halelu 121: 1–8).

O na la halawai noa, malama ia no i ka Poakahi, Poakolu, a me ka Poaono. O kekahi mea hoi i hana ia no na la halawai noa, ke koho ana i kekahi mau kanaka i paa mau i ka hele la halawai noa no ke alakai ana i ka hana haipule. Hoomaka ia me na kupuna a hiki i na opio. Na opio i makemake e komo i loko o ka hana la halawai noa, ua komo pu lakou i loko o keia hana kekahi. Ina aole i hiki mai ke kanaka nona ia la halawai noa, o ke kanaka ma hope mai o ia kanaka, nana no i pani i kona hakahaka. Pela i malama ia ai ka hana no ka la halawai noa a hiki i ka pau ana o na kanaka i paa ka inoa ma ka puke kakau olelo. Hoomaka hou e like me ka mea i hana ia. Ma na la halawai noa no i kula ia ai na keiki i ka pauku hoopaa naau kekahi. Aole ma na Lapule wale no. Pela no i paa pela ai ka pauku paa naau i na keiki i hiki ole ke heluhelu i ka olelo o ka *Baibala Hemolele.*

Ma Niihau, aole no na makua i heluhelu i ka lakou mau keiki i na puke kamalii a i ole na ano puke i pili ole i ke Akua. I ko lakou manao, aohe waiwai e ao ai i ka lakou mau keiki i ka moolelo o keia ao. Ua oi aku ka waiwai o ke ao ana i na keiki i ka olelo a ke Akua oiaio ma mua o ka heluhelu ana i na puke o keia ao. Na puke kamalii i kuai ia ma ka hale kuai a i ole i hoolimalima ia mai ka Hale Waihona Puke, he mea ole kela mau puke i ka manao o ka poe Niihau. He hana punahele ia naʻu ka heluhelu ana i na puke kamalii i koʻu wa kamalii no ka hoihoi o na moolelo i kakau ia e laa hoi me ka moolelo o *Rapunzul, Snowwhite,* a me *Beauty and the Beast.* Ua loaa no kela mau puke i Niihau i koʻu wa kamalii. He mau puke no ia i hoouna ia ma na ukana mai Kauai mai. I koʻu ike ana i kela mau puke kamalii, ua nee akula koʻu heluhelu i nei mau puke. I ka ike ana mai o koʻu makuakane iau i ka heluhelu i kela mau puke, o ka nuku kai loa mai, "Tiloi i tela ano pute. Te mamate oe heluhelu pute, hele tii i ta pute Paipala, heluhelu" (Kaipo Kanahele, aohe makahiki). O ka puke Paipala, oia mea hookahi no ka *Baibala*

Hemolele. Ua hiki no iau ke ike i ka huhu o ko'u makuakane ma ke ano o ka nui o ka leo i pae mai a me ke ano o ka nana ana mai o kona mau maka iau no ka heluhelu wale no i kekahi puke i pili ole i ka olelo a ke Akua. Malia no kona lilo ana paha i kahunapule i makemake ole ai oia ia makou kana mau keiki e heluhelu i na puke o keia ao. I kona manao, aohe pala e loaa mai ia makou ma ka heluhelu ana i na moolelo o keia ao. Oiai, na kekahi kanaka no i like me kaua i kakau i ka olelo o ka *Baibala Hemolele* e like akula me ka puke moolelo a'u i heluhelu ai, me he mea la, ua oi aku ka mana o ke kanaka nana i kakau i ka *Baibala Hemolele* ma mua o ke kanaka nana i kakau i ka puke moolelo no keia ao. A i ole ia, he ala paha ia e huli ole ai na keiki i ka aoao pono ole. He nui no na olelo ao o ka *Baibala Hemolele* i lawe ia a malama no ka ike o ka poe Niihau i na hana mana a ke Akua i hana ai no lakou.

Ka Olelo Hookuu

Pomaikai wale ko'u hanai ana ia ma Niihau. Na ko'u ohana no i kuhikuhi mai iau i ke ala pono e hahai ai ma o ka noho aina, ka paa ana o na inoa aina o ko'u one hanau, ka maopopo ana i ko'u pili ohana ma o ko'u mookuauhau, ka malama ana i ka hana haipule i loko o ko'u ola, ka malama ana i ka olelo ao o ka *Baibala Hemolele,* ka malama ana i ka waiwai o ka wai, ka ai, a me na kapu i kau ia ma Niihau. Na keia mau ike i hookele i ko'u ala e holomua ai i loko o na hana a pau a'u e hana ai no keia mua aku. Ma ka hanau a hanai ana ia o ko'u ohana ma ka aina o Niihau, pela i paa ai keia mau ike kupuna iau. E like me ka olelo kaulana a ko kakou mau kupuna, "E lawe a malama i ke ao kupuna, a e oi mau ka naauao." Mai pale i ke ao a na makua aia he ola ma laila.

MOKUNA ELUA

Ka Wai Huna a Ka Paoo

Ua koho ia keia olelo noeau o "Ka Wai Huna a ka Paoo" i poo manao no keia mokuna no ka imi hele ana o ka poe Niihau o ka wa kahiko i wai na lakou. No ka loaa ole o ka wai paipu ma Niihau e like me waho nei, ua kaukai lakou i ka wai ua lani i wai inu a i wai no hoi e pono ai ka noho ana, a me na holoholona. O Ka Wai Huna a ka Paoo kekahi wahi i olelo ia e na kupa o Niihau, he wai huna. A oia ke kumu i kapa ia ai o ia wahi o "Ka Wai Huna a ka Paoo." Ma Niihau, he mea nui ka wai no ke ola o ka poe Niihau. I ka wa kau no ka ua, oia no ka wa a makou i hoiliili ai i ka wai i loko o ka pahu wai nui, na kula hao, na kapu, a me na pono like ole e hiki ai ke malama i ka wai. Na mea a pau e hiki ana ke hoopiha ia i ka wai, ua hoopiha ia no. Ina pau ia wa ua, aole no i helelei hou mai ka puka wai o ka lani a hiki hou mai ke kau ua. Ina wi ka aina i ka wai, ua hele aku no ka poe Niihau i loko o ka halepule o Iubile e pule ai i ke Akua o ka lani i wai na lakou.

Ma Niihau, hoohana ia ka wai i wai inu, i wai e holoi ai i na lole, na pa, ka hale, i wai auau, i wai e kuke ai, a i wai hoi e hoohainu ai i na holoholona. Ina pau ka wai mai na kula hao i ka hoohana ia, ua kii ia ka wai mai ka punawai mai i wai e hoohainu ai i na holoholona. He mau punawai waipuna no ko Niihau a na kupuna o ka wa kahiko i kukulu ai. O kekahi o na punawai, he mau punawai hapa kai. Aia no ma ka pa niu o Pukaiki, loaa no kekahi punawai nona ka inoa o "Pukaiki Waimapuna." Wahi a koʻu makuakane, i kona wa kamalii, ma laila no kona ohana i kii ai i ka wai no ka hoohainu ana i na holoholona. Mamuli o ka malama ole ia o ua punawai ala ma hope o ka hala ana o kona mau kupuna, ua uhi ia a paa i ke one no kona pili i ke kahakai o Pukaiki. No laila, aole no loaa hou kela punawai i keia manawa.

Ua koho ia keia olelo noeau o "Ka Wai Huna a ka Paoo" no ka hoopili ana aku i kona manao i ka imi ana i ka wai i huna ia maia lakou aku. Pela no au e hana nei ma ka imi ana i ka ike o koʻu mau kupuna. Aole no he loaa wale mai o ka ike o koʻu mau kupuna ina aole e imi ia e like me ka hana a na kupa i ko lakou imi ana i ka wai huna o "Ka Wai Huna a ka Paoo." E like me ka hoike ana o ka ia paoo a me ka manu kolea i ka wai o keia wai puna i na kupa o Niihau, pela no au e manao nei koʻu imi ana i ka ike o koʻu mau kupuna. Ina no hoi he ahuwale ka loaa ana mai o ko lakou ike, e loaa ana no. Ina no hoi e loaa mai kekahi mau mea e alailai ai i kaʻu imi ana i ka ike kupuna, ma laila no paha e holo ole ai keia hana.

Olelo ia, na kekahi kupa o Niihau i haku i keia mele no ka moi wahine o Kapiolani, a he okoa iki ka lalani mele i loko o ke mele a me ka inoa o ka punawai. Aia o "Ka Wai Huna a ka Paoo" i Lehua, kekahi moku liilii e ku nei ma kai ae o Niihau. Wahi a na kupa o Niihau, i ka wa ma mua, ina aohe wai ma ka punawai o Niihau, ua hele lakou i Lehua e kii ai i ka wai mai ka wai puna o "Ka Wai Huna a ka Paoo." O ka mea wale no e hiki ai i Lehua ma ka holo ana ma ka waa. He kai hohonu no ia ma waena o Lehua a me Niihau. Olelo ia hoi, he wai momona ko keia wai puna o Lehua. Ua loaa no keia wai puna i ka poe o ka wa kahiko e noho ana ma Niihau. I ko lakou wa i hele ai i Lehua e lawaia ai, ua ike lakou i ka lele o ka ia panoo (paoo) i loko o keia wai puna. Pahaohao hoi ko lakou ike ana i ka ia panoo i ka lele i loko o keia lua wai. I ko lakou hoao ana i ka wai o keia lua wai, ma laila lakou i ike ai he wai momona no ka ia. Mai ia wa mai lakou i kii ai i ka wai o "Ka Wai Huna a ka Paoo" i wai inu a i wai no hoi e hoohana ai no lakou.

O kekahi moolelo aʻu i lohe ai mai koʻu kupunakane mai, o ka manu kolea ka mea nana i hoike i na kupuna o Niihau i keia wai puna. I ko lakou wa i hele ai i Lehua i ka lawaia, ike ia ka mukiki ana o ka manu kolea i ka wai mai keia lua wai mai, ua pahaohao lakou i ka inu ana o keia manu kolea i ka wai kai. I ko lakou hoao ana i ka wai mai ka lua wai a ke kolea i mukiki ai, pela i maopopo ai ia lakou, he wai momona no ka ia. He nui no na okoa o ka moolelo i hai waha ia a pela paha i okoa ai ke ano o kahi moolelo mai kahi moolelo aku. Hoike maila o Tava laua o Keale, (1989) i kekahi pela okoa ana ia "Ka Wai Huna a ka Paoo" o "I Ka Wai-huna-o-ka-Paoo." He nui no na ano o ka pela ana ia "Ka Wai Huna a ka Paoo" ke kuhi nei au no ka olelo paha i lohe ia mai ka waha mai o kekahi kanaka i loli ai ka pela ana ia "Ka Wai Huna a ka Paoo." O kekahi pela ana, aole i hookaawale ia na hua olelo e like me ka mea i hoike ia ae nei ma luna nei. Ua pela piha ia ka inoa he hookahi hua olelo o "Waihunaokapaoo." Aole i komo mai o "ka" i mua o "Waihunaakapaoo" e like me ka mea i paa ma ka moolelo a me na oli. Ua lohe au i ka moolelo a koʻu mamanui o Iliahi Faulconer kekahi kupa o Niihau i kona hai waha ana i keia moolelo ma ka lekio o "*Ka Leo Hawaii*" i ke kumu no kona kapa ana i kana keikikane i ka inoa o "Waihuna." No kona makemake wale no i ke kani o keia inoa i kapa ai oia i kana keikikane, o "Waihuna." Eia ae no kekahi kii a me ka moolelo o Lehua i olelo ia e keia wahi kupa o Niihau no Waihunaakapaoo:

O Lehua keia. Pai ia keia kii mai luna mai o Lehua ma ka aoao makai o Lehua. Ma ia poai o lalo kahi o ia lihi apapapa kekahi olelo i ike nui ia ma na nupepa kahiko no *Ka Waihuna o ka Paoo*. Wahi a na kupuna o Niihau, na na kupuna o ka wa kahiko i ike i keia punawai nona ka inoa o *Ka Waihuna o ka Paoo*. Hoolako ia ke kii e www.niihauheritage.org, Niihau Cultural Heritage Foundation.

> [. . .] Ai oia i Niihau i ka aina o Lehua. Ua walaau mai koʻu kupuna i keia wai ma mua loa hoomapopo no wau. Ka poe kahiko, ka poe noho ma kela aoao o Lehua, aohe loa wai. Olelo koʻu kupuna iau i koʻu wa liilii, hele lakou i keia aina i Lehua, a ike lakou i keia ia i ka lele i loko o keia lua, he panoo. O ia ka mea i kahea ia keia wahi Waihunaokapaoo (Iliahi Faulconer, Ka Leo Hawaiʻi, Apelila 25, 1972).

He nui no ke ano o ka wai i loaa ma Niihau; O ka wai momona, ka wai koekoe, ka wai awaawa, ka wai paakai, o ka wai lepo, a o ka wai hapa kai. O ka wai momona, he wai ia i hoohana ia no ka inu ana, ke kuke ana, ka auau ana, ka holoi ana i na lole a me na hana e ae o kau hale. O ka wai awaawa, he wai ia mai na punawai i eli lima ia e na kupa o Niihau. Aole inu ia ka wai awaawa, he wai wale no ia no na holoholona. O ka wai paakai, he wai momona no ia i hoohui ia me ka paakai. Ua inu ia ka wai paakai ina hala kekahi kanaka i ke ala hoi ole mai a i ole, pipi ia i loko o ka hale i ole e hoi hou mai ka uhane o ke kanaka i hala. O ka wai momona i kii ia mai na punawai wai momona, ua pai ia me ka wai paakai i mea e aiai ai ka wai. O na wai mai ka punawai mai, he wai lepo no ia. O ke kai ka mea nana i hooaiai i ka wai lepo. O kekahi ano wai paakai, he wai i hoomiko ia i ka paakai no ka hoomiko ana i ka io o ka hipa i kaulai ia i hipa kaula. Ma kahi o ke kapi pololei ana i ka io hipa i ka paakai, ua hoohana ia ka wai paakai i ole e papaa paakai ka hipa kaula ke hoomaloo ia. A kapa aku ka poe Niihau i keia io hipa i hoomiko ia me ka paakai, he hipa kaula. O ka hipa kaula kekahi io i kaulai ia a maloo me he pipi kaula la ke ano. O ka wai lepo, he wai ia i kii ia mai ka punawai mai. He mau punawai wai lepo no ko Niihau i kukulu lima ia e ka poe o ka wa kahiko. I ka ua ana a piha ia na punawai e ka wai, he wai lepo no kona nana ana. He mau punawai no ia no na holoholona.

O ke kii ana i ka wai mai ka punawai mai, kii wale ia no i ka wa e wi ai ka aina i ka wai ua. He akamai no na kupuna o Niihau i ka imi ana i kekahi mea e loaa mai ai ka wai i hiki hoi ke hoohana ia no kekahi hana e pono ai ko lakou ola ana. Ua hoopili ia ka manao o keia moolelo i koʻu imi ana i ka ike o na kupuna. Ma ke akamai wale no o ke kanaka e ahuwale ai na mea i hunahuna ia e like akula me ka wai o "Ka Wai Huna o ka Paoo." Ma ka ike ana i na mea i huna ia e na kupuna ka mea e loaa mai ai ka haina no na mea i hunahuna ia i loko o ka hohonu. No laila, e like hoi me ka imi ana o koʻu mau kupuna o Niihau i ka wai i hunahuna ia ia lakou, pela no hoi au e imi nei i na ike i hunahuna ia. O ka mea hoi nana e hooahuwale ai i na mea i hunahuna ia, ka olelo i hai waha ia e na kupuna i loko o ko lakou ola.

Ka Ike Kupuna

He nui na ike kupuna i ao ia mai ma koʻu noho wale ana no me koʻu mau kupuna. Imi aku au i ka poe i ao ia a paa ka ike kupuna i ka naau. Pela paha i kaulana ai keia olelo noeau "Aohe wawae o ka ia; o oe ka mea wawae, e kii mai" (Pukui, 1983, 24). Ua koho ia keia olelo noeau i mea e hoopili ai i kona manao i kaʻu hana ma ka imi ana i ka ike kupuna o koʻu mau kupuna. Aole no e loaa wale mai ana o ka ike kupuna ina aole e imi ia. Nau e imi, a oia ka loaa mai. O ka ia, aohe ona wawae, he hiu kona. Ma ke kai wale no kona wahi e ola ai. Hoopili pu aku au i ka manao o keia olelo noeau i koʻu kuleana ma ke ano he kanaka hoiliili i na ike i ao ia iau. I wahi hoi e laha ai ka ike kupuna i ka poe i ao ole ia i keia mau ike i loko o ko lakou ola ma o ka heluhelu ana i kaʻu moolelo e hoolaha aku nei. Me ka manao, na lakou no e hoomau hou aku i ia ike kupuna i loko o ko lakou ola a me na hanauna hou e hiki mai ana. Ua ao ia au i keia mau ike kupuna mamuli wale no o koʻu hanai ana ia ma Niihau. O ka noho pu ana me koʻu mau kupuna a komo i loko o ka hana he alo a he alo kekahi hana maamau a'u i hana ai i ko'u wa kamalii. No'u iho, okoa nae keia ano loaa ana mai o ka ike kupuna iau no ka mea, aole au i hele aku i mua o kekahi kanaka a noi i kona ike e like me ka mea e ike ia nei i keia manawa. Ma kekahi olelo ana, ua ao e ia keia mau ike iau mai ko'u wa kamalii mai no e noho ana ma Niihau. Ua komo mai no ka manao i loko o'u, aohe kumu e imi ai i ka ike kupuna no ka paa e o keia mau ike iau ma ka papa o ka naau. Ua hiki iau ke kakau wale aku no i keia mau ike me ka niele ole aku i kekahi kupuna, eia nae, aole no ia he hana kupono a aole no paha pela ka manao o ko'u mau kupuna. Aole no ia mau ike mai a'u ae no, mai ko'u mau kupuna mai no.

He nui na ike kupuna okoa i ao ia iau. O ka lawaia, ka mahiai, ka hana pupu, ka laau kahea, ka laau lapaau, ka opu huli, a me ka hanau keiki. Eia nae, koho aku nei au e hoike aku i ka hana no ka lawaia a me ka hana pupu no ka hoohana mau ia o keia mau ike i na la a pau. O na ike kupuna e ae i kuhi ia ae nei ma luna nei, e hoike ia ana no ma na mokuna e ae o ka puke. Ma kekahi ano, ke heluhelu mai ka mea heluhelu i na moolelo a'u e kakau nei, e manao ana paha oia, he aha la ka waiwai o keia mau ike e hoike ia aku nei? Oiai, he mau ike waiwai keia i loko o ko'u ola a me ko'u mau kupuna a ke ola mau nei no a hiki i keia la.

Ka Lawaia Ana

O ka lawaia, he mau mahele okoa e ao ai i ka hana o ka lawaia. O ka maopopo ana i na pono lawaia e hoohana ai no na ano lawaia like ole kekahi haawina maikai e ao ai. Aole ka lawaia, he hana hele wale aku no i kahakai, a kiloi i ka upena i loko o ke kai, a hei ia ka ia. Pono no ka maopopo ana i ka hana e loaa mai ai ka ia ma mua o ke komo maoli ana i ka hana. O ke koho ana i ke ano o ka lawaia e lawaia ai he mahele okoa no ia a pela no me kahi e lawaia ai. O ke ano o na pono lawaia e hoohana ai, he mahele okoa ia. Okoa hoi ka hoolei upena, okoa ke kuu upena kaloa, okoa ke kahele makoi, okoa ka lama papai, okoa ke kuu oama, ka iiao, ka piaea, a me ka moilii. Aole no like ke ano o ka lakou lawaia ana. A o kekahi, aia no i ke ano o ka ia e lawaia ia ai.

O ka mahele mua e ao ai i ka hana no ka lawaia ana, ka hoomakaukau ana i na pono lawaia a me ke ano o ka lawaia e lawelawe ai. O ko'u makuakane, he kanaka lawaia oia. Ma mua o kona hele ana i kahakai e lawaia ai, koho mua oia i kahi ana e hele ai a me ka ia e lawaia ai. Pela no e koho pono ai i na pono lawaia kekahi. Na ko'u makuakane no i hoomakaukau i kana mau pono lawaia a pau. O ke ka ana i ka upena hoolei a me ke kau ana i na kepau ma ka upena hoolei a i ole ka upena kuu kaloa. No ka loaa ole o ka halekuai ma Niihau e like me waho nei, ua ka lima ia ka upena i mea e lako ai lakou i ka upena hoolei a me ka upena kaloa. Aole o ko'u makuakane wale no ke kanaka Niihau i ka i na upena, he nui no na kanaka i ka i ka lakou upena ponoi. Na upena pukapuka i hoolei ia i ka ia, na ko'u makuakane no i pohopoho i kana mau upena pukapuka. Ma kona pohopoho ana i kana upena ponoi i ao ai au i kekahi hana i kue ia e ke kanaka ka upena. Aole makemake ia ka pii wale ana o kekahi kanaka ma luna o ka upena lawaia i hoolewalewa ia ma ke kaula kaulai lole. Ma mua o ka hoolewalewa ana i ka upena ma ke kaula, ua hoopuka maila ko'u makuakane i kona manao i mua o makou, "Mai pii ma luna o ka'u upena!" Ua hoolewalewa ia ka upena ma luna o ke kaula kaulai lole i mea e hoomaloo ai i ka upena. O kahi kumu i makemake ole ai ka mea lawaia i ka pii a i ole ka pinana wale ana o kekahi kanaka ma luna o ka upena, he hana hoi ia i ku i ka pakalaki. Ina hoohana hou ia ka upena hoolei i pinana ia e kekahi kanaka, aole no i hei ka upena i na ia. No ia kumu, ua makaala mau ko'u makuakane i kana mau upena i ole e pinana wale ia e kekahi kanaka.

O ka hoolei ana i ka ia, he hana okoa no ia. O ka hana nae a ko'u makuakane, hookau oia i ka upena ma kona kua a helehele i ke kepau ma kekahi lima a o kekahi aoao o ka upena, kau ma kona poohiwi. I kona wa e ka ai i ka upena, mohala maikai ka upena hoolei. O ka mohala ana o ka upena ka mea i makemake ia. Ina mohala ka upena, pela no ka nui o ka ia e hei ana i ka upena. Ina olowi ka mohala ana o ka upena, liilii no ka loaa o ka ia. Wahi a ko'u makuakane, na kona kupunakane o Kalanipio Niau i ao ia ia i ka hoolei ana i ka upena i kona wa kamalii. Ua ka kona kupunakane i kekahi upena liilii i kupono ia ia e ka ai a mama hoi i ko'u makuakane e kiloi ai i loko o ke kai. O kana hana nae, ao mua oia i ko'u makuakane ma ka pa hale. O ka mea e ike ai i ka makaukau o ka hana a ko'u makuakane, ka mohola ana o ka upena a poepoe. Wahi a ko'u makuakane, oia no ka hoa lawaia o kona kupunakane. Na kona kupunakane no i ao aku ia ia i kahi e lawaia ai no ka ia ahole. Ua lilo ia wahi punahele a kona kupunakane i punana lawaia nana. Ma laila no oia i lawaia ai i ka ia ahole. O kekahi mea nana i hoakaaka i kana hana, ka huna ana i kahi ana i hele mau ai i ka lawaia no ke ahole. Aole oia i hoike aku ia hai i kahi ana i hele ai. I keia mau la, ma laila no ko'u kaikunane e hoomau nei i ka lawaia no ke ahole no kona hele pu ana i ka lawaia me ko'u makuakane. Ma kekahi olelo ana, he hana no ia i ku i ka hooili ana i ka ike lawaia ma luna o ko'u kaikunane no ka hoomau ia ka lawaia ana ma kahi hookahi.

O ka wehe ana i ka hihia o ka upena hoolei i ka apapapa kekahi hana a ko'u makuakane i makaala ai i kona wa i hoolei ai i kana upena i loko o ke kai. Ma hope o ka hoolei ana i ka upena, aole oia i huki wale i ka upena mai loko mai o ke kai. Ua luu pololei aku oia i loko o ke kai a kii i ka upena a wehe i ka hihia a hemo mai ka pohaku aku. Olelo mai oia, ina huki wale ia ka upena, he pukapuka ka hopena. No ka nui o ka hana ma ka pohopoho hou ana i ka upena pukapuka, ua malama maikai oia i kana mau pono lawaia a pau. Pela no me ka wehe ana i ka ia i hei i ka upena. O ka mea maamau, na na kane wale no i hana i keia hana. Eia nae, ina hele pu ka ohana i ka lawaia me koʻu makuakane, na maua o koʻu kaikuaana i kokua aku i koʻu makuakane e wehewehe i na ia i paa ma ka upena. O kekahi mea ana i ao ai ia maua, paa ka ia ma ke poo a hoopakika a hemo mai ka upena mai. O ka ia ahole, kuku ke kuala a me ke kualalo o kona kino. Oi aku ke kuku o ka ia ahole ma mua o ka ia moi. Ina mau no ke ola o ka ia i paa i ka upena, ke pana ino ka ia, kuku ka lima. Me ia wale no ko maua ao ana i ia hana a paa ia haawina ia maua. He mea ole paha ka maopopo ana i keia hana i kekahi eia nae, he mea nui ke ao mua ana a paa ka ike i hiki ke komo wale aku no i loko o ka hana i ka wa e pono ai.

Ma waho nei, maa wale no ka poe i ka hele i ka halekuai e kuai ai i ka lakou ia ponoi. Aole pono ka wehe ana i ka ia mai ka upena aku. O ka hele aku no i ka halekuai a koho i ka ia i makemake ia a koi aku i ka poe o ia halekuai e hoomaemae i ka ia. He hana maalahi wale no ia. Ma Niihau, na makou no i hele kino i kahakai e kii ai i ka makou ia. Oia no kekahi hana i ao ia mai no ka nui o na ia i hei i ka upena e laa hoi o ke ahole, ka moi, ke akule, ka nenue, ka moilii a me ka oama. He mau ia no ia i kii ia i ko lakou wa e kau ai. He wa no ke kii ana i kela me keia ia. Ina hua ka ia, aole hiki ke kii ia no kona hua. He ala ia e hoonui ai i ka loaa ana o na ia ma Niihau. Pela no i lako ai ka aina o Niihau i ka ia. Ina no paha ua kii wale ia ka ia e like me ka hana a kekahi mau kanaka me ka noonoo ole i ka hopena, ekala loa paha i nele ai o Niihau i ka ia. He mea nui ko kakou noonoo ana i ka pono o ka ia i lako mau kakou i ka ia i na wa a pau.

Ma Niihau, ina nui ka ia i loaa i koʻu makuakane, ua mahele ia na ia na ka poe i noho kokoke ia makou. Aole oia i malama i ka ia a pau loa nana wale no me kona ohana. Ua mahele ia na ka poe hoa noho kekahi. O koʻu makuakane, oia no kana hana i na wa a pau. Ina hoi mai oia i ka hale me ke eke huluhulu i piha i ka ia, hoopiha ia ka ia i loko o ka pakini a kakaahi ia me na hoa noho. O ke koena oia ka mea i kaha ia a kapi ia i ka paakai no ka hoomaloo ana. Ua hoomaloo ia ka ia i hiki ke malama ia no ka wa nalu.

O ke kaha ana i ka ia, he mahele okoa no ia. Okoa ke kaha ana i ke ahole, a okoa hoi ke kaha ana i ka moi. O ke ahole, kaha pololei ia mai ke poo a ka hiu. O ka moi, kaha ia mai ke poo a ka hiu a kaha pu ia ka aoao iwi a me ka aoao io o ka moi no ka manoanoa o ka io o ka moi mai ke ahole aku. Ina aole kaha ia kona mau aoao, hiki no ke eu ia e ka ilo a pau ka pono o ka ia maloo, a aohe ona pono ma hope iho o ke kiola wale aku no ka hopena. Ma Niihau, ua kaulai pololei ia ka ia ma ke kaula, aole i loko o ka pahu hoomaloo ia. Ua kaulai ia ka ia ma ke kaula no ekolu a eha la ka loihi i mea e maloo maikai ai ka aoao io a me ke kua o ka ia. O ke kumu i hoomaloo ia ai ka ia, i hiki ke malama ia a loihi. I ka wa ma mua, aole loaa ka pahu hau e malama ai i ka ia. O ka mea wale no e pono ai, ke kapi ana a miko i ka paakai a kaka ia a kaulai ia ma ke kaula no ka hoomaloo ana.

He okoa hoi na pono lawaia no ka luu wana, ka pana ia, ka luu ula, ka lama papai a me ke kui opihi. O ka luu wana, na ka poe wale no i makaukau i ke au ma ke kai hohonu e luu i ka wana. Pela no ka pana ana i ka ia kekahi. O ka lama ana i ka papai, ma ka po wale no o Muku e lama ia ai ka papai. Ina lama ia ka papai i ka po mahina, i kahi e no ka poe lama papai, ua pau ka papai i ka holo e pee no ka ike o ko lakou maka i ke aka o ke kanaka lama papai. A oia ke kumu i lama ia ai ka papai i ka po wale no o Muku. He haawina no hoi ia e ao aku ai i ke ano o ke kii ana i ka ia a me ka wa kupono e lama ai i ka papai. E like me ka mea i hoike ia ae nei, e ao mua a paa ka ike no keia mau hana ma mua o ke komo ana i loko o ka hana ma ke ano he lawaia. Pela no ka hana ana i ka pupu, he mau mahele okoa e ao ai i ka hana o ka pupu.

Ka Hana Pupu

O ka hana pupu, lawe kino ia na keiki i kahakai a waiho ia ma ke one a olelo ia e na makua e ohi i na pupu. No ka ike mua o ko makou maka i ia mea he pupu, ua maopopo no ia makou ka ohi ana i na pupu. I koʻu wa kamalii, makemake loa au i ka hele ana i kahakai i ka ohi pupu no ka auau kai wale no. Ke kauoha ia e na makua e hele i kahakai i ka ohi pupu no ka eu o ka pupu, aole i hoole ia ka noi a na makua. O ka mea hoi nana i hookomo mai i ka iini a me ka hoihoi i loko o ia hana, no ka lohe wale no i ka hua olelo o "kahakai." Ma ia lohe ana ia kahakai, ua pii maila ka iini e hele i kahakai i hiki ke auau kai me na hoa ohi pupu.

O kekahi kumu no keia hele ana i kahakai i ka ohi pupu i wahi hoi e noho ole ai i ka hale e hana ai i na hana o kauhale, o ka hoomaemae hale, ka pulumi hale, ka holoi puu pa, ke kope opala a komo pu i ka hanai puaa kekahi. Nolaila, ke hookuu ia e hele i kahakai, me he mea la, akahi no a puka mai loko mai o ka hale paahao. O kaʻu hana nae, ke hiki aku au i kahakai, aole no i hoolilo ia ka manawa i ka ohi pupu. Ua pale ia ka olelo kauoha a na makua. I loa no a hoea ana i kahakai, o ka lilo akula no ia i ka auau kai me na hoa a aole i ohi ia na pupu e like me ke kauoha a ka makua. Mamuli o ka lilo wale no o kamalii ma i ka auau kai, ua napoo koke ka la a aole i hoopiha ia ka omole i na pupu. Ua maopopo lea hoi iau ke hoi aku au i ka hale, e loaa mai ana i ka hili ia. Aole no keia hookuu ana ia oʻu e hele i kahakai i ke kakahiaka nui. Nui no ka poe Niihau i hele i kahakai e ohi ai i na pupu i ke kakahiaka nui i nui ka loaa o na pupu e ohiohi ai a piha na omole meaai pepe a i ole ke eke ea hapa kalani. I koʻu wa i hele ai i kahakai i ka ohi pupu, i ka auinala lilo no. Malia ua noonoo mua no paha na makua ina e hookuu ia na keiki i ke kakahiaka, e lilo wale ana no ka manawa i ka auau kai. E aho ka hookuu ana i ka auinala no ka pokole o ka wa e noho ai i kahakai. O ka haawina, ke hookuu ia e hele i kahakai i ka ohi pupu, o ka ohi pupu ka hana mua e hana ai. Aole hiki ke auau kai, aohe pala e loaa mai i ka poe auau kai.

Eia kekahi, ma mua nae o ka hookuu ana o koʻu makuahine iau e hele i kahakai i ka ohiohi pupu, ua hoolala mua akula au i kaʻu hana e hana ai ke hoea aku i kahakai. E hele pololei i ka auau kai a pau ka auau kai a laila e ohi i na pupu. Aole i nana ia ka nui o na pupu e loaa mai ana iau. O ka mea nui noʻu, pau ka lealea auau kai. Hookahi wale no hana apiki, i ka hiki ana aku i ka hale, ua maopopo ihola iau ke ike mai koʻu makuahine i ke ano ole o na pupu aʻu i ohi ai, e loaa mai ana i ka puu hili. Ma mua nae o ka haawi ana aku i kaʻu omole pupu ano ole i ohiohi ai, ua kii malu akula au i na pupu kahiko o ka hale a hoohui me na pupu ano ole aʻu i ohiohi ai i mea e hoopiha ai i kaʻu omole a piha i na pupu me ka manao, aole no e maopopo mai ana i koʻu makuahine i kaʻu hana apiki. Eia nae, o ka ike o na makua, aia no i mua. I koʻu haawi ana aku i kaʻu omole pupu i koʻu makuahine, ua maopopo e ia ia he mau pupu kahiko kekahi no ka maa o kona maka i ka nana ana i ka okoa o na pupu hou a me na pupu kahiko. I loa no a ike ia na pupu kahiko i hou e ia a puka, o ka loaa maila no ia i ka puu hili. Ku maila ka ninau i mua oʻu i kaʻu hana apiki ma ke kii ana i na pupu kahiko o kauhale a hoohui me kaʻu pupu ano ole, ua nee akula ka hoopunipuni. O ka hopena o ka haawina hoopunipuni, he hili. Aole i makemake koʻu makuahine ia makou kana mau keiki e komo iki i loko o ka haawina hoopunipuni. Ina ku mai kekahi ninau i hana apiki ia e na keiki, makemake oia i ka oiaio. O ka hoopunipuni ka mea ana i hoowahawaha loa ai. Ma ia hope mai, aole no au i hana hou pela. Ina hookuu hou ia e hele i kahakai i ka ohi pupu, ua hoopiha mua ia ka omole a piha i na pupu a laila ina lawa ka manawa e auau kai ai, hiki no ke auau kai. Pela no i paa ai ia ike iau.

O keia haawina hana lei pupu, ua hoomaka mua ia ke ao ana me na pupu kuaula. O na pupu kuaula, o ia no na pupu i makemake ole ia i ka wa ma mua. Hookae a hoowahawaha ia na pupu kuaula a me na pupu lenalena no ka loaa o na kikokiko ma ka pupu. Aole no i hoohana ia na pupu kuaula a me na pupu lenalena i lei e ohuohu ai i ko makou kino. Ke kipa aku na malihini i Niihau, oia no na pupu i hoohana ia i lei pupu e makana aku ai i na malihini. I keia manawa nae, ua lilo na pupu kuaula a me na pupu lenalena i pupu waiwai loa. Malia no ka nele paha i na pupu kekahi kumu i kui ia ai na pupu kuaula a me na pupu lenalena i lei pupu. O ka pupu i makemake nui ia i kela wa, na pupu keokeo maikai wale no aohe kiko ma luna o ka pupu a kapa ia keia pupu, "keokeo maikai." Ma koʻu hale, nui na pupu kuaula a me na pupu lenalena no ka mea, ua hoohana wale no koʻu makuahine i na pupu keokeo maikai no ke kui ana i ka lei pupu. I keia mau la nae, o na pupu a pau, he mau pupu waiwai no lakou a pau i ka poe Niihau. Aohe pupu i kiloi ia. Ua kui ia na pupu a pau i lei a hoolilo ia aku i mea e loaa mai ai ke kala. Mahalo no hoi au i ke ao ana aku o koʻu mau makua i ko laua ike hana pupu iau. I koʻu wa e noho ana ma Niihau, oia no kaʻu hana, ka ohi ana i na pupu na koʻu makuahine. O ka hana a koʻu makuahine, he hana pupu wale no. Kakaikahi kona hele kino ana i kahakai e ohi ai i na pupu. Ua kui ia na lei pupu i mea e loaa mai ai ke kala ma kahi hoi o na kala la hana i uku ia i koʻu makuakane no ka hana ana ma lalo o ka ohana Lopikana. A oia no ke ola o ka poe Niihau i keia mau la. Ka hana ana i na lei pupu i mea e loaa mai ai ke kala e kuai ai i na pono lako o keia noho honua ana.

Ma Niihau, okoa na pupu i kau i kela me keia kahakai. O kekahi kahakai, he pupu kahelelani wale no. O kekahi wahi, he pupu kahakaha wale no. O kekahi wahi, he pupu uliuli wale no. A o kekahi wahi, he pupu momi keokeo wale no. Aia no i ke ano o ka lei i iini ia. Ina he lei kahelelani, ma Puaheke no i ohi ia ai na pupu kahelelani. Ina he lei pikake momi keokeo, ma Pukaiki, Kahio, a i ole Waipolo no i ohi ia ai na pupu momi. Loaa no na pupu keokeo ma keia mau kahakai. Ina he lei laiki, ma Kapae no i kii ia ai na pupu laiki. Pela no ka hana a ka mea hana pupu i koho ai i ke ano o na lei pupu i makemake ia.

O kekahi hana no ka ohi ana i na pupu, ke kolo ana ma ke one e ohi pakahi ai i na pupu i ike ia ma ke one. Ohi ia na pupu a pau i ike ia ma ke one. Aole hiki ke wae i ka pupu e ohi ai i kou wa e ohi ai i na pupu. Ohi ia na pupu a pau i ike ia ma ke one a aole i waiho ia kekahi pupu. Ua ohi aku makou i na pupu momi, na pupu kahelelani, na alilea, na poleholeho, na kaunoo, na pupu laiki, a pau pu me na pupu paalima kekahi. O ka mea nui, ua piha na omole i na pupu. He mea hoohauoli ia i na makua ke piha na omole i na pupu. Ke hiki aku i ka hale, kii ia maila ka omole pupu e koʻu makuahine a lu ia i lalo ma ke kawele no ka wae ana i na pupu pukapuka i ohi ia a kiloi ia. O na pupu maikai, oia ka mea i kaulai ia a maloo. I ka wa i ohi ia ai na pupu ma kahakai, ohi ia na pupu i hoopae ia ma ka ae kai. Oia mau pulu no na pupu no ka ohi ia ma ka ae kai i hoopae ia e ka nalu. A oia ke kumu i kaulai ia ai a maloo ma mua o ka hoohana ana.

O ka wae ana i na pupu, he hana okoa ia mai ka ohi ana. Wae ia na pupu i ohi ia ma hope o ka hoomaloo ana. Wae ia na pupu wale no i makemake ia no ke kui ana i kekahi lei i makemake ia. Ina he lei kipona paha ka iini o ka mea kui lei, wae ia na pupu momi i makemake ia a me na kahelelani e kiponapona ai i ka lei pupu. Ina he lei kui pikake, wae ia na pupu momi wale no. O na pupu momi wale no na pupu i kui ia no ka lei pikake. O na lei pikake i hana ia i lei, na pupu waha keokeo, waha ulaula, kuaula, uliuli, lenalena, onikiniki, a me ke kahakaha. O ka wae ana i na pupu ma kona kala kekahi haawina i ao ia iau. Na koʻu makuakane no i ao mai i ka wae ana i na pupu. Ua wae ia na pupu ma ke kala i makemake ia. I ka wa ma mua, ua makemake ia na pupu kuaula no ke kui ana i ka lei puu. O na pupu keokeo maoli, no na lei pikake loloa a i ole na lei kipona. He elima wai o na pupu momi o Niihau. Ma Niihau, o "wai" wale no ka hua olelo i hoopuka ia ma kahi o "wai hooluu" a i ole o "kala." O ke keokeo, ka lenalena, ka onikiniki, ka uliuli, a o ke kahakaha no hoi. Pela no ka hana me na lei alilea, o na pupu alilea wale no na pupu e pono ai. O na lei poleho, he poleho wale no na pupu e pono ai. Eia nae, o kekahi o na poe hana lei, ua kipona ia na pupu momi a me na pupu poleho a he okoa no kona ui ke nana aku. Ua kui ia na lei pupu o Niihau e like me ka mea i makemake ia e ka mea kui lei. O na lei a pau i kui ia, he okoa ka nani o kekahi lei i kekahi lei.

O ka hou ana i na pupu, hou ia me ke kui. O ke kui i hoohana ia i kui e hou ai i na pupu, ka hao kukuna o ke kaa paikikala. Ua oki ia ke kukuna a hookala ia a oioi i mea e hou ai a puka na pupu. Okoa hoi ke kui e hou ai no ka lei pikake a okoa ke kui e hou ai no ka lei kui pololei. O ke kui no ka lei pikake, aole no oioi loa o mua. He oioi no aka, aole no oioi loa e like me ke kui e hou ai no na pupu kui pololei. Aole makemake ia ke kui oi ole no ka nahaha o na pupu i ka wa e hou ai. O na pupu nahaha ma ka hou ana, aohe ona pono a o ke kiola wale no kona hopena. No ka maiau o na lei pupu i hana lima ia e na wahine o Niihau, pono no ka loaa ana o na kui maikai e hou ai i ka pupu i mea e nani ai ka hana ana i ka lei a nani pu hoi ke lei ia ma ka ai.

Ina he lei pupu pikake ke ano o ka lei i iini ia, okoa hoi ka hou ana i na pupu. Hou ia na pupu no ka lei pikake ma ka aoao o ka pupu. Hou ia ka pupu mai ka okole a pohu pololei ia ma ka aoao poepoe o ka pupu. O na lei kui pololei, hou pololei ia ka pupu mai ka okole a i ka welau o ka waha. O kekahi hana no ka lei kui pololei, aole pale ia ke one o ka waha o na pupu. He mea ka malama ana i ke one o na pupu i wahi e maikai ai ka moe ana o ka pupu ma ka lopi. O na pupu i kui ia i lei pikake wale no ka mea i pale ia ke one i mea e nani ai kona nana ana ke pau ka lei i ke kui ia a nakii ia. O kekahi mau kanaka hana pupu, ua hou ia ka pupu a me ka pale ana i ke one i ka wa hookahi. No kekahi, o ka hou mua ana a puka na pupu a pau e lawa ai kekahi lei ka mea mua e hana ai a laila, pale i ke one ma hope. He okoa nae ka hana a kekahi kanaka a okoa hoi ka hana a kekahi. O ka mea nui nae, pau na pupu a pau i ka hou ia a puka a pau ke one i ka pale ia. O "pale" ka hana no ka wehe ana i ke one mai ka waha mai o ka pupu. O kekahi hua olelo i lohe ia no ka hou ana i na pupu, o "ohiki." Aole nae au ike i ke kumu i okoa ai kekahi hua olelo i kekahi manawa a okoa hoi kekahi i kekahi manawa. I ka poe hana pupu wale no i lohe ia ai na hua olelo elua i ko lakou wa e hana ai i na pupu.

O ke kui ana i ka lei ma ke kaula, he mahele okoa no ia. O ka hana mua, ke ana ana i ka loihi o ka lei i makemake ia. Ina he lei kanakolu kumamaono iniha ka loihi o ka lei i makemake ia, ana ia a lawa ka loihi o ka lopi no ka lei kanakolu kumamaono a me ka nakii ana kekahi. Hana ia keia hana i ole e pokole ka lopi i ka wa e nakii ai i ka lei. I kekahi manawa, ma ka nana wale ana no me ka maka, ua lawa ka loihi o ka lopi. Eia nae, no ka lilo nui o kekahi mahele o ka lopi i ka nakii ia, ua pokole maila ka lopi o ka lei. O ka mea e ike ai i ka lawa maikai o ka loihi o ka lopi, ke ana ana me ka lula ana lole. Ana ia ka lopi me ka mea ana a lawa ka loihi i makemake ia a laila oki i ka lopi me ka mea oki mikiao. O ka mea oki mikiao no ka mea i hoohana ia no ka oki ana i ka lopi a me ka okole o ka pupu.

O ka nakii ana i ka lei pupu, he hookahi no ano nakii ana. O ka mea wale no i okoa ai kekahi nakii mai kekahi nakii aku, ke ano o ka lima nana e nakii i ka lei. O ka poe me ka lima hema, ma ka lima hema no lakou i nakii ai i ka lei. O ka poe me ka lima akau, me ka lima akau no e nakii ai i ka lei. O kekahi, okoa no ka lei pupu ke nana aku ina na ka lima hema a i ole na ka lima akau i nakii i ka lei. He hana hoomanao mau keia hana he nakii lei i koʻu wa kamalii. O koʻu makuahine a me koʻu anake, o ka laua hana wale no ia mai ke kakahiaka a poeleele, he hana pupu. Mea ae paha oe e kulina ka papakole i ka noho wale no hookahi wahi a po ka la. Na ka pololi a me ka puu mimi e hookaawale ia laua mai ka hana pupu mai. Ma hope iho no o ka laua ai ana, o ka pupu no ka laua ai a po ka la. O kekahi mea hoihoi hoi iau, ka nana ana i ka laua nakii ana a me ka hoopololei ana i ka lei pupu. Hookahi nakii ana a laila hoopololei ia ka lei. Aole nae i pii mai ka manao niele i loko oʻu e niele aku ia laua i ke kumu no ka hoopololei ana i ka lei. Ua noho wale no au a makaloi i ka laua nakii ana i ka lei pupu. A hiki iau ke ike i ka nani o ka moe pololei ana o ka lei. I ka nana wale aku no i ka ui o na lei a laua i nakii ai he hoohihi wale aku no ka maka. Eia nae, i koʻu wa i komo maoli ai i loko o keia hana he nakii lei, hoomanao aela au i ka laua nakii ana i ka lei pupu. No ka paa mau no o ia ike i loko oʻu, hoao akula au e hahai i ka laua nakii ana i ka lei pupu, ua hoomaka akula au e hoopili i ka laua nakii ana a me ka hoopololei ana i kaʻu lei i nakii ai. O ka hoopololei ana i ka lei ma hope o kela me keia nakii ana, oia ka mea nana e hoopololei i ka moe ana o na pupu ma ka lei. Ma laila no i loaa ai ka pane o kaʻu ninau i ke kumu no ko laua hoopololei ana i ka lei. I na wa a pau aʻu e nakii ai i kekahi lei pikake, pela no au i hana ai. O ka nakii ana he elua pupu a hoopololei i ka lei i kela me keia nakii ana. He mea ka hoopololei ana i ka lei pupu i ole e owiliwili ka lei pupu i ka wa e nakii ai i ka lei. Ina nakii wale no me ka hoopololei ole i ka lei, hele a kiwalawalao ka moe ana o na pupu a aohe wahi launa ke nana aku.

Ma Niihau, aole o ka hana pupu na na wahine wale no ia hana. Ua komo pu na kane i loko o ia hana kekahi. Ka hele ana i kahakai e ohi ai i na pupu a me ka hana ana i ka lei pupu. I ka wa hoi a koʻu mau makua i hana ai i na lei pupu, hana ia na lei a laua i makemake ai. O ka lei pikake, ka lei kui pololei, ka lei kui pa ha, ka lei kipona, ka lei puu, ka lei poleho i kipona ia me na pupu momi, ka lei wili, ka lei helekonia a he nui hou aku na ano o ka lei pupu a laua i hana ai. O koʻu makuakane nae, o kana lei punahele, ka lei wili. O ka lei wili, like ka hana ana me ka lei haku. Pono kekahi welu i humuhumu lima ia a poepoe i welu e wili ai i ka lei pupu kahelelani e like me ka wili ana i ka lei haku. O kekahi hana nui no keia ano lei wili, pono no e helu i na pupu kahelelani ma mua o ke kui ana ma kona ano kala ponoi. Ina kui wale no i na pupu kahelelani ma ka lopi a i ka wa e wili ai i ka lei, no ka nui a i ole liilii na pupu i kui ia ma ka lopi, kekee ana ke kii i manao ia no ka lei wili. O ka lei wili, aole o ka wili wale no i ka pupu ma ka welu. Wili ia ka lei me ka haku pu ia o ke kaimana mai na pupu kahelelani mai. He ui okoa no ko ka lei wili mai na lei e ae a pau. O ka hou ana i ka pupu no ka lei wili, ma ka waha o ka pupu kahelelani i hou ia ai a puka. O kekahi, ina nui loa a i ole pokole paha na pupu i kui ia ma ka lopi, pono no e wehewehe hou i na pupu a pau i kui ia ma ka lopi a kui hou i ka wai e kohu ai ke kii kaimana a he aha la i haku ia ma ka lei wili. A oia ke kumu no ke kui liilii wale ana no i na pupu kahelelani i ole e lilo wale no ka manawa i ka wehewehe a kui hou i na pupu. Me ka hoomanao wale no e hana ai i ka lei wili a paa ka lei.

O kekahi olelo i lohe ia mai ka waha mai o na kupa o Niihau, na ke Akua no i hoolako ia Niihau i na pupu. No ka ike o ke Akua, he mea ia e ola ai ka noho ana o ka poe Niihau. I ka wa ma mua, ua kaulana o Niihau i ka pupu no ka ui o na lei pupu i kui ia a makana wale ia aku i ko waho nei poe. He nui no na poe malihini i kipa aku i Niihau a o na makana i makana hemolele ia aku ia lakou, ka lei pupu. O Genoa Keawe kekahi malihini i kipa ia Niihau no kekahi paina la hanau o koʻu hoahanau. I ka po mua no o ka paina, ua piha ka ai o Anake Genoa Keawe i na lei pupu i leilei ia ma luna ona no kona hoohaehae ana i ka poe Niihau me kona leo nahenahe. I na po a pau ana i hoohaehae ai i kona leo nahenahe ma ka himeni ana ia "Alika," oi loa aku ka nui o na lei i hoolei ia ia ia. O na lei pupu i hooleilei ia ia ia, he mau lei pupu loloa wale no. I kona hoi ana i Oahu nei, wahi a ka lohe, piha no elua paisi lole nui i na lei pupu. He olelo hoomanao keia i koʻu lohe ana i kekahi olelo i hai waha ia e kekahi kupa o Niihau no kona ike maka i na lei pupu i haawi hemolele ia ia Genoa Keawe. "Mapopo no ia oe ta nui o ta lei pupu i loa ia ia, elua paisi lole, piha i ta lei pupu" (Lolena Nicholas, Pepeluali 9, 2015). Eia nae, i kou ike ana ia ia i ka himeni ma na hokele a ma na wahi ana i himeni ai no ka hoohaehae ana i na kanaka hoolohe mele, aole no au i ike i kekahi leipupu i makana ia aku ia ia. He lei pua wale no kaʻu i ike ai ia ia i ka lei ma kona ai. No ka poe Niihau nae, mahalo lakou i ke Akua i ka hoolako mau ana ia lakou me na pupu i na wa a pau. Malia, oia no kekahi kumu no ko lakou hoomana mau ana i ke Akua i na wa a pau no ka ike i ka hoolako ia o Niihau i na pupu e pono ai ka noho kino ana. No ia kumu, ua lilo ka hana haipule i mea e noi ai i ke Akua no ka hoolako ana i ko makou noho ana ma Niihau ma na ano a pau. Eia ae no kekahi mau kii o na lei pupu nani i hana ia e ka lima hana noeau o koʻu mau kupuna.

He lei wili poepoe kahelelani i kiponapona ia me ke kaimana. O na pupu kahelelani ma keia lei wili, he keokeo, ulaula a me ka akala. Ma kekahi lei wili ae, he ulaula. Keokeo, kamoa, makue, akala pua, omaomao, a me ka akala wai papipi. Hoolako ia ke kii e Christian Kahanuola Tabor.

He lei kipona kahakaha a me na kahelelani akala pua, akala wai papipi, omaoma, eleele, makue, keokeo, a me ka ulaula. Ua hana ia keia lei kipona e ka lima noeau o Keola laua o Ipo Wong. Hoolako ia ke kii e Christian Kahanuola Tabor.

O kekahi kumu no koʻu komo ana i loko o keia hana no koʻu ike maka i ka hoihoi ole o kaʻu mau keiki hanauna i ke ao ana mai i ka ike o koʻu mau kupuna. Malia, aole no paha o keia ka wa a lakou e ao mai ai i keia mau ike kupuna. A e like me ka olelo i lohe mau ia i ka waha o koʻu makuahine, "Na mua no e hoike mai i na mea o mua, aole hiki ke puana wale aku no." Ina no hoi ua pololei io keia kuhi ana, he makepono ka hoopaa ana i keia mau ike kupuna ma keia puke. I noho no hoi lakou a upu wale mai ka hoihoi i loko o lakou, ua loaa no kahi e ao mai ai i ka ike kupuna. Aole no he loaa wale mai o ka ike i ka wa e makaukau ai ke kanaka. Loaa no kekahi ohana i hoole i ka hoolaha ana ia o keia ike kupuna i ka lehulehu no ka hoolilo ia i mea e waiwai ai ia kanaka kaili ike. I ka manao hoi o koʻu makuakane hanauna, e like me ka haawi hemolele ana o kona makuakane i ka laau lapaau i laau e hoola ai i ka mai o kanaka, pela no kona manao kekahi. E haawi hemolele ia ka laau e like me ka hana a kona mau kupuna. Aole hoi ma ke ano, i laau e waiwai ai kekahi kanaka mamuli o ka ike o hai. He pololei io no keia manao ona no ka mea, o kakou ka poe e hoike ana i ka ike kupuna, aole no kakou noonoo i ka hana e hana ia ana me ia ike. A oia paha ka mea e makaala ai i ke ano o ka hoike ana i ka ike kupuna i ka lehulehu. O ka mea nui, e maopopo pono i ka mea e hoohana ana i keia ike i ka manao o koʻu mau kupuna. No keia mau olelo ao ana i hai pololei ai i mua oʻu, nui akula koʻu noonoo i kaʻu hana e hana ai. Oiai, he mau ike ia mai loko mai o ka ohana a pono no au e hana e like me ka mea i kauoha ia mai iau. O ka mea hoi i upu mai i koʻu noonoo i keia olelo ana, pehea la au e hoomau ai i keia mau ike i loko o na hanauna hou i paa ole i keia mau ike kupuna. He hookahi wale no haina, o ke ao maoli aku ia lakou he alo a he alo i ko lakou wa e noi ai iau e like me kaʻu noi ana i ka ike o koʻu mau makua. I koʻu manao, o ka poe hoihoi wale no paha ka poe e noi mai ana i keia ike. Aole no keia hana he hana liilii a he hana i hoihoi i ka hana lima ia. A ma laila no hoi e ike ia ai ka hoihoi a me ka ole o kahi i keia ike kupuna.

Eia hou, ua ike maka no hoi au i keia kue ana i ka hoike ia o ka ike kupuna i koʻu ninaninau ana i kekahi o koʻu mamanui a ku maila kana ninau i mua oʻu, "I me aha tia mea au e mamate nei?" Olelo akula au ia ia, te katau nei au i ketahi pepa nui no ta laau lapaau i hoohana ia no ta poe hanau keiti o Niihau. He mea teia i tomo wale mai i loko oʻu no ta iini i ta hana o ta laau lapaau o Niihau. Hai pololei maila ua kupa nei, "A o wau ka ahe mamate e hoite ia tia ite i ta poe o waho nei. No ta mea, te noonoo nei wau e katau i pute." Eia la! No ke kakau wale no i kekahi puke kona kumu i hoole ai iau e hoike ole i keia ike ia hai. Eia nae, ina pau ka puke i ke kakau ia e ia, oia mea hookahi no! He mea ka puke e hoike aku ai i keia mau ike no na kau a kau. O kekahi mea ano e hoi i koʻu naau i kana o ka olelo ana mai iau, i loko no hoi o koʻu noho pu ana me ia he mau makahiki i kaa hope aku nei a aole no ka paha oia i hilinai i kaʻu hana e hana ai me ia ike. Oiai, ua paa e ka ike iau mai koʻu mau kupuna mai, a eia no ka oia ke hoole maila iau me he mea la, nona no ia ike ponoi. O kekahi mea hoi nana i hoopa i koʻu naau i keia olelo ana, i kona hookuleana ana i kekahi mele a koʻu kupunawahine makua i haku ai. O koʻu kupunawahine makua, ke kaikaina o koʻu kupunawahine, ka makuahine o koʻu makuakane. Nana no i haku i ua mele ala o "Pupu o Niihau" no kana ipo aloha. Aole nae oia i male i ua ipo aloha ala ma ke ano he kane a he wahine, no ka haalele o ua ipo ala ia Niihau i ka wa o ke kaua elua a pau ia pili o laua ma hope o ia kaua ana. O kekahi, aohe ona pili koko i koʻu kupunawahine makua i mea e hoike aku ai i kona kuleana ma ka hookuleana ana i ke mele a hai i haku ai. No ke aha la hoi i ku ai kona manao e hai ole mai i kela mau ike oiai he ike ia mai koʻu mau kupuna mai. Ina nona ponoi mai ia ike me ka manao nana no hoi i ao pololei mai iau, he okoa paha koʻu manao ma laila. Aka aole no keia ike kupuna mai ia ia ae no. No kona noho pu ana me koʻu mau kupuna i paa ai ka ike laau lapaau ia ia i kona wa e noho ana ma Niihau.

O kekahi, aole no oia i makemake iau e kii wale aku i ka ike kupuna a hoike wale aku ia hai. He pololei io keia olelo ao ana i olelo ai iau, he ike ia no ka ohana wale no. Eia nae, o ka mea puiwa loa nae, i kona hoike wale ana i keia ike i mua o kekahi hui ma Waianae i ka hana no ka laau lapaau apu hala. Ua hoike wale akula oia i keia ike ia hai me ka noonoo ole i kana olelo i hai ai i mua oʻu. Aole no kaulike kana hana a me ka mea i hai ia iau. O kekahi mea e hoi, ua hele wale aku oia i mua o keia mau poe o waho nei e hoike ai i keia ike he alo a he alo me ka noonoo ole i ka hopena o kana hana. Ma kekahi olelo ana, ua laha no keia ike i ko waho nei poe no ka uku ia mai o i ala i ke kala. Ua pololei wale ka manao o koʻu anakala i kona kumu i makemake ole ai e hoike ia keia ike ia hai no ke kuai ia mamuli wale no o ke kala. A manao au, mamuli wale no o ka uku ana o lakou ia ia i ke kala a oia no kona kumu i hoike ai i keia ike kupuna o Niihau. Hoomanao hoi au i ka olelo a koʻu makuakane hanauna, ke keikikane a koʻu kupunakane. Hai pololei maila oia iau, "o tia laau, aale no i hana ia i mea e waiwai ai kaua. Ne[ina] noi mai ketahi i ta laau, nau no e hoomakautau a pau a haawi ia lakou e like me ta hana a Papa Enoka" (Hoaonalani Kaohelaulii, Aukake 5, 2010). I koʻu lohe ana i ka olelo ao a koʻu anakala, noonoo ihola au i ka hana a koʻu kupunakane, pela io no kana hana kekahi. Ina hiki mai ka noi i mua ona i laau no kekahi wahine hanau keiki, nana no i hoomakaukau a haawi hemolele ia i ka mea i noi mai i ka laau me ka uku ole mai i ke kala. Ua hoomakaukau wale aku oia i ka laau me ke aloha. Na koʻu kupunakane no i kii i ka laau e pono ai a hoomakaukau i ka laau, a laila, lawe kino aku i ka mea i noi i ka laau. O ka hana wale no a ka mea noi i ka laau, he inu. Nana mai kakou i ka hana a na kupuna. He mea ole ka loaa ana mai o ke kala ia lakou no ka lakou hana i hana ai. I loko no o ka nui o ka hana ma ka hoomakaukau ana i ka laau apu hala, he mea ole ia hana i ko'u kupunakane. Ua hana wale aku no oia me ke aloha. A mai laila mai paha i puka mai ai keia olelo kaulana, ina e hoomakaukau oe i ka laau no kekahi kanaka, aole hiki ke namunamu i ka wa e kii ai i ka laau a me ka hoomakaukau ana. Pono e hana me ka naau aloha. O ka mea i lohe ia, ina namunamu ke kanaka nana i hoomakaukau i ka laau, e ili hewa ana kela mau olelo namunamu ma luna o ka mea inu laau. Aole no ka hana laau wale no i upu ai keia mau manao.

He mea nui ko kakou ao ana mai i keia ano hana i hiki ia kakou ke noonoo i ka hopena o ka kakou hana e hana ai. A pela no ka hana me ka poe ulana lau hala kekahi. I ko'u wa i komo ai i loko o keia hana he ulana lau hala, hai maila kekahi kupuna iau, ina ulana oe i ka lau hala a uluhua paha mamuli o ka paakiki o ka ulana ana i ka papale, e waiho i ka papale ma ka aoao a hele i kahi e. Aole maikai ka ili hewa wale ana o ka huhu o ke kanaka nana i ulana i ka papale ma luna o ka papale o ili hewa aku ia olelo huhu ma luna o ka mea nana e papale i ka papale. He ike ia no keia ano hana i loko o ka kakou hana ponoi. I kekahi manawa, hana kula no hoi oe a uluhua, ua puka wale na ano noonoo a i ole na olelo kupono ole mamuli o ka uluhua o ka hana. Ina halawai kakou me ia ano kuia, e waiho i ka hana ma ka aoao i ole e hili hewa aku na manao ino i noonoo ia ma luna o ka mea nona ka laau. Pono ka hoomanawanui a me ke aloha. Na hana a pau e hana ai, hana me ka hoomanawanui wale no. O ka hoomanawanui a me ke aloha, oia wale no ka mea e pono ai. Aole i ka laau wale no, na hana a pau a kakou e hana ai, hana me ka hoomanawanui a me ke aloha. Mahalo nui au i keia mau haawina i ao ia mai iau i hiki iau ke hahai i ia hana i ko'u wa e komo maoli ai i loko o keia hana mai keia mua aku. He haawina no hoi ia e ao hou aku ai i kekahi kanaka e like me ka hana a ko'u kupunakane.

No ka paa e o ka ike kupuna i na kupa o Niihau, ua hooholo ia e malama i ka haawina ninaninau ma ka olelo kanaka o Niihau. Nui ko'u mahalo i ko'u mau kupuna no ko lakou mau ike. O ka noho pu ana me na kupuna ke ala e loaa mai ai ka ike kupuna. Oiai, o ka olelo kanaka wale no ka olelo i hanai ia ai au mai ko'u wa pepe mai a hiki i keia manawa, ua ulu maila keia manao i loko o'u malia he ala paha ia e laha ai ka olelo Kanaka o Niihau ma o ka haawina ninaninau i na kupa o Niihau. Aole hoi ma loko wale no o ke kaiaulu Niihau e lohe ia ai ka olelo Kanaka o Niihau. Hiki no ke hoolaha ia ma o a ma anei o ka pae aina nei e like me ka wa ma mua. A pela no me ke ao ana mai i ka hei kekahi, ma ka olelo Kanaka no o Niihau i ao ia ai.

O ka hei, he paani ia ma o ka hoohana ana i ke kaula. He nui na ano paani hei a he mau inoa no ko lakou. O ke kope opala, ka ipuka pa o Makahauena, ka ipuka pa o Waiaka, o Nene'e tatai, o Maka pueo, o Eha kaimana a he nui hou aku na hei i ao ia i ko'u wa kamalii. No ka paani hou ole ia i ko'u wa i nee ai i waho nei, ua pau ihola i ka poina ia. O ka hei wale no i paa loa ma ka papa o ka naau o "Nenee tatai." Ua paa naau keia hei mamuli paha o ke oli i oli pu ia i ka wa e paani ai i ka hei. O ka hana, e hei ia na manamanalima i ke kaula a laila, hoomaka ia ke oli. I ka wa e oli ai, oia no ka wa e huki ai i ke kaula a hemo mai na manamanalima mai. Ina hei ia kekahi manamanalima a paa i ka wa e oli ai i ke oli, aole no i hei pololei ia na manamanalima. O ke ao ana a paa ka hei a laila, hoomaka ia ke oli. Eia ae no ke oli o Nenee tatai: "Nenee tatai, tu ta moana, pahu ta pota." Ua lohe nae au i kekahi oli i oli ia e kekahi kupa o Niihau a ano like ke oli. Eia ae no ke oli a ke kupa i oli ai: "E loli e, e loli e, e nene'e nei i tatai!" Aole nae au ike ina he pili ko laua a elua. Eia nae, ma ka lohe pepeiao ana, ua like na manao i hoohana ia i loko o ke oli a o ka mea okoa wale no, o "loli." Oiai, he hana maamau ka paani ana i ka hei ma waena o na keiki o Niihau, me he mea la, he hana maamau no ia i loko o ke ola o na kanaka oiwi like ole kekahi. Hoike maila o Ngugi Wa Thiongo ma kana puke i kakau ai (Decolonizing the Mind, The Politics of Language in Africa, 1986, 11), kekahi kanaka Apelika a he kanaka kakau moolelo oia no Apelika. Hoike maila oia i kona ao ana mai i ka mana o ka olelo ma o na paani i paani ia i kona wa kamalii. Olelo maila o Ngugi, ua ao maila oia i keia mau ike o ka olelo mamuli o na paani olelo nane, ka olelo noeau, na paani i himeni ia ma o na piapa, a oia mau ano.[1]

Ua like ko Ngugi manao i ke ano o ka makou paani ana me ka olelo nane o Niihau. No ka loaa ole o ka uila ma laila, aohe kukui a aohe pahu hoolele kiionioni e lilo wale ai ka manawa i ka nana i na kiionioni, ua hoolilo ia ka po no ka maka hiamoe ole, he nane aku nane mai. Na kekahi e hai mai i ka olelo nane, a na kekahi e imi i ka haina. Ina maopopo i ka haina o ka nane i nane ia, na ia kanaka no e hoike pololei aku i ka haina pololei o ka nane. Pela no i paa naau ai keia mau olelo nane a me ka olelo noeau i na keiki o Niihau. Olelo hou maila o Ngugi, ua paa e ia ia kana olelo kanaka ma mua o kona komo ana i ke kula no ka olelo ia o kana olelo ma ka hale a me ke kaiaulu.[2]

Pili no kona manao i ka manao i kuhi ia maila e Linda Tuhiwai Smith kekahi polopeka a me ke poo no ke kula hoonaauao imi noii oiwi ma ke Kulanui o Waikato ma Nukilani, o ka mea i ili ai ka ike o na kupuna a me ka lakou hana ma luna o na keiki, ma o ka olelo ana i ka lakou olelo kanaka ma ka waha. Pela paha i ola mau ai ka olelo kanaka a kela lahui keia lahui mamuli o ka hoohana ia i loko o ko lakou ola. Hoike hou maila o Smith, he mea nui hoi ka malama ana i ka ike o na kupuna a me ka hoomau ana i ka kakou olelo oiwi. Aole o ka lakou olelo ponoi wale no kai ola i loko o ko lakou ola, ua ola pu ko lakou moomeheu, na moolelo, a me ko lakou mooaukala kekahi. He poe malama loa lakou i na ike kupuna a ke ola mau nei no kela mau ike a hiki i keia manawa.[3] I ko'u kipa ana i ko Smith aina hanau ma Waikato, ua ike ia no ko lakou malama a hoomau ana i ka ike kupuna ma o ka lakou hana mai na makua a hiki loa i na keiki uuku kekahi. Hoike maila lakou i ka hana ma o ka hookipa ana mai ia kakou i ko lakou wahi. Aole i ao ia keia mau ike ma o ka heluhelu ana i kekahi puke. Ua ao ia no ma ke komo ana i loko o ka hana me na makua a kupuna. He poe wale waha lakou a pau i ka lakou olelo kanaka ponoi.

He Mana ka Olelo

> Aia ke ola i ka waha, aia ka make i ka waha
> (Pukui, *Olelo Noeau,* 1983, 9)

Ua koho ia keia olelo noeau i wahi e hoike ai i ka manao nui o keia olelo noeau e kau maila ma luna nei. He nui no na hai ano o keia olelo noeau, aka aia no kona manao i ka mea nana e hoopuka aku i ia olelo. He haawina paha ia e ao ai ia kakou e noonoo mua ma mua o ka hoopuka ana i kekahi olelo mai ka waha aku. O ka hoopuka wale aku no i kekahi olelo maikai ole i mua o hai me ka noonoo ole i ka hopena, he mea kela e hoeha ai i ka naau o ia kanaka a he mea no ia e hoopilikia ai i kekahi kanaka i ka mea i hoopuka ia. Ao mai koʻu makuahine iau, ina upu mai keia ano pilikia, o ka "mihi" oia ke ki o ke ola. Ina hiki kino mai kekahi kanaka i mua ou mamuli o ka olelo i panai ia aku i ia kanaka, e hele pololei aku i mua ona a mihi i ka olelo pono ole i hoopuka ia.

O kekahi hai ano o keia olelo noeau, pili no i ka olelo kanaka. O ka hoomau ana i ka olelo kanaka i pua ia ia kakou, he ala ia e ola mau ai ka olelo kanaka no na kau a kau. Ina aole kakou e hoomau, o ia ka mea e pau ai ka lohe hou ia o ka olelo. E like me ka mea i olelo ia i loko o ka olelo noeau: "I ka olelo no ke ola, i ka olelo no ka make" (Pukui, Olelo Noeau, 1983, 129). O ka mea e ola mau ai ka olelo kanaka, ka hoomau ana i loko o ko kakou ola i na la a pau. I loko o ke kamailio ana me kekahi kanaka, ka pule ana ma ka hale a ma na wahi a pau ma ka olelo Kanaka. Pela no e ola mau ai ka kakou olelo ke hoopuka ia i ka waha i na la a pau. Mai kaukai aku na hai e auamo. Na kakou no e auamo like i wahi no kakou e ike ai i ke ola mau ana o ka kakou olelo Kanaka ponoi.

O kekahi hai ano, pili no i na mea i hai waha ia a aole ma na mea i palapala ia. Ma Niihau hoi, o ka mea i ili ai ka ike o na makua a me na kupuna ma luna o na keiki, ma ka noho pu ana a komo i ka hana. E like akula me ka olelo kanaka o Niihau, ua ola no ma waena o na kupuna, na makua, a hiki loa mai i na keiki. O ka olelo kake, ka olelo nanẹ, ka olelo noeau, na olelo i hoopaanaau ia mai ka Paipala Hemolele mai, na himeni haipule, na moolelo kupuna, ua ola no mamuli o ke ao a na kupuna. Ma Niihau, ua hoolilo ia ke ahiahi o ka Lapule i ahiahi e hoonanea ai me ka ohana. Ma laila no i lohe nui ia ai na moolelo a na kupuna i hai waha ai no na hana a lakou i hana ai. A ma laila no i ao pu ia ai na olelo o ka Paipala Hemolele, na himeni haipule a me na pule i hoopaanaau ia no na makahiki loihi i hala aku nei.

Ke Kuleana

He nui na ano o ke kuleana. O ka oihana, ka ohana, ka hale, ka aina a he mau kuleana hou aku no i koe. O ke kuleana kekahi mea nana e hoike mai i kou makaukau i ka lawelawe ana i na hana like ole ma na ano a pau. O ke kuleana aʻu e kuhikuhi nei, ke kuleana no ka malama ana i ka ike kupuna. Oiai, ao mai au i keia mau ike mai koʻu mau kupuna mai, no laila, he kuleana keia i kau ia ma luna oʻu e oʻu mau kupuna. He nui no na kupuna me na kuleana ohana like ole eia nae, nana au i ke kuleana o koʻu ohana ponoi no ke kau ia o keia mau kuleana ma luna o koʻu kupunakane e kona makuahine o Naapuwai Kaohelaulii. I kekahi manawa, ua ili wale ke kuleana o ke kupuna ma luna o ke keiki mamuli paha o ka ike o na kupuna a makua ua hiki i ia keiki ke lawelawe i ia kuleana. Na ia keiki no i auamo i ka ike kupuna i kau ia ma luna ona a hiki i kona haalele ana i keia ola honua ana. Ua pili keia olelo i ka hana a koʻu mau kupuna a hiki i ko lakou haalele ana i keia ola honua ana. I keia manawa, ke hoomau ia nei no ko lakou ike i loko o koʻu ohana. Me ka manao, na kela mau keiki e hoomau aku i ke kuleana o koʻu mau kupuna i keia mua aku. He mea hiki ole ke wanana ia na mea e hiki mai ana. Eia nae, na kaʻu mau keiki no e noho a noonoo ae no laua iho i ka hoomau ana i ke kuleana i kau ia ma luna o laua. Mai noho wale no a hala ka poe no lakou ka ike a nana ia hai. Ma kekahi olelo ana, aole no paha he hoihoi mai o na keiki i ke ao mai i ka ike kupuna ina kauoha wale aku kakou ia lakou e ao mai. Na ke keiki no e hele aku i mua o ke kupuna a ao mai i ka ike kupuna mamuli o ka hoihoi o ka naau. He mea e hoi ka hele ana o ke kanaka i mua o na kupuna a me ka hai pololei aku “E tutu, e ao mai i kou ike kalai waa iau.” He hana kikoola no paha ia ka hele wale ana i mua o kekahi kupuna me ka noi pololei aku i kona ike. Malia ua hiki no paha i loko o ka ohana aka, aole no pela koʻu ao ana mai i ko lakou ike. O kekahi o na kupuna, aole no he ao wale aku no i kona ike ia hai. Aia wale no a maa ia kanaka ia ia me ka ike no hoi, he aha la ka hana a ia kanaka me ia ike.

O ka hookamaaina aku i ke kanaka nona ka ike ka mea e loaa mai ai ka ike. Ina kamaaina ke alo, ka maka, ka leo, a me ke ano o ke kanaka a he mea ia e maa ai ke kanaka nona ka ike i ka mea e imi ana i ka ike. O ke kamaaina ole i ke kanaka nona ka ike, ua like no oe me kekahi kanaka malihini. A he hana paakiki no hoi ka hele pololei ana aku i mua o kekahi kanaka i kamaaina ole ia a noi i kona ike. He mea hoomanao mau keia olelo i koʻu hele kino ana i mua o koʻu mau makua a niele aku i ka laua hana i ko laua wa e noho ana ma Niihau. I ka puka wale aku no o ka olelo i koʻu waha, o ko laua ae koke maila no ia i kaʻu noi. Aole i ku mai ka ninau, "I mea aha keia ike au e makemake nei?" Ua hai pololei maila koʻu makuakane iau e kii i ka puke a hoopaa i ko laua mau manao ma ka puke. I mea hoi e na ai ka naau i ka ike mai i kahi puke, kii akula au i ka puke a hoomaka e kakau i ko laua manao. Ke ike lihi wale mai no laua iau e kakau ana i ko laua manao ma ka pepa, ua hauoli ka naau. O koʻu makemake nae, o ka hoopaa ana i ko laua mau manao a paa ma ka papa o ka naau. No koʻu ike, ina kakau ia kela mau ike ma ka puke, e kapae wale ia ana no ka puke ma ka hakakau a aole e heluhelu hou ia. O ke ao mai a paa ka ike he alo a he alo ka mea e pono ai. Eia ae no ka olelo a keia kupa:

> Ai no maua te kali nei o wai la ta maua poe kamalii e hele mai ana i mua o maua a ao mai i ta maua hana. O oe mila [maila] no ta mua o ta maua poe kamalii. Mahalo no i ke Tua i ta lawe mai ia oe a ninau ia maua i ta maua hana. O taʻu olelo wale no ia oe, te maua ao ia oe ta maua hana, pono oe e hoohana. Te ahe [aohe] oe hoohana, e taili hou ana no ke Tua i tela ite mai ia oe mai (Kaipo Kanahele, Iune 12, 1994).

O kekahi mea e paa ai ka ike, ma ka hoohana ana. Aole e kii wale aku no a pau, a kapae i ka aoao. E like akula me ka olelo ao a koʻu makuakane i hai waha ai, "Te ao aku maua ia oe ta maua hana, pono oe e hoohana! Ina ale oe e hoohana, e taili hou ana no ke Tua i tia ite mai ia oe aku" (Kaipo Kanahele, Iune 12, 1994). I ia wa, aole no au i ike he aha ana la kaʻu hana e hana ai me ka "laau kahea." O koʻu kumu wale no i hele pololei ai i mua o laua e niele ai i ka hana o ka laau kahea, no ke koi ia e imi noii i kekahi hana hoikeike no kaʻu papa Moomeheu Hawaii. Aole i nana ia, he aha la ke ano o ke kumu e imi noii ai, o ka mea nui, ua loaa kekahi haawina e hoikeike ai i ka papa.

O kekahi ike kupuna i ninaninau ia, ka laau kahea. O ka laau kahea, he laau ia ma ke kau ana o ka mea nana ka laau kahea i kona lima ma kahi eha o ke kanaka i pilikia, a kahi i kona lima me ka pule pu. Aole no like o ka hana a ka laau kahea a me ka laau lapaau. I ka wa ma mua, ua hoohana nui ka poe Niihau i ka laau kahea. Ina eha kekahi wahi o ke kino, ka lima paha a i ole ka wawae paha, o ka laau kahea ka laau i hoohana ia no ka hoola ana i ia wahi eha. Ua ao mai au i keia hana mamuli wale no o koʻu ike maka ana i ka hana a koʻu makuahine i ka poe i kipa mai i ko makou hale. Ua hele nui ka poe mai i koʻu mau makua no ka pule a hoola ana ia lakou ma o ka laau kahea. O kaʻu i ike maka ai, ua kau koʻu makuahine i kona lima ma luna o kahi eha a hoomaka o ia e pule. A kapa ia keia hana he laau kahea. Ma ka waha wale no i pule hawanawana ai koʻu makuahine a pau ke kau laau kahea ana. I koʻu ninau ana ia ia i ka inoa o ka pule ana i hoohana ai no ka laau kahea, penei no kana olelo; "Me teia oe e olelo ai, e lawe i ka mai, ka eha, ka hui, a me ke koni" (Mililani Kanahele, Iune 2, 1994). A ku hou akula ka'u ninau i mua ona, ina o keia wale no ka olelo i olelo ia? Makemake ana au e ike o ke Akua hea la ka mea i kahea ia no ka hawanawana o ka leo? Olelo maila oia iau, ua hahai wale aku no oia i ka mea i ao ia ia ia. I kela wa nae, aole no i noonoo ia ke kumu i hoohana ia ai ka laau kahea. Ma Niihau wale no paha i hoohana ia ai ka laau kahea a i ole he hoohana ia no paha ma waho ae o Niihau. Eia nae, hoike maila o E. S. C. Handy laua o Mary Kawena Pukui, na kanaka i kakau i ka puke o *The Polynesian Family System in Ka'u, Hawai'i,* ua hoohana ia no ka laau kahea ma waho nei kekahi. Malia hoohana ia no paha e ka poe o waho nei kekahi, eia nae, ua maopopo e iau keia hana i ko'u wa e noho ana ma Niihau no ka hoohana ia ma laila. Wahi a na mea kakau o keia moolelo o luna nei, o ka laau kahea, he laau ia ma ke kahea ana a kapa ia he "laau kahea."[4]

O ka mea e nae, aole i hoike ia, ia wai la i kahea ia ai. No'u iho, he mea apiki hoi ka loaa ole ana o ka inoa o ka mea i kahea ia i ka wa e kau ai ka laau kahea no ko'u noonoo o ke Akua o ka lani paha ka mea i kahea ia. Hoike pu maila o Rerioterai Tava laua o Moses K. Keale, (1989) i ko laua manao no ka laau kahea. Wahi a laua nei, o ka laau kahea, he pule laau lapaau no ia a i ka wa e haawi ai i ka laau, komo mai ka pule no ke kala ana i ka hewa. Me he mea la, i ka wa e haawi ia ai ka laau lapaau i ka mea inu laau oia no ka wa i hoohana ia ai ka laau kahea a i ole i laau e kala ai i ka hewa o ka mea inu laau.[5]

Mamuli o ko'u nee ana a noho i waho nei, ua niele hou aku au i ko'u makuahine ina mau no kona hoohana ana i ka laau kahea i keia manawa. Hai maila oia, "I tia wa, ahe hoohana hou ia ta laau tahea. Hootahi wale no laau tahea, ke Tua oiaio, o Iesu Kristo" (Mililani Kanahele, Iune 2, 1994). No kona ike o ke Akua o ka lani ka mea nana i hoola i ka mai o na kanaka i hele pololei ia laua, ua huli oia a kahea pololei aku i ke Akua oiaio, ka Hoola o ke ao nei, oia no o Iesu Kristo. Ua hoomaka oia i keia hana i kona hoomaka ana e ao mai i ka olelo oiaio a ke Akua, a me ka ike ana i ka hana mana a ke Akua i hana ai i loko o kona ola ana. Eia ae no kana olelo i hai waha ai:

> O wau tahea wale no wau, ma ka inoa o Iesu, ola; ma ka inoa o Iesu, ola; ma ka inoa o Iesu, ola. Me tela wale no wau e tahea ai i ta inoa o Iesu a pau ta'u tau ana i ta laau tahea. Me no paha, i tela wa e hoohana ana i ta laau tahea, ai no i loko o ta pouli tahi noho ai. Ale no i loa ta malamalama i loko o ta olelo a ke Tua. I tia manawa, loa ta malamalama o ta olelo a ke Tua, ahe hoohana hou ia tela ano laau tahea. Tahea pololei ia no i ta inoa mana o Iesu (Mililani Kanahele, Iune 2, 1994).

Ua hoomaka oia i keia laau kahea mamuli wale no o ka loaa mau ana o koʻu kaikuaana i ke kulikuli wai. O ke kulikuli wai, me he mea la, piha ia ke kulikuli i ka wai o ke kino. I ka wa i loaa ai i koʻu kaikuaana ke kulikuli wai, aole hiki ia ia ke hele. I ia wa, e noho ana koʻu kaikuaana me aʻu ma Oahu nei. Ua kipa mai koʻu mau makua ia makou ma Oahu nei no ka hoomakaukau ana i ka laau lapaau apu hala. Ia laua hoi ma Oahu nei, nana no i kau i ka laau kahea ma ke kulikuli wai o koʻu kaikuaana. Ma ia wa no au i niele aku ai i koʻu makuahine i kela hana no ka laau kahea no koʻu ike maka ia ia i ke kau i ke kulikuli wai o koʻu kaikuaana i ka laau kahea. He nui no na manao i hoike ia no ka laau kahea a aole no paha he like na laau kahea a pau. No koʻu mau makua hoi, me he mea la, i ko laua wa i hoohana mua ai i ka laau kahea, aole no laua i malamalama i loko o ka olelo a ke Akua. Ma ka ike ana i ka olelo hohonu o ka *Baibala Hemolele,* he ola i ke Akua, ma laila no i loli ai ko laua manao a loli pu hoi ka laua hana no ka laau kahea kekahi. Ma kahi o ke kahea ana, "E lawe i ka mai, ka eha, ka hui, a me ke koni," ua kahea pololei laua penei, "Ma ka inoa o Iesu, ola; ma ka inoa o Iesu ola" a oia mau a hiki i kona haalele honua ana. I ka wa i loaa ai koʻu kaikunane i ka peheu, o ka laau kahea no ka laau i lapaau ia no ka mai peheu. Aia no ma kahi o ehiku a eiwa paha ona makahiki i ia wa. Ua hanau ia oia i ka makahiki 1967. Aole keia loli ana o ko laua noonoo no ka hoomana ana i ke Akua e like me ka mea e kuhi ia nei e Edward Stepien. Wahi a Stepien, mamuli hoi o ka hoolaha ana o na mikioneli i ko lakou hoomana hou i paa ai ka manao o ka poe Niihau no ka hoomana ana i ke Akua no ko lakou ola. Ke kuhi nei au, he kahiko ka hoomana ana o ka poe Niihau i ke Akua, aka nae, aole no paha lakou i ike maoli i ka olelo oiaio a ke Akua e like me keia manawa. Ma ka halawai ana me na ano kuia like ole o keia noho honua ana i huli ai lakou a hoomana i ke Akua no ke ola.[6]

O kekahi olelo i hai waha ia mai e na kupa o Niihau, aole ka poe Niihau haalele i ka Hoomana ana ia Iesu, mamuli o ka olelo wanana a Teale Tupuna i wanana ai: "E hiki mai ana ka la, e huli ana ke alo o Niihau i lalo, a o ke kua i luna" (Tava laua o Keale, Niihau: *The Traditions of an Hawaiian Island,* 1989, 53). O ka manao hoi o keia olelo wanana, ina e haalele ka poe Niihau i ka Hoomana ia Iesu, oia ana ka mea e huli ai ke alo o Niihau i lalo a o ke kua i luna. Ma kekahi olelo ana, e haalele ana ke Akua oiaio i ka poe Niihau kekahi. Ua pili paha keia olelo i ka mea i lohe mau ia ka huli kua ana o kekahi kanaka i kekahi kanaka. Malia mai keia olelo mai no i ulu ae ai keia manao no ka olelo wanana a Teale Tupuna i wanana ai i ka poe Niihau. O kekahi, ua lohelohe ia na Teale Tupuna i huna i ke ki o ka wai o Niihau i wahi no ka poe Niihau e haalele ole ai i ka hoomana ana i ke Akua.

Aole o ka "laau kahea" wale no ka ike kupuna i niele ia i koʻu mau makua. Ua ao pu maila koʻu makuahine i ka hana no ka laau lapaau, ka opu huli, ka pule, ka hana no ka mahi ai, a me na moolelo i hai waha ia no Niihau. Ua hoomaka ia no koʻu ao ana i keia mau ike i koʻu wa heu ole a he kamalii wale no ia manawa. No ka hana mau ia o keia mau hana i loko o ke ola o ka ohana i paa naau ai iau ka lakou hana. Ina e hiki mai no ka wa e pono ai ka hoohana ana i ia ike, hoohana ia no. A oia ka mea i paa loa ai keia mau ike kupuna i loko oʻu a hiki i keia manawa. O ke keiki no hoi e hoohana ana, pomaikai oia. O ke keiki no hoi e hoohemahema ana i ka ike kupuna, nona no ia pomaikai ole. Mai noho wale no a hiki mai ka manawa e makemake ai a laila a e hoohana aku. Ua ike maka no hoi au, ina aole hoohana ia ka ike kupuna i loko o kou ola, hiki no ke poina ia. He kuleana no hoi koʻu e hoomau ai i keia mau ike kupuna a me na moolelo o koʻu aina hanau i hai waha ia i ole e hoopoina ia i keia mua aku.

He kuleana hoi koʻu e hoomau aku ai i na moolelo oiaio o koʻu aina hanau i ao ia a hai waha ia e oʻu mau kupuna. Oiai, o Niihau no koʻu aina hanau, he kuleana koʻu e imiimi ai i na moolelo o koʻu aina hanau a koʻu mau kupuna i hai waha ai. He mea hoomanao keia olelo iau i koʻu heluhelu ana i kekahi mau moolelo i kakau ia e kekahi kanaka o waho nei no koʻu one hanau no ka noho o na kupa i loko o ka hale pili. He oiaio ia olelo i ka wa ma mua loa. Eia nae, i keia manawa, he hale papa a me na hale kimeki wale no na hale e ku nei ma Niihau. A oia no na hale a na kupa o Niihau e noho nei a hiki i keia manawa. Mai koʻu wa kamalii mai no ka loaa ana o na hale papa a me na hale kimeki ma Niihau. O na hale o koʻu mau kupuna, he mau hale papa no ko lakou. Ua pili hoi keia manao i ka olelo a Lina Tuhiwai Smith i hoike ai ma kana puke i kakau ai no ke ano o ka imi noii ana i ka ike o na poe oiwi: Wehewehe maila oia, na kakou ka poe kanaka oiwi e kakau i ko kakou moolelo ponoi e like hoi me ka kakou mea i manao ai he pono no kakou. Manao au, no ka ike ia paha o na moolelo oiaio ole i kakau ia e na kanaka oiwi ole kona kumu i olelo ai pela. Ina na kakou e kakau i ko kakou mau moolelo ponoi, e kakau ana kakou i ka oiaio no ka mea, no kakou ia moolelo. O kakou ka mea ike i ka oiaio o ko kakou mau moolelo ponoi a aole o hai.[7]

Eia kekahi, ua lohe pepeiao no hoi au i ka hana a kekahi mau kupuna i kekahi kaikamahine malihini mai ka aina e mai ma kona kipa ana i kekahi mau kupuna a hoopaa i ko lakou moolelo me ka manao, ua hiki no ke kakau wale aku no i ka olelo a ia kupuna i hai waha ai ma kana pepa imi noii. I ka hoi hou ana o ua malihini nei e hooia i kana mau mea i kakau ai a me ke komo pu ana mai o na manao a na kupuna i hai waha ai ia ia, o ka hoole akula no ia o ke kupuna i ua malihini nei me ka hai pu aku i ka malihini, aole nana ia olelo a mai no a kakau i na mea ana i olelo ai. He aha hoi ke kumu i upu mai ai keia ano kuia? Malia no ke kamaaina ole paha o ia kupuna i ka malihini. He loaa no keia ano kuia me ka poe ninaninau a he mea nui no ka noonoo mua ana i ka hana pono e hana ai ma mua o ka hoomaka ana i ka papahana ninaninau. E like akula me ka mea i hoike e ia ma luna nei, o ka hookamaaina mua ana i kou alo i ke kupuna a me ka pili no hoi i ke kupuna ka mea pono e ai. He mau mahina a i kekahi manawa, piha ka makahiki ka hookamaaina ana kekahi i kekahi. Aole lawa ma hookahi wale no la. O kekahi, o ka pili kino ana me na kupuna a komo pu i loko o ka hana kekahi mea e ao mai ai i ka ike kupuna.

O kekahi kumu no ka malama ana i keia ninaninau ana me ka poe Niihau, no ka hoihoi i ka ike kupuna a koʻu mau kupuna. A o kekahi, o Niihau no koʻu one hanau a o ke one hanau hookahi ia o koʻu mau kupuna a me na makua oʻu. Oiai, ua paa e ka hapanui o na ike i ka papa o ka naau, he mea keia ninaninau ana i na kupa o Niihau i mea e hooia ai i na ike i paa iau. Maopopo hoi iau, o kekahi mau ike kupuna, hiki no ke hoike ia, a o kekahi, no ka ohana wale no.

A o ia ke kumu, o ka paa ana o keia mau ike i na hanauna hou, he mea ia e ola mau ai ka ike kupuna no na hanauna hou e hiki mai ana. Pehea ina kaili mai ke Akua i ka hanu ola mai ia kakou aku? He makehewa na waiwai i hoiliili ia ma luna o kakou? Noʻu iho, o ka laha ana o ka ike o koʻu mau kupuna i ka poe e hoihoi ana i keia ike, he mea ia e ola mau ai ko lakou ike. Ina hiki i ka laau ke kokua aku i kekahi kanaka, he mea ia e hoohauoli ai i koʻu mau kupuna i hoi e i ke ala hoi ole mai. Aole no i hoike mua ia keia mau ike kupuna i ko waho nei kanaka. O keia ka maka mua o ka hoike ana i ka ike o koʻu mau kupuna. I koʻu manao, he mea keia hoike ana no na pulapula o koʻu mau kupuna a me ka poe e hoihoi mai ana. Ma waho ae o koʻu ohana, aohe poe maopopo i keia mau ike kupuna aʻu e kakau nei. Malia, no ka paa paha o ka puka o Niihau i ka poe o waho nei aole no nui na ike kupuna i laha i ko waho nei poe. Aole hiki ke hele wale aku no i Niihau e ninaninau ai i na kupa o laila no ka papa ia o na kanaka like ole e hele ole i Niihau. O kekahi, aole ae ia ka hele wale ana o kekahi malihini i laila no ka hoolaha ia o na ano a pau o Niihau ma na puke a me na punaewele e ku nei i keia manawa. O kela mau ike i paa ma na puke a ma na punaewele, aole no ia mai kekahi kupa o Niihau. Ina no paha ua like ka noho ana o Niihau me ko waho nei, ua laha no paha na mea i kakau ia no Niihau.

Ka Olelo Hookuu

He nui na manao i ike a i lohe ia mai na kanaka i ninaninau ia a me na kanaka i hoike mai i ko lakou mau manao e pili ana i ke ao ana i ka ike kupuna a me ka hana e hana ai me na ike kupuna. Hoike pu ia no hoi na manao o na kanaka i hapai mai i ko lakou manao kakoo a kue no hoi i ka hoike ana aku i ka ike kupuna o ka ohana ia hai. O kekahi haawina nui hoi i ao ia ai au i loko o keia hana he ike kupuna, ka heluhelu ana i na manao o kekahi lahui oiwi a hoohalike hoi i ka lakou hana me ka hana a ka poe Niihau. O kekahi mau ike, ua ku no i ka Niihau no ka hoohana ia i loko o ka noho ana ma ka aoao o ke kino a ma ka aoao o ka uhane. E laa hoi me ka hana no ka lawaia, ka hana pupu, a pau pu me ka hana haipule kekahi. Oia no ke ano o ka nohona Hawaii o ko kakou mau kupuna. He poe akamai loa ko kakou mau kupuna i loko o na ano hana like ole. O ka mea hoihoi hoi iau, ko lakou ao ana ia lakou iho i kela mau ike waiwai o ko lakou mau kupuna. Aole lakou i hele i ke kulanui a ao mai i kela mau ike. Ua ao mai lakou i kela mau ike mai na kupuna a na lakou no i ao hou aku i ka lakou mau pulapula. He mau kanaka hana nui lakou no ko lakou noho ana, ka hana, ka malama ana i ka ohana, a me na hana e pono ai ko lakou ola ana. I loko o keia au e holo nei, he kakaikahi wale no ka poe i paa i kela mau ike kupuna. O ka poe i paa ka ike kupuna, na lakou no i hoomau i ia ike i loko o ko lakou ohana. Pela no i ola mau ai ka ike kupuna a hiki i keia la.

O kekahi ninau nui hoi a‘u e nunenune nei, he aha ka hana me keia mau ike kupuna i ohiohi ia? E ao aku no paha i wahi e ola mau ai ka ike kupuna? A aia no i kela me keia kanaka ka ike e hoohana ai. Ua pili hoi keia olelo i ka olelo noeau i hoike mua ia aku nei ma ka hoomaka ana o keia moolelo no ka ia, “Aohe wawae o ka ia; o oe ka mea me ka wawae, e kii mai” (Pukui, ‘Ōlelo No‘eau, 1983, 25). No kakou ia kuleana ka hoomau ana i ka ike kupuna i loko o ko kakou ola. Ina ike kakou he mea keia e pono ai kakou, e hana kakou no ka pono o ka loina, ka moolelo, a me ka lahui.

He mea e hoi ke kau mau ana o ka noonoo ina no paha he hiki ke ao hemolele ia ka ike o ko‘u mau kupuna i ko waho poe. Eia nae, ina no paha aole i makemake na kupuna e hoomau ia ko lakou ike, aole no paha i komo wale mai o keia mau manao i loko o‘u e hoomau i ko lakou ike. O kekahi mea nana i pane i keia ninau a‘u e hapai ae nei no ka apono ana mai o ko‘u mau kupuna e hoomau ia ko lakou ike, no ke kahe wale ana mai no o keia ike kupuna i loko o‘u i ko‘u wa i hoomaka ai e kakau i keia moolelo no ko‘u aina hanau. Oiai, mai ko‘u wa kamalii mai no i hoomaka ai keia ao ana i keia mau ike kupuna a o ka mea kupaianaha hoi, oia mau akaka no keia mau ike i loko o ko‘u waihona noonoo a hiki i keia manawa. He mea keia e ike ai, ua hoili ia no keia mau kuleana ma luna o‘u a he kuleana hoi ia e hooili hou aku ai ma luna o na hanauna hou e nee nei. Ina no paha aole na kupuna i manao e hoike ia ko lakou ike ia hai, aole no i komo wale mai o ka iini i loko o‘u e hana. He mea hoomanao mau keia hana i ka olelo a ko‘u makuakane i olelo ai i mua o‘u, “Te ao maua ia oe i ta maua hana, pono oe e hoohana. Te ale oe hoohana, e taili hou ana no ke Tua i tia ite mai ia oe mai” (Kaipo Kanahele, Iune 13, 1993). I mea hoi e ola ai keia ike i loko oʻu, pono no au e hoolohe i ka olelo ao a koʻu mau makua ma ka hoohana ana i keia mau ike waiwai i loko o koʻu ola a me kaʻu mau ohana keiki. I loko no o ka hoohana ole ia na ike kupuna i ao ia mai iau, eia aku eia mai, ua hoohana ia no. He wa ko na mea a pau. Aole e waiho wale ia i ka aoao a o ka hopena o ia kapae ana i ka ike kupuna i ka aoao, he poina.

MOKUNA EKOLU

Niihau i ke Kiku

Oiai, ua ola no ka olelo Kanaka o Niihau mai ka wa kahiko mai a hiki i keia manawa, eia nae ke olelo ia nei, aneane make ka olelo Kanaka a ka lahui Hawaii. Ua lohelohe ia ka olelo holoholo ina aole kakou e hoola hou i ka kakou olelo Kanaka, e pau ana no ka lohe ia o ka olelo. Noʻu iho, ua ano e keia olelo i lohe a i heluhelu ia no ka mea, aole no i make ka olelo Kanaka o Niihau. O ka olelo wale no ia a ka poe o Niihau mai ke au mai o koʻu mau kupuna a hiki i keia manawa. I ke ala ana i ke kakahiaka, o ka olelo no ia i puka mai ka waha mai. Ola no ia olelo mai ke kakahiaka a hiki i ka hoi ana e hiamoe i ke aumoe. Wahi a ka lohe, ua aneane make ka olelo Kanaka mamuli hoi o ka huli ana o lakou a kaukai i ka olelo haole. I ka wa kahiko, o ka olelo Kanaka wale no ka olelo no ka loaa o na moolelo i kakau ia ma ka olelo Kanaka no na hana i hana ia i ka wa ma mua i loko o na nupepa a me na puke Hawaii i pai ia ma na Hale Waihona puke o Hawaii ma Manoa, ka Hale Hoikeike o Bihopa a me ka Hale Waihona Kahiko. No ia mau kumu au e kuhi nei o ka olelo Kanaka wale no ka olelo o ia wa. He mea laha no hoi ka lohe ia o ke akamai o na Hawaii o ka wa ma mua i ka heluhelu ana i na palapala i kakau ia ma ka olelo Hawaii. O na nupepa no hoi kekahi mea nana i ao aku i ko kakou mau kupuna i ka heluhelu. No ia kumu i maopopo lea ai iau, he poe akamai ka poe Hawaii no ka ike ia na manao o lakou i kakau ia ma na nupepa i pai ia he nui hewahewa ma ka olelo Hawaii. He mau poe olelo Hawaii no ko kakou mau kupuna o ka wa ma mua. A o ka olelo wale no ia i hoohana ia i loko o ka hale hookolokolo, na kula, a me na hana a pau o ke aupuni. O kekahi kumu nana i hoohuli i ka olelo Kanaka a i ka olelo haole, no ka hookahuli ia o ke aupuni moi. I ia wa, ua koho no ke aupuni, o ka olelo haole, oia wale no ka olelo e ao ia ai ma na kula a me na hana o ke aupuni. I ka makahiki 1893 i hooholo ia ai e ka mokuaina o Hawaii nei ma lalo o ke aupuni Amelika a kapa ia hoi ia hana, he hoohui aina i ka makahiki 1898. O kekahi, ua papa io ia no ke ao ana i ka olelo Kanaka ma na kula a me ke aupuni. Hoike maila o Veronica Schweitzer (2010), ka mea i kakau i kahi moolelo no ka olelo Hawaii, mamuli o ka hana hoonaaikolo a Amelike Huipu Ia i keia manao papa olelo, a pela no i holopono ai ia hana a o ka olelo Pelekania, oia wale no ka olelo e pono ai ke aupuni Hawaii. Ma hope o ka Hookahuli Aupuni ana i ke aupuni moi i ka makahiki 1893 a me ka Hoohui aina ana ia Hawaii nei ma lalo o Amelika Huipu Ia i ka makahiki 1898, ua papa loa ia ka hoohana ana i ka olelo Kanaka mai ke ao ana aku ma na kula a me na hana o ke aupuni.[1]

He mea lohe pepeiao keia hana papa olelo Kanaka mai na kupuna mai. Kakoo no hoi o Sarah Nakoa i keia olelo ma kana puke i kakau ai o *Leimomi o Ewa*, i ka pai ia o kona papalina no ka hoopuka wale no i ka olelo Kanaka ma ke kula. He mea kaumaha no hoi ka lohe pepeiao ana i na moolelo a keia mau kupuna i hai ai i ko lakou hoopai ia no ka hoopuka wale ana no i ka olelo Kanaka i ka waha. Eia nae, ma Niihau aole no pela ka hana, aole i papa ia ka olelo Kanaka mai na keiki aku. Ua hiki i na keiki ke hoopuka wale aku i ka olelo Kanaka i ka waha ma ke kula. O na kumu kula a pau i ao ma na kula aupuni o Niihau, he mau kupa no lakou no Niihau. O kekahi, ua maopopo no ia lakou, o ka olelo wale no ia i hoopuka ia, ka olelo Kanaka. Malia no ka pili paha o lakou i ka ohana o kela mau keiki i hoopai ole ia ai ka hoopuka ana o kekahi keiki i ka olelo Kanaka ma ke kula. O ko lakou kuleana ma ke ano he kumu, o ke ao ana i ka olelo Pelekania ma ke kula wale no. I ka holopono ana o ka hana hookahuli aupuni, ua papa loa ia ka olelo makuahine ma loko o ke ao ana ma na kula aupuni. O na keiki hoi i hoopuka aku i ka olelo Kanaka, ua hoopai ia lakou mamuli wale no o ka hoopuka ana i ka olelo Kanaka i ko lakou waha. I keia la nae, ke ike nei kakou i ka oiaio o keia olelo no ka hoike ia ma na nupepa i pai ia ma na hale waihona o ke kulanui, Ka hale Waihona Kahiko o ka mokuaina, a me na lipine i oki leo ia me na kupuna olelo Kanaka ma ka Hale Hoikeike o Bihopa a me Ka Leo Hawaii. Aloha no hoi ke lohe aku i ka hoopai ia o na kupuna mamuli wale no o ka olelo aloha o ka aina. He aha hoi ka hewa o ka kakou olelo Kanaka? Ua like no ka kakou olelo me na olelo a na lahui like ole e kekahi. Ina hiki i na lahui like ole ke olelo i ka lakou olelo e, pehea hoi ka olelo Kanaka? O ka kakou olelo no ia a oia no ka olelo o ka aina. Ua kakoo pu maila o Sam Leonard Noeau Warner (1999) kekahi polopeka ma lalo o Kawaihuelani ka Halau Olelo Hawaii i ka papa ana i ka olelo Kanaka ma na kula aupuni mamuli wale no o ka hana hoonaaikolo a kekahi hui oihana i kauoha aku ai i ka poe Lepupalika o Hawaii e papa loa ia ke ao ana o ka olelo Kanaka ma ke kula aupuni.[2] Eia kekahi, mamuli hoi o ia hana, ua emi maila ka nui o na kanaka olelo Kanaka a he kakaikahi wale no ka poe i hiki ke olelo Kanaka. Oiai o ka olelo Kanaka ka olelo e pono ai keia mau mokuaina o Hawaii nei, ua papa ia akula ke ao ana ma ke kula aupuni. Ma ka papa ana ia o ka olelo kamahao o nei pae aina, ua pono e hookumu hou i kekahi kanawai hou ma ke noi ana i mua o ka aha olelo e apono mai i ka hookumu hou ana i ke ao ia o ka olelo Kanaka i loko o na kula aupuni. Ua hoomaka ia no keia hookumu hou ana i ke ao hou ia o ka olelo Kanaka mai na kula kamalii mai. I ka wa i hookumu ia ai keia mau kula, o wau pu kekahi kumu i komo i loko o keia hoolala ana i kula kamalii olelo Kanaka wale no. Hoomanao hoi au i ka hele kino ana oʻu me kekahi kupa o Niihau me na keiki o ka Punana Leo i mua o ka aha olelo e hoike ai i ka waiwai o ka olelo Kanaka. He mau makahiki o ka hele ana i mua o lakou i loaa mai ai ka apono e hoano hou ia na kula olelo Kanaka a me ke ao pu ana ma na kula aupuni kekahi. O ka makou hana hoi o ka imi ana i kahi e malama ia ai keia kula kamalii a me na haawina e ao ai. Ua pomaikai maoli no keia hookumu ana i kekahi kula olelo Kanaka i na makua i kupaa i loko o ke ao ana mai i ka lakou mau keiki ma ka olelo Kanaka wale no. Ke ole ko lakou hoihoi a me ka iini i ka olelo Kanaka, aole no paha i holopono ia noi. Aia no ka pono o ke kula olelo Kanaka i ka loaa o na keiki e ao ai?

O kekahi mea i pomaikai ai ka loaa ana o na makua kakoo i keia papahana hoola olelo Kanaka ma ke kula kamalii, ko lakou komo pu ana i loko o ka hoolala ana i kula e hoomau ai i ke ao olelo Kanaka no ka lakou mau keiki. I ka puka ana o ka lakou mau keiki mai ke kula kamalii mai, aole na makua i makemake e hookuu i ka lakou mau keiki e ao ia ma ke kula olelo haole. No ia kumu mai i hookumu ia ai na kula kaiapuni hoola olelo Kanaka ma Hawaii nei. Ua ike ia no aole no ia he hana liilii ka loaa wale ana mai o kekahi kula kamalii ma ka olelo Kanaka wale no. O na makua i kupaa i loko o keia papahana hoola olelo kekahi i komo pu mai i loko o keia hana ma ka hele kino ana i mua o ka Aha Olelo e noi ai i kula a i puu kala no hoi e wehe ai i kula olelo Kanaka wale no no ka lakou mau keiki. He mau mahina o ka hoao ana a oia ka loaa ana mai o kekahi kula olelo Kanaka wale no. Ua hoomaka ia no ke kula kaiapuni olelo Kanaka mua loa ma ke kula haahaa o Waiau, ma Oahu a me Keaukaha Hawaii. I keia la, ua ulu ae ka nui o na kula ao olelo Kanaka ma na mokupuni a pau a ke ulu mau nei no i keia mau la. Ao pu ia no hoi ka olelo Kanaka ma na kula uku kekahi. He mea ia na kakou e ike ai, ke ola mau nei no ka olelo Kanaka mai kahi pae a kahi pae o Hawaii nei e like hoi me ke au o ko kakou mau alii. Pehea e ike ai o ka olelo Kanaka kekahi olelo i hoopuka ia i ke au o na alii? Aia no na mele, na moolelo, a me na kanawai i hoike ia ma na nupepa o ia wa ma ka olelo Kanaka wale no. Ua loaa no kekahi o na palapala aupuni, a me na puke hoomanao i kakau ia ma ka olelo Kanaka wale no.

Eia kekahi, i ka hoomaka ana o ka hoola olelo Kanaka i ka makahiki 1978, ua ulu ae ka nui o na kanaka i hoihoi i ka hoola olelo Kanaka. No ia kumu i hookumu ia ai na kula kamalii olelo Kanaka o Punana Leo a me na kula kaiapuni olelo Kanaka ma ke kula aupuni, no ka hoola hou ana i ka olelo Kanaka ma ke kula i hiki ke ao ia na keiki ma ka olelo Kanaka wale no. Ua holomua keia hoola olelo no ka nui o ka poe i kakoo i keia hoola olelo Kanaka. Ua nui no hoi na keiki, na opio, a me na makua i komo i loko o keia hana he hoola olelo ma ke kula Punana Leo, na kula kaiapuni, a me na kula nui kekahi. Olelo hou maila o Schweitzer

(2010), i ka makahiki 2010, aia no ma kahi o 1,400 mau keiki ma na kula kaiapuni a 4,000 ma waho ae o ia huina, he mau poe e ao nei i ka olelo Kanaka ma ke ano he olelo elua. I ka makahiki 1978, ua hooholo hou ke aupuni o ka olelo Kanaka kekahi olelo e ao ia ai ma na kula ma ke ano he kula e hoonaauao ai i na keiki hele kula no ka nui o na kanaka i hoihoi i keia hana he hoola olelo Kanaka.[3]

Ma Niihau, o ka olelo Kanaka a me ka olelo pelekania ka olelo i hoopuka ia i loko o ka papa, a ua hiki no i na keiki ke hoopuka i ka lakou olelo Kanaka e like me ko lakou makemake. Ua ola no hoi ka olelo Kanaka o Niihau ma mua o ke kuai ana o Francis Sinclair ia Niihau. Ma hope o ka lilo ana o Niihau a holo ma lalo o kona malu, ua paipai aku no oia i ka poe Niihau e hoomau i ka lakou olelo Kanaka e like me ka maamau. No ka paipai a kupaa no hoi oia i ka malama ana ia Niihau e like me kona ano maamau i lilo ai ka olelo Kanaka, ka olelo wale no ma ka hale, ka hale pule, ke kula, ke kulanakauhale, ke kaiaulu a ma na wahi no hoi a pau o Niihau. O Niihau wale no ka mokuaina a puni ka honua nei i kupaa ma ka olelo Kanaka wale no. A oia wale no ka olelo i pua ia i na keiki a pau mai ka hanau ana mai a hiki i ka haalele honua ana i keia ola ana. Ua hoomau no ka poe Niihau i ka olelo Kanaka i mea e hoike aku ai i ko lakou kupaa ana ma hope o ka lakou olelo ponoi. Ua pili hoi ia kupaa ana ma hope o ka olelo Kanaka i ka manao nui o keia wahi olelo noeau, "Niihau i ke kiku." He olelo noeau no ia i kuhi ia maila e Pukui ma kana puke "Olelo Noeau" (1983) a o ka manao nui o keia olelo noeau, no ke ku hookahi ana o Niihau nona iho i ola mau ai ka olelo Kanaka a hiki i keia la. O ka mea hoi i pomaikai ai ke ku hookahi ana o Niihau nona iho, ke komo ole ana mai o na mea hoohihia a hoololi i ka noonoo a me ka manao o na kupa e noho ana ma laila. O kekahi, mamuli wale no o ke alakai ana a keia poe haku hou i ola mau ai ka olelo Kanaka a ka poe Niihau.

O kekahi mea i ola mau ai ka olelo Kanaka ma Niihau, o ka olelo wale no ia i lohe ia a i hoopuka ia i loko o ka hale. I loko o kela me keia hale, he poe olelo Kanaka wale no mai na kupuna a hiki i na keiki. Ina kamailio pu na kupuna a me na makua, na makua a me na keiki, ma ka olelo Kanaka wale no. O kekahi, aole no like ka noho ana o Niihau me ko waho nei. O waho nei, kaukai nui ka poe i ka olelo Pelekania no ka malama ia o ka Oihana ma ka olelo Pelekania wale no. A o kekahi, nui hewahewa ka poe olelo Pelekania ma o a ma anei no ke komo mai o na lahui like ole i Hawaii nei. Aole nae o ka olelo Pelekania wale no, ua lohe pu ia ka olelo a na lahui e i hiki mai i Hawaii nei kekahi. E laa hoi me ka poe Pake, ka poe Pilipino, ka poe Kolea, ka poe Kamoa, ka poe Kepani a oia mau ano lahui e. No keia mau lahui e, o ka olelo wale no paha ia i lohe ia a i hoopuka ia ma ka hale, ke kula, na hale kuai, a me ke kaiaulu. He aha no hoi la ka hiki ana i na lahui e ke hoopuka aku i ka lakou olelo e ma ke kula a pehea hoi ka olelo Kanaka o nei aina?

O kekahi mea hoi nana i kalewa aku i ko lakou manao ma ka olelo Kanaka i na luna aina o Niihau, na manu lawe leka. Ua hoohana ia na manu lawe leka i manu e kalewa ai i ka lakou leka mai Kauai a Niihau, a pela no me Niihau a i Kauai. Ua hoohana ia ka manu lawe leka no ka loaa ole o ke kelepona, a me ka pahu kahea e kahea ai i Kauai a i Niihau i kela wa. Manao au, ua hoomau ia keia hana a hiki i ka makahiki 1960 a ma hope iki mai paha. A hana ia no hoi keia hana i na pule a pau. Ina he mea i makemake ia no Niihau ma mua o ka holo ana o ka uila kalewa ukana o Lopikana ma i Niihau, na ka manu lawe leka no i kalewa aku i ko lakou mau manao i Niihau. Lele ka manu lawe leka mai Makaweli, Kauai a i Kiekie, Niihau. A pela pu no ka hana mai Kiekie Niihau a i Makaweli Kauai. I ka loaa ana mai o ka pahu kahea, ua pau ka hoohana hou ia o ka manu lawe leka.

Eia hou, o ka mea maikai hoi ko lakou hoohana ana i ka manu lawe leka, aohe mea nana e heluhelu i na manao i kakau ia ma ka leka a lilo ia olelo i olelo e holoholo ai a laha i kahi e. O ke kanaka wale no i koho ia nana e kii a heluhelu i na manao i kakau ia ma ka leka ka mea i heluhelu i ka leka. Ua komo pu au i loko o keia hana i ka wa a koʻu kupunakane i kii ai i ka leka i kalewa ia e ka manu lawe leka i Kiekie. Nana no i kii a heluhelu i ka leka no na manao i kakau ia a hoike hou aku i kona mau manao ma ka pepa a nakii hou ma ka wawae o ka manu lawe leka a hookuu hou i ka manu e kalewa hou i ka leka i Makaweli, Kauai. Ma Niihau kapa ia ka manu nunu he "manu lawe leka." Ma ka puke wehewehe olelo a Pukui laua o Elbert (1986), hoike ia o "manu nunu lawe leka" ka inoa o ka manu. Malia aole no o Niihau wale no kahi i hoohana ia ai ka manu lawe leka i manu kalewa leka. Ua hoohana ia no paha ma waho nei kekahi. A oia paha ke kumu i kapa ia ai ka inoa o kela mau manu, he manu nunu lawe leka no ka hoohana ia i manu kalewa leka. Akamai no na haku aina o Niihau i ka noonoo ana e hoohana i ka manu lawe leka. Ma hope mai o ka loaa ana o ka pahu kahea, pau ka hoohana hou ia o ka manu lawe leka no ka hiki ke kahea pololei aku i Niihau ma ka pahu kahea.

O kekahi mea i ola ai ka olelo Kanaka ma Niihau, ka pahu kahea. O ka pahu kahea, oia no kekahi mea i hoolilo ia i mea e kamailio ai ma waena o kekahi ohana me kekahi ohana. Hiki i ka pahu kahea ke kamailio pu me kekahi kanaka me he mea la, he hui kino no ke ano o ka hui ana. Eia nae, o ka leo wale no o ke kanaka ka i pae mai ma ka pahu kahea. O kekahi, he pahu ia e hiki ai ke hoolele ia ka leo o ke kanaka mai kahi hale a kahi hale. Ma kela hale keia hale, loaa no ka pahu kahea. O ke kumu i loaa ai ka pahu kahea, aohe kelepona. O kekahi mea i hoolilo ia ai ka pahu kahea i wahi e hiki koke aku ai ka manao o ka luna aina i na kanaka hana aina o Niihau. Na ka pahu kahea no i hoolele aku i ka leo o ka luna aina a i loko o ka hale o na kanaka a pau e noho ana ma Niihau. Oiai, o koʻu makuakane kekahi luna aina i koho ia e ka haku aina (o Lopikana) i luna e malama ai i na hana aina a me ka pono o Niihau, he kuleana ko ko'u makuakane ma ka malama ana i ka hoonohonoho hana aina a kela me keia kanaka hana aina o Niihau. No ia kumu, nana no i kahea i ka hana aina ma ka pahu kahea no ka hoomaopopo ana aku i na kanaka hana aina a pau o Niihau i ka lakou hana aina mai ka Poakahi a hiki i ka Poalima. Eia kekahi, ma mua nae o kona hoike ana aku i ka hana aina a na kanaka hana aina o Niihau, ua haawi mua aku oia i ke aloha ahiahi i ka poe a pau ma kela me keia hale e hoolohe ana ia ia ma ka lakou pahu kahea ponoi. Ua lilo ia hana na ka ohana e hoolohe ai i ka mea i hai ia ma ka pahu kahea no ka olelo ia ma ka olelo Kanaka wale no. Penei no oia i kahea aku ai: "Puuwai, Puuwai, Aloha ahiahi!" Ina lohe kekahi kanaka o Puuwai i keia leo aloha e pae aku nei i Puuwai, nana no i hopu a pane hou mai i ka leo aloha o ko'u makuakane i pae aku ai ma ka pahu kahea. Ma hope o ia hana, hoomaka oia e olelo penei, "Te hoomapopo aku nei ia outou i ta hana aina o ta la apopo" (Kaipo Kanahele, Iune 28, 1991). Ma hope o ka helu ana i na inoa o na kanaka hana, a me ka hana a lakou e hana ai, hookuu oia i kana olelo me keia olelo; "Oia kula kahi manao i hoomapopo kula ia outou. Mahalo i tia hui ahiahi ana o katou a hui hou aku no i ka la apopo, aloha" (Kaipo Kanahele, Iune 28, 1991). A o ka mea waiwai hoi o ka hoolele ana i kona leo ma ka pahu kahea, ma ka olelo Kanaka no ia. O kekahi mea hoihoi o keia hana, aohe poe walaau o loko o ka hale. Ua huli akula na pepeiao a pau a hoolohe i ka mea i hoopuka ia ma ka pahu kahea. Ua lilo keia hana i mea nui i loko o ka hale o kela me keia ohana. Me he mea la, o ka leo ia o kekahi alii i pae maila i loko o ko lakou hale. Pela no na luna aina i alakai ai i ka poe kanaka hana aina o Niihau i kela me keia la. Ma ka pahu kahea no na luna aina i kahea ai mai Kauai aku a i Niihau no ke kamailio ana no na hana e hooholo ai no ka aina. Ke malama mau ia nei no ia hana a hiki i keia la.

Eia hou, i ka wa aohe pahu kahea, hele kino ka luna aina i kela me keia hale e hai waha ai i kela me keia kanaka i ka lakou hana aina. I ko'u wa kamalii, o ko'u kupunakane o Iakopa Miulana Kanahele kekahi o na luna aina o Niihau. No ka loaa ole o ka pahu kahea i kela manawa, ua hele wawae a i ole maluna o ka lio ko'u kupunakane i kipa ai ia lakou no ka hoomaopopo ana i ka hana aina a kela kanaka me keia kanaka ma ke ano he alo a he alo. I kekahi manawa, o wau no kona hoa e hookipa aku ai i na kanaka hana aina. Eia nae, ua lilo nui ka manawa i ke kolekole me na kanaka hana aina, hele a pau na hale a pau i ke kipa ia e maua, ua aumoe lilo. I ka loaa ana mai o ka pahu kahea, pau ke kipa kino ia o na kanaka hana aina e ko'u kupunakane a ma ka pahu kahea wale no oia i hoomaopopo ai ia lakou i ka lakou hana aina. O kekahi mea minamina hoi i keia hele kino hou ole ana o ko'u kupunakane e kipa i na kanaka hana aina he alo a he alo, ke kolekole ana me ka ohana ma ka olelo Kanaka. O ke kipa kino ana aku i na kanaka he alo a he alo, he mea ia e ola mau ai ka olelo Kanaka.

O keia mea he hoola olelo Kanaka, aole wale no ia hana ma waena o ka poe Niihau. Ua komo pu na haku aina i loko o ia mahele hoola olelo kekahi. Oiai, he poe malihini lakou i hoea aku i Niihau mai ka aina e mai, aole lakou i hookikina i ka poe Niihau e ao mai i ka lakou olelo haole i mea e maalahi ai ka lakou olelo. O lakou no ka poe i ao mai i keia olelo i malihini i ko lakou lehelehe a me ko lakou mau pepeiao no ka pono wale no o ka poe Niihau. Ua ao kino maoli lakou i ka olelo Kanaka o Niihau i hiki ia lakou ke walaau kanaka me ka poe Niihau. He mea kela e hoike ai i ka poe Niihau, o ke aloha aina a aloha kanaka kekahi mea nui i keia mau haku aina hou. Ina aole ke aloha aina a aloha kanaka, ua like paha ke ola o Niihau me ko waho nei. O Sinclair nae, aole oia i hahai i ke kanawai i hooholo ia e kela mau kanaka Amelika, ua kupaa no oia ma hope o kona aloha aina a aloha kanaka. A oia paha ke kumu i hooholo ai oia e ku hookahi o Niihau nona iho i ole e loaa mai na ano mea e alailai ai i kana hana hoola olelo. Ua waiho hemolele ia ka poe Niihau e hoomau i ka lakou olelo Kanaka e like me ka olelo i hanai ia ia lakou mai ka wa mai o na kupuna. I ko lakou kuai ana ia Niihau i ka makahiki 1864, ua noi ia o Valdemar Knudsen i kanaka e unuhi ai i ka olelo kanaka a e ao ai ia lakou i keia olelo malihini, ka olelo Kanaka.[4] Ma hope mai o ka paa ana o ka olelo Kanaka ia lakou, na na kupuna no o Lopikana ma i ao aku i ka lakou mau keiki a me ka lakou mau moopuna i ka olelo Kanaka. Oiai, he malihini ko lakou ao ana mai i keia olelo Kanaka o Niihau, ke puka aku ka olelo Kanaka i ko lakou waha, me he mea la, o ka lakou olelo ponoi no ia. Ma kekahi olelo ana, he hoailona hoi ia e hoike ai ia kakou i ko lakou kakoo a hooko ana i na olelo hooia a lakou i hoohiki ai me Kamehameha IV a me Kamehameha V no ka malama ana i ka poe Niihau.[5] O ka mea hoihoi hoi i loko o keia olelo hooia ana ma waena o lakou a me ke alii, mau no ko lakou hahai ana i ia olelo hoohiki a hiki i keia la. No'u iho, aole no loaa mua kekahi haku aina e like me lakou nei i ke ao ana mai i ka olelo Kanaka i wahi no lakou e kuka kamailio ai me ka poe Niihau. He hana kupaianaha keia hana ka hahai ana i na olelo hoopaa a na kupuna a hiki i keia la. O ka mea i ike ia, hele kela kanaka keia kanaka a ao mai i ka olelo Kanaka no kona pono iho no, aole no ka pono o hai. O Sinclair a me kana mau pulapula oia no o ka ohana Lopikana, ua ao akula lakou i keia olelo hou i maa ole i ko lakou lehelehe i wahi e hiki ai ia lakou ke olelo Kanaka me ka poe Niihau. No ia kumu i ola mau ai ka olelo Kanaka o Niihau a hiki i keia la. O kekahi, ua pomaikai maoli no ka poe Niihau i ke kuai ana ia o Niihau e Sinclair no na kumu waiwai i hoike ia ae nei. Malia na ke Akua no i alakai aku ia lakou i Niihau no ka ike no paha o ke Akua e hiki mai ana keia mau mea a pau. Ma mua nae o ka hiki ana mai o keia mau mea a kakou e ike nei e like akula me ka hoola olelo, ua waele mua ke Akua i ka poe nana e malama ia Niihau e like me kona ano maoli mai ke au mai o na kupuna a hiki i keia la. Ke hoomau ia nei no keia ala hoola olelo e ka lakou mau pulapula. I ka wa a Lopikana ma i hoi ai i Kauai no ka malama ana i na kuleana o Kauai, ua hoomau ia no keia pilina olelo Kanaka ma waena o lakou a me ka poe Niihau. Ma Kauai, o na olelo elua ka lakou no ka okoa o ka olelo e pono ai ka lakou hana ma ke ano he haku aina eia nae, ina upu mai kekahi mea i manao ia no Niihau, ma ka olelo Kanaka wale no i malama ia ai na hana a pau e pono ai o Niihau ma waena o lakou a me na luna aina o Niihau.

Ka Olelo Kanaka o Niihau

Hoike ia keia poomanao ma luna nei no ka okoa o ka olelo Kanaka o Niihau i ko waho nei. O ka mea i okoa ai ka olelo Kanaka o Niihau, no ka hoohana ia o ka *t* a me ke *k*. He nui no ka poe i manao o ka mea okoa wale no o ka olelo Kanaka o Niihau, ke kuapo ana i ke *k* a i *t*. Eia nae, pono no ka loaa ana mai o ke *k* a me ka *t* no ka olelo Niihau. Aole i na manawa a pau hiki ke kuapo ia ke *k* i *t*. O kekahi o na *k* aole hiki ke kuapo ia i *t*. E hoike ia ana no kekahi mau hua olelo i mea e ike ai i ka hiki a me ka hiki ole ke kuapo ia o na *k* a pau i *t*. E hoike mua ae au i na hua leka i hoohana ia i loko o ka olelo Kanaka o Niihau: *A, E, I, O, U, H, K, L, M, N, P, T,* a me *W.* I loko o keia mau hua leka, ua komo pu mai ka *t* kekahi i loko o ka olelo Kanaka o Niihau. A oia paha ke kumu i kapa ia ai ka olelo Kanaka o Niihau, he olelo Niihau mamuli paha o ka hoohana ana ia o ka hua leka *t*. He mea laha ole ka lohe ana i ko waho nei poe i ka hoopuka i ka *t* i loko o ka lakou olelo Kanaka. Aole no i olelo ia me ka hua leka *t* i loko o ka olelo Kanaka o waho nei. Wahi a Elbert laua o Pukui (1979), he mau poe olelo Kanaka no ko Kaupo, Kipahulu, Maui Hikina, a me Halawa, Molokai i hoohana i ka hua leka *t* ma ka lakou olelo Kanaka ana.[6] No ka hooiaio ana i ka olelo a Elbert laua o Pukui i ka loaa o kekahi mau kanaka olelo Kanaka me ka *t* ma Maui, ua hui kino no au me kekahi mau kupuna mai Kaupo, Maui mai a ua lohe ia no ko laua olelo ana me ka hua leka *t* kekahi. He okoa nae ia ano olelo ana o laua. Ma ka olelo kake nae ka laua olelo ana me ka *t*. Aole nae ma ke ano kamailio maoli ana e like me ka hana maamau a ka poe Niihau. Penei no ka laua olelo ana: "pehetea matai netei ootoe?" (Rust, 1996). No ka maa o koʻu pepeiao i ka olelo kake i maopopo ai iau, he olelo ia no ka o ka olelo kake e ko waho nei poe.

Malia, he poe olelo Kanaka wale no paha ko Hawaii nei i ka wa ma mua e like me kaʻu i hoike e aku nei, eia nae, i ka hiki ana mai o na mikionali i Hawaii nei i ka makahiki 1820, ua hoololi lakou i kekahi o na hua leka a kapae ia no hoi kekahi. He aha hoi ke kumu i kapae ia ai kekahi o na hua leka? I ko lakou hoea ana i Hawaii nei i ka makahiki 1826, na lakou no i hoololi i ka hua leka *t* i *k* me ka ike ole i ke kumu e hoololi ai. O ka olelo Kanaka, aole no ia he olelo hou. Eia kekahi, hoike maila o Albert Shütz (1994), kekahi kanaka kalai olelo ma ke kulanui o Hawaii ma Manoa, ua hookohu aku kekahi mau kanaka haole i komike no ka hooholo ana e kapae ia keia mau hua leka haole o *b, d, t, v,* a me ka *r* mai na hua leka e ae i hookumu ia i mau hua leka no ka olelo Kanaka no ko lakou manao, aohe pono o keia mau hua leka i loko o ka olelo Kanaka.[7] Eia nae, ma ka olelo Kanaka o Niihau, pono no ka loaa ana o ka hua leka *t* no ka hoohana ia o laua a elua. He mea ahuwale no ia i ka hoolohe ana i ka poe Niihau i ka olelo i ka lakou olelo Kanaka me ka hoopuka ia o ka hua leka *k* a me ka *t*. Aole ia he mea akahi no a hana ia. Ma lalo nei, e hoike ia ai na ano okoa o ka olelo Kanaka o Niihau ma kekahi papa kuhikuhi.

Papa Kuhikuhi Helu 3.1 Na Hua Olelo i Hoohana ia me ke *K* a i *T*

Ka Puana Niihau	*Ka Puana Maamau*
tataahi	kākaʻahi
tataitahi	kākaʻikahi
tala	kālā
teteehi	kekeehi
kapati, sabati	kapaki
kataiaka	kakahiaka
katou	kākou
kikiti	kikiki
koto	koko
tokoleka	kokoleka
tootoo	koʻokoʻo
tutatuta	kūkākūkā

He nui hou aku na hua olelo i hoohana ia me ke *k* a me ka *t*. Hoike wale ia no keia mau hua olelo i hoohana ia me ke *k* a me ka *t* i kumu e wehewehe ai i ko lakou hoohana ana ma ka olelo Kanaka o Niihau. O ke kumu, manao ana paha kekahi mau kanaka, o ka mea wale no e pono ai ka olelo Kanaka o Niihau, ka hoololi ana i ka lua o ka hua leka *k* i *t* a oia wale no. Eia nae, ke kue nei keia mau hua olelo o luna nei i ka mea i kuhi ia. Ma ka nana ana i na hua olelo i hoolako ia ma ka papa kuhikuhi, aole o ka lua wale no o ke *k* kai hiki ke hoololi ia, o ke *k* mua a me ka lua o ke *k* kekahi. O kekahi, aia no i ke ano o ka hoohana ana i na hua olelo i pela ia me ke *k*. E ka mea heluhelu, e nana ae kaua i ka papa hua olelo o lalo nei i wahi e ike ai aole i na wa a pau, hiki ke hoololi ia ka lua o ke *k*. Ua ohiohi ia keia mau hua olelo i kumu e hoike aku ai i ke ano o ka hoohana ana i ka olelo Kanaka o Niihau. Eia kekahi, loaa no kekahi mau hua olelo me ke *k* i hiki ole ke hoololi ia i *t*. No ia kumu ka hoike ana i kekahi o na hua olelo i mea e maopopo ai i ka hoohana pololei ana i ka olelo Kanaka o Niihau. Eia no ma lalo nei kekahi papa hua olelo i hiki ole ke hoololi ia kona *k* i *t*.

Papa Kuhikuhi 3.2 Na Hua Olelo i Hiki ole ke Hoololi ia ke *K* i *T*

Ka Puana Niihau	*Ka Puana Maamau*
kanake	kanakē
kanaka	kānaka
kalaka	kalaka
kaliki waiu	kāliki waiū
kakani	kakani
kakini	kākini
laikini	laikini
lokeloke	lokeloke
kolekole	kolekole
pakalaki	pakalaki
pukalaki	pūkalakī

O keia mau hua olelo i hoike ia ma luna nei, he mau hua olelo i hoopuka nui ia i ka waha o ka poe Niihau. No ia kumu, ua maopopo e iau aole hiki ke hoololi ia ko lakou hua leka *k* i *t*. O ka hua olelo o "kalaka," he hua olelo i lohe nui ia ma Niihau no ka hoohana ia o na kaa kalaka i kalaka e halihali ai i ka lakou mau ukana a hooili ma ka moku hali ukana o Lopikana ma. Pela no ma Niihau kekahi, ua loaa no na kaa kalaka hana aina. Ma Niihau, na na kalaka hana aina o Lopikana ma i halihali i na ukana a ka poe Niihau mai ka hale a i ka moku hali ukana. Pela no e hiki aku ai ka lakou mau ukana ma ka moku hali ukana o Lopikana ma. Na kela mau kalaka hana aina no i halihali i na ukana a ka poe Niihau mai ka moku aku a i ko lakou hale. Eia ae no kekahi olelo i lohe nui ia: "Hoili i tela poe ukana ma luna o ta kalaka a hali i ta uapo" (Enoka Kaleihoohie Kaohelaulii, Aukake 2009). Eia ae no kekahi olelo i hoike ia e kekahi kupa o Niihau. "Ta kalaka, hoohana ia ta kalaka i mea hana i ta manawa e hele ai i ta hana. Hana no i ta manawa hana. Oia ta mea i hoohana iaʻi ta kalaka" (B. E. N. Kanahele, 2007, p. 19). He nui hou aku na hua olelo i hoike ole ia, aka ua koho wale ia no keia mau hua olelo i wahi e hoike ai i kona hoohana ana i *k* a me ka *t*. O kekahi o na hua olelo i hiki ole ke hoololi ia ke *k* i *t*, na hua olelo i puana ia me ka *n*. Eia ae no ka papa kuhikuhi me ia mau hua olelo.

Papa Kuhikuhi Helu 3.3 Na Hua Olelo i Pela ia me ka "*N*" i hiki ole ke hoololi ia ke *K* i *T*

Ka Puana Niihau	*Ka Puana Maamau*
iniki	ʻiniki
inikiniki	ʻinikiniki
inika	ʻīnika
nakii	nākiʻi
naku	naku
nakunaku	nakunaku
nakulu	nakulu
noke	noke
nuku	nuku
nukee	nūkeʻe

No na hua leka *k* i loko o keia mau hua olelo e hoike ia nei ma ka papa kuhikuhi o luna, aole no hiki ke kuapo ia ko lakou *k* i *t*. Penei no ka puana ana a ka poe Niihau me ke *k* wale no. He mau hua olelo no ia i hoohana nui ia i loko o ka lakou olelo Kanaka ma o kekahi hana i hana ia. Pela no i hoopuka ia ai keia mau hua olelo. Eia ae ka olelo a kekahi kupa o Niihau no ka hua olelo o "nakii." "Hoomaemae i ta hulu hipa a pau, opiopi. Owili a ano paa, alaila, nakii a paa, me teia taula e nakii ai" (Kanahele, Licayan, & Nizo, 2007, p. 50). Ma Niihau, hoohana nui ia ke kaula no ka nakii ana i ka ia a kaulai ma ke kaula i huki ia i kahakai no ke kaulai ana i ka ia. O kekahi olelo i hoopuka ia no nakii, ka nakii ana i ka lei pupu. He poe hana lei pupu ka poe Niihau a hoopuka nui ia ka hua olelo o "nakii" mai ko lakou waha aku.

He nui hou aku no na hua olelo i hiki ole ke hoololi ia ka hua leka *k* i *t*. O kekahi o na hua olelo i hiki ole ke hoololi ia ka hua leka *k* na hua olelo i puana ia me ka hua leka o *l*. Ua like no ka hoohana ana i ka hua leka o *n* me *l*. Ina loaa na hua olelo o *l* a me ke komo pu mai o ka hua leka o *k*, aole hiki ke hoololi ia ka hua leka *k* i *t*. Ua maa koʻu pepeiao i ka lohe i keia mau hua olelo i puana ia me ka hua leka *k* wale no. Na hua olelo i puana pokole ia a me ka hoopokole ana i kekahi mamala olelo loihi e like pu me ke ano o ka walaau ana a ka poe Niihau. Ma ia wa no i komo mai ai ka hoihoi i loko oʻu e nana pono i na hua olelo i hiki ke hoololi a hoololi ole ia ka hua leka *k* i *t*. O kekahi mea e ike ai i ka oiaio, ka hoolohe ana i ka poe Niihau i ka wa a lakou e kukamailio ai kekahi me kekahi. He mea kokua hoi ka papa kuhikuhi o lalo nei i mea e hoike aku ai i na hua olelo o *l* i puana ia me ke *k*.[8]

Papa Kuhikuhi Helu 3.4 Na Hua Olelo i Pela ia me ka "*L*" i hiki ole ke hoololi ia ke *K* i *T*

Ka Puana Niihau	*Ka Puana Maamau*
laka	laka
laiki	laiki
laki	laki
lako	lako
leka	leka
like	like
likelike	likelike
loke	loke
luku	luku

O kekahi, o na hua olelo i pela ia me ka hua leka o *l* a me *n* aole hiki ke hoololi ia ke *k* i *t*. I koʻu wa e noho ana ma Niihau, aole no ia hana hoolohe puana olelo he mea ia naʻu e kalailai ai i kaʻu olelo ponoi. Aole no au i nana ina he okoa ka puana ana ia "i luna me i nuna." No ka maa paha o ka pepeiao i ka lohe i keia mau hua olelo me ia ano puana pa lua ana, aole no i noonoo ia, ua okoa ko laua puana ana. Eia nae, i koʻu komo maoli ana i loko o keia hana ma ke ano he kalailai olelo Niihau, ua lohe ia ka hoololi ana ia o ka hua leka o *l* i *n* a i ole o *n* i *l*. Eia ae no kekahi papa hua olelo i puana ia me ka hua leka o *n* a me *l*.

Papa Kuhikuhi Helu 3.5 Na Hua Olelo I Hiki ke Kuapo ia ka *L* i *N* a i ole ka *N* i *L*

Ka Puana Niihau	*Ka Puana Maamau*
inuna	i luna
anunu	alunu
numinumi	lulumi, lumilumi
manuna	ma luna

No ka imi ia o keia ano hoololi ana i na hua leka *l* i *n* a i ole o *n* i *l*, hoomaka akula au e hoolohe i ka puana ana a ka poe Niihau ina ua pololei io keia kuhi ana. Oiai, kakaikahi ka lohe ana i keia mau hua olelo mai ka waha mai o ka poe Niihau a ua lohe ia no. Aia no i ka mea i kamailio ia e lohe ia ai kela mau hua olelo. Me he mea la, aole no ia he mea hou loa ka loli wale ana o na hua leka o *l* i *n* a i ole o *n* i *l*. Ua lohe ia no mai ka waha mai o na keiki a me na makua kekahi. O kekahi kumu no keia loli ana o laua, he ohana laua. A oia ke kumu i hiki ai ke hoohana ia o *l* ma kahi o *n*. Aole wale no keia lohe ana i ka loli ana o laua ma Niihau wale no. Ua lohe ia no kekahi o na kupuna o waho nei i ka puana ana penei i ko'u hui kino ana me lakou. Eia ae kekahi o na hua olelo i lohe ia i loko o ka puana ana i ka *l* a i *n*.

Papa Kuhikuhi Helu 3.6 Na Hua Olelo i hiki ke loli ka *N* i *L*

Na Laana i Hoohana ia me ka n *i* l
"A ta poe nohoi e mamate ana e hele ma na'e, a tau inuna o hootahi taa" (Elama Kanahele, p. 19).
"Hiti i ta ohana a pau te tau inuna a hele" (Ibid., 19).
"Eli ia hootahi lua, tau ia ta hale liilii manuna" (Ibid., 21)
"A hootau ia inuna o ketahi pakautau loihi" (Kanani Nizo, 2007, p. 50).
"Ta hana, huti i ka tutu, tela poe tutae hipa no i pipili ai inuna o ta hulu..." (Ibid., 50).

Eia kekahi, o ka hua leka *r*, ike ia no i loko o na inoa o na kanaka a me na inoa aina mai ka *Baibala Hemolele* mai. E laa hoi me ka inoa o "Iseraela," "Ezera," "Esetera," "Petero," "Mareko," a he nui hou aku na inoa i pela ia me ka hua leka *r*. Peia pu no me na inoa aina kekahi, "Nazareta," "Ierusalema," "Beterehema" a like no ke kani ma ka puana ana i ka hua leka o *r*. Eia nae, i loko o na hua leka palapala i hookumu ia ma ka olelo haole, o *r* kekahi hua leka i hoololi ia i *l*. Malia no ka like paha o ko laua kani i manao ai na poe hookumu hua leka palapala e kapae i ka hua leka *r* a lilo hoi o *l* i pani nona no ka olelo Kanaka. O kekahi ninau paha e upu mai ana i keia hoololi ana ia laua, no ke aha hoi i hoololi ole ia ai na hua leka *r* i *l* i loko o na inoa kanaka a me na inoa aina mai ka *Baibala Hemolele* mai i mea e kaulike ai ka hana hoololi hua leka. Ua okoa paha ka poe i haku i na hua leka a me ka poe i kakau i ka *Baibala Hemolele?*

Eia ae kekahi mau hua olelo Niihau i hoohana nui ia ma Niihau. Ma ka hoololi ana i ka hua leka *k* a me ka *t*, e laa hoi me "kali" a me "tali," a okoa hoi ko laua manao kekahi. O ka manao nui o "kali," ua like no kona manao me "alia." A ina komo mai ka *t* ma kahi o ke *k*, okoa kona manao. O ka manao no keia hua olelo i pela ia me ka *t*, pili no i ka mai o ka wahine. A oia ke kumu, aole hiki ke hoololi wale aku no i na hua leka *k* a pau i *t* no ka okoa o ka manao o kekahi hua olelo mai kekahi hua olelo aku.

O kekahi mau hua olelo hou aku i like me na hua olelo i hoike ia ae nei ma luna nei, o "kena" a me "tena" okoa ko laua manao. Okoa ka manao o "kena" a okoa ka manao o "tena." Oi loa aku ka huikau ina pela ia me ka ole o na maka. O kekahi "kena," ua kena ka puu i ka wai momona. O kekahi "kena," na wai "kena" puke? Ina hoololi wale aku no i ka hua leka *k* i ka *t* me ka manao, ua like na manao elua e like me ka mea i hoike ia ma luna nei, he mea hoohuikau ia i kekahi no ka hoololi wale ana no i ke *k* i *t*.

O "tena," okoa kona manao ina pela ia me ka hua leka *t*. O ka manao nui o keia hua olelo ma ka olelo Kanaka o Niihau, ke kauoha ana i kekahi keiki e kii i ka mea i makemake ia e ka makua. Eia no kekahi laana e maopopo ai i kona manao nui, "E pepe, hele oe tii i ta wai!" O keia kauoha ana i ke keiki e kii i ka wai, o "tena" no ka hana. Ina o ka wai paha ka mea i kauoha ia i ke keiki, penei no i kauoha ia ai oia "E pepe, hele oe tii wai na'u!" Aia no i ka mea i kauoha ia i ke keiki. He nui no na hana i "tena" ia ai na keiki e kii a i ole e hana. Ua like ka manao o "tena" me ka manao o "kauoha." A ma kekahi ano, o "kauoha" oia manao hookahi no me "tena."

Eia ae no ka Pukui laua o Elbert (1986) olelo i kuhi maila no tena ma ke pela ana me ke *k*. "Kēnā akula ʻo Kamehameha i kona poʻe kānaka e ʻimi lāʻau ʻala" (1986, 144). Oiai, ma ke *k* no i hoohana ia ai ka hua olelo o waho nei, a o Niihau, ua pela ia no me ka *t*. Ua like no ko laua manao me ka manao o ka poe Niihau, a o ka okoa wale no ke pela ana ia "tena" me "kena." O kekahi, aole no ka poe Niihau i puana i keia hua olelo me ke *k* a ma ka *t* wale no. O keia kekahi hua olelo i kue i ka lula me ka hua leka o *n*. Ua kuhi mua akula au i ka hoohana ana i na hua olelo i pela ia me ka hua leka o *n* a me *l* i hiki ole ke hoololi ia ka hua leka *k* i *t*. Pehea hoi la e hiki ai i keia hua olelo ke hoololi i ka hua leka *t*, o "tena." Aole wale no keia loli ana mai aʻu ae no. Ua lohe ia keia olelo o "tena" mai ka waha mai o koʻu mau kupuna a makua no ko lakou tena i na keiki e kii i ka mea i makemake ia e na kupuna a i ole na makua paha. Eia ae no ma lalo nei kekahi papa kuhikuhi no na hua olelo i pela papalua ia a okoa hoi na manao o kekahi hua olelo mai kahi hua olelo aku.

Papa Kuhikuhi Helu 3.7 Na Hua Olelo Papalua me na Manao Okoa

Ka Puana Niihau	*Ka Puana Maamau*
kula	kula
tula	kula
kali	kali
tali	kali
kena	kena
tena	kēnā
tela	kēlā

Eia kekahi, ua lohe ia no kekahi o na hua olelo i puana pokole ia i loko o ka olelo Niihau. O ke kumu paha i puana pokole ai ka poe Niihau i ka lakou olelo Kanaka no ka wikiwiki loa o ka olelo ana, me he mea la ua moni ia kekahi o na hua palapala no ka lohe ole ia i loko o ka olelo ana. Eia nae, ua hoopuka ia no, aka o ka pepeiao ka apiki. O kekahi o keia kuhihewa ana no ka maa ole o ka pepeiao i ka lohe i ka olelo hoopokole ana a ka poe Niihau. Olelo hou maila o Tava laua o Keale (1989, 45), i ka hiki ana mai o Kapena Kuke ma i Hawaii nei i ka makahiki 1778, na lakou i hoike aku, ua like ka olelo Kanaka o Niihau me ka olelo Tahiti. Malia no ka lohe ia paha o ka hua leka *t* i loko o ka olelo Kanaka o Niihau i manao ai o Kapena Kuke ma, ua like ka olelo Kanaka o Niihau me ka olelo Tahiti.[9] Eia ae no ma lalo nei kekahi mau hua olelo i puana pokole ia i loko o ka olelo Kanaka o Niihau:

Papa Kuhikuhi Helu 3.8 Kekahi mau Hua Olelo i Puana Pokole ia

Ka Puana Niihau	*Ka Puana Maamau*
e	ʻae
ai	aia
kula	akula
ahe manao	ʻaʻohe manao
ale	ʻaʻole
kakumakahi	iwakāluakūmāmākahi
tia	kēia
pua	puaʻa
we no	wale nō

Ma Niihau wale no i lohe ia ai ka puana wikiwiki ana a i ole he ole hapahapa paha ma kekahi olelo ana. O ka manao o hapahapa, pili no i ka piha ole o kekahi mea i olelo ia. He nui no na manao wehewehe o ka olelo Niihau. Okekahi olelo ana, pokepoke ia ka olelo. Ma waho nei, olelo piha ia a hooloihi ia ka olelo ana. Ma koʻu launa ana me kekahi o na kupuna olelo Kanaka o waho nei, aole i like ka lakou olelo ana me ka poe Niihau, malie wale no ka walaau ana. O kekahi o na hua olelo i hoike ia aku nei ma ka papa kuhikuhi, he mau hua olelo i hoopuka ia mai ka waha mai o ka poe Niihau. Eia kekahi mea e ike ai i ke ano o ka olelo ana no "Aohe manao." O ka mea i lohe ia mai ka waha mai o ka poe Niihau, o "ahe manao." Me he mea la, ua moni ia ka hua leka "o" no "aohe" a o "ahe" wale no ka mea i lohe ia. Ua pau pu mea aʻu kekahi i ka hoopuka i keia olelo ma ka walaau ana. Aia aku a aia mai, ua puka no keia olelo i ka waha.

He nui hou aku no na hua olelo i puana pokole ia e like me "ahe manao." Ua hoike ia keia mau olelo i kumu e wehewehe ai i ke ano o ka olelo Kanaka o Niihau. O kekahi mea i loko o ka olelo Kanaka o Niihau, Ua loaa no na hua olelo i hoohawaii ia ma ka olelo Kanaka o Niihau. A pela no hoi me ko waho nei poe kekahi. Malia no ka loaa ole paha o kekahi hua olelo Hawaii i hoohawaii ia ai keia mau hua olelo. Eia ae no ma lalo nei kekahi papa kuhikuhi no na hua olelo i hoohawaii ia.

Papa Kuhikuhi Helu 3.9 Na Hua Olelo i Hoohawaii Ia

Ka Puana Niihau	*Ka Puana Maamau*
papa	makuakāne
mama	makuahine
tita	kaikuahine
palala	kaikunāne
pepe	kamaiki
anakala	makuakāne hanauna
anake	makuahine hanauna
pulumi	pūlumi
pola	pola
puna	puna
kaa	ka'a
peni	penikala

He nui hou aku no na hua olelo i hoohawaii ia. Ua koho wale ia no keia mau hua olelo ma luna nei i mea e hoike aku ai, ua loaa no na hua olelo i hoohawaii ia ma ka olelo Kanaka o Niihau. A hoopuka ia no keia mau hua olelo e ko waho nei poe kekahi. No'u iho, o ka mea i ola ai keia mau hua olelo, no ka hoohana ia i loko o ka olelo Kanaka ana.

Eia hou, aole no i lohe nui ia na opio a me na makua opiopio o keia wa i ka hoopuka i na hua olelo maamau e like me ko waho nei. O na kupuna a me na makua wale no ka poe hoi i hanai ia i keia mau hua olelo mai ka wa kamalii a hiki i ke oo ana. No'u iho, ina hiki ke hoomau ia keia mau hua olelo i loko o keia au e nee nei, o ia paha ka mea e ola mau ai keia mau hua olelo o Niihau a me na hua olelo maamau. Hoomanao ihola au i ka poe i kipa mai i ko makou hale no ka leo pule. Ua ku maila ka ninau i mua o na keiki, "O mama, ma hea?" O ka mea maamau, penei no e olelo ai, "Ma hea o Mama?" He mea maamau ka hoopokole ana ia o ka olelo Kanaka o Niihau no ka maa o ka waha i ka olelo ana pela. Ua lohe ia mai na makua a pau pu me na keiki kekahi. No ka noa no paha o ka olelo Kanaka o Niihau, ua hoohana ia ka olelo ma na ano like ole. Aole hoi he hookahi wale no ala e pono ai ka olelo Kanaka e like me waho nei. He ala keia e ao aku ai i na kanaka e hoohana i ka olelo Kanaka ma na ano like ole a pau e hiki ai.

Ka Poe o Waho

Ma keia wahi poomanao no e hoike ia ai na manao o na kanaka o waho nei i hoike i ko lakou manao no ka aina o Niihau. Hoike maila o Tava laua o Keale (1989, 15) i ko laua manao ma ka laua puke no ka olelo ia o ka olelo Kanaka o Niihau e like me kona kulana maamau.[10] Eia nae, ua ike ia no kekahi mau hua olelo i lawe Kahiki ia e like me na hua olelo i hoike ia ae nei ma ka papa kuhikuhi 3.10. A no ia kumu, o ka poe Niihau wale no ka poe i hoopuka aku i ke *k* a me ka *t* i loko o ka lakou olelo Kanaka. E like hoi me ka mea i hoike ia ma keia mau papa kuhikuhi o luna nei no ka loli ana o keia mau hua leka *k* i *t*, ka *l* i *r* a me ka *l* i *n* mamuli wale no o ka olelo Kanaka o Niihau. A o ka mea i loli ole ai ke ano o ka olelo ana a ka poe Niihau no ka hoopuka ia mai ka waha aku a hiki i keia la.[11]

O ka olelo Kanaka o waho nei, aole no i hoololi ia ke *k* i *t*. A koe nae ka lohe ana ia mai ka waha mai o kekahi mau kanaka o Maui. He mea nahenahe no hoi ka lohe ana o koʻu mau pepeiao i kekahi mau kupuna a me na makua o Niihau i ka olelo Niihau i ka makou mau keiki a me na moopuna ma ka olelo Kanaka o Niihau. E like hoi me koʻu ike ana i ka lilo ana o ka waha o na opio o Niihau i ka olelo haole i keia mau la a noonoo ihola au i kaʻu hana kekahi. I kekahi manawa, ua lilo akula ka waha i ka olelo haole a noonoo ihola au i loko iho oʻu, pehea la e ola ai ka olelo Kanaka o Niihau i loko o koʻu ohana ponoi ina hoopuka mau ia ka olelo haole i koʻu waha? Naʻu no hoi e hoomau aku i keia hoola olelo Kanaka i loko o koʻu ohana ponoi ma ka hoopuka ana i ka olelo Kanaka o Niihau me koʻu ohana ponoi. Aole hoi o ka nana ana ia hai a ike aku i ko hai poopoo a pehea hoi koʻu poopoo iho no. Aole e nana aku na hai wale no e hoola mau i keia olelo kamahao o ka aina, na kakou a pau e alu like a kau i ka lei o ka lanakila. O ka hoopuka mau ana i ka olelo Kanaka i loko o koʻu hale mai ke ala ana i ke kakahiaka a hiki i ka hoi ana e hiamoe. He mea mahalo ia ka lohe mau ana i koʻu mau makua i ka olelo Kanaka i ka laua mau moopuna no ka mea, o ka olelo wale no ia i paa i ko laua waha. Ke kipa aku makou ia laua i Kauai a i Niihau, o ka olelo Kanaka wale no ka olelo i lohe ia. Kakaikahi ka lohe nui ana i ka olelo Kanaka i loko o ka hale i keia mau la. O ka poe wale no i koho i keia alahele kai hoomau i ka olelo Kanaka i loko o ko lakou ola. He haawina ka laua hana no ke ao ana mai iaʻu i kaʻu hana a me ka hopena o ia hana. Ina aole au e hahai i ka laua hana, e lilo ana ka olelo o koʻu hale ponoi i poe olelo haole wale no. Mahalo hoi au i ka hui kino ana me koʻu ohana Niihau no ka lilo o ka olelo Kanaka o Niihau oia wale no ka olelo e walaau ai me lakou. A he mea ia e ola mau ai ka olelo Kanaka o Niihau i loko o makou. A he mea nui hoi ia no na hanauna hou e nee nei i keia mua aku. Malia no ke ku hookahi paha o Niihau nona iho, i lilo ole ai ka makou olelo Kanaka, i olelo haole. O kekahi, aole no i loaa ka poe nana e hoololi i ka noonoo, ka olelo, ka noho ana o ka poe Niihau i ola mau ai ka olelo Kanaka o Niihau. Ua malama ia no ka olelo Kanaka e like me kona ano maamau mai ka wa mai o na kupuna o ka wa ma mua loa a hiki i keia la.

Ke Kakau Ana

O ke kakau ana kekahi mea nana i hoola mau i ka olelo Kanaka o Niihau. Ma o ke kakau ana i ka leka aloha i na ohana i noho kaawale ma Kauai a me Oahu, he ala ia e hoike ai i kela mau ohana i ko lakou mau manao. I ka wa ma mua, ua kakau ka poe Niihau i ka leka i kela me keia pule i ko lakou ohana. O kekahi o na leka i kakau ia, he leka aloha wale no a o kekahi, he mau leka no ke kauoha ana i ka lakou mau mea i makemake ai mai ka halekuai mai no ko lakou noho kino ana. Eia kekahi mea kupaianaha, o ke kakau ana i ka leka, ma ke *k* wale no i kakau ia ai. O kekahi ninau i upu mai i loko o'u, mai ke kumu hea hoi o ko lakou hana ana pela? Ua ike maka au i na leka aloha a ko'u makuahine i kakau ai na ko'u ohana i nee a noho ma Kauai a me Oahu nei. Ma mua i ko'u wa e noho ana ma Niihau, ua komo pu au i loko o ia hana he kakau leka. O ke kumu i kakau leka ai ka poe Niihau i ko lakou ohana ma Kauai, no ka loaa ole o ke kelepona ma Niihau. O ke kakau leka, o ia wale no ka mea e hoike aku ai i ko lakou mau manao i ka ohana. Ma Niihau, aole loaa ka hale kuai e kuai ai i na lako e pono ai ka noho ana. O ka mea ai, ka lole, na pono hale, a i ole na pono like ole a lakou i makemake ai. Ma Kauai wale no i kuai ia ai na lako a pau no Niihau. Ua like pu no me ka poe o Kauai kekahi. Ina he mau mea makemake ka lakou no Niihau, ua leka ia ka ohana noho aina o Niihau e hoike ana i ko lakou makemake no na ono o ka aina. O kekahi mea i makemake nui ia e ka ohana i nee a noho ma Kauai a me Oahu, ka pupu Niihau. O ka pupu Niihau, o ia kekahi mea i hoohana ia no ke kui ana i na lei pupu a kuai ia aku i wahi e loaa mai ai ke kenikeni e kuai ai i na lako i makemake ia. Ina aohe kala e kuai ai i na mea i makemake ia, ua hana ia ka lei pupu a hoolilo ia aku a loaa mai ke kala e kuai ai i na pono lako o keia noho honua ana. I ko'u nee ana a noho i Oahu nei, ua hoomau akula no au i ke kakau leka aloha na ko'u mau makua. No ke aloha makua hoi ke kumu i kakau ia ai ka leka aloha ia laua. I ko'u manao, o ke kumu paha i kakau ai ka poe Niihau i ka leka aloha ma ke *k* wale no, no ka maa paha o lakou i ka heluhelu i ke ano o ke kakau ana o ka *Baibala Hemolele*. O ka *Baibala Hemolele* kekahi puke i heluhelu nui ia e ka poe Niihau.

Ka Olelo Nane

O ka olelo nane kekahi mea nana i hoola mau i ka olelo Kanaka o Niihau. Ma Niihau, ua hoolilo nui ia ke ahiahi i wa e nane ai ma waena o na makua a me na keiki ma mua o ka hoi ana e hiamoe. O ka olelo nane he olelo ia i hoohana ia no ka hoike ana aku i kekahi mea ma ka nane. I kekahi manawa, ua hoolilo ia ka olelo nane i olelo paani ma waena o na kupuna, na makua, a pau pu me na keiki. O kekahi, he olelo ia e wehewehe ana i kekahi mea ma ka huna ana i kona manao. Ma Niihau, he mea nui ka noho pu ana me na kupuna, na makua, na opio a me na keiki a hoolohe i ka olelo nane. Nui na ike i ao ia ma ka olelo nane. Ma ka hoolohe ana o na keiki i na kupuna e hai ana i ka olelo nane, ua paa maila na olelo nane, a me na olelo noeau i hoopuka ia mai ka waha mai o na makua a me na kupuna. Wahi a Smith (1999) o ka olelo nane, he mau ano olelo ia i ku i ka wa o ko kela me keia kaiaulu oiwi a he kukakuka pinepine ia ma loko o ke kaiaulu. Pela no i ao ai na keiki i ka olelo nane, a me na olelo noeau mamuli o ka noho pu ana o na keiki me na makua a me na kupuna.[12]

O kekahi mea waiwai ho'i ko'u noho ana ma Niihau, aohe mea nana e hoolauwili i ka noonoo o na keiki a me na opio. E like akula me ka hana a ka'u mau keiki, i ka wa i hui ai me na kupuna aole no i hoolilo ia ia wa i wa e hoolohe ai i na moolelo a na kupuna i hai waha ai. Ua lilo akula ka noonoo i kahi e. Ma ka loaa ana o na ano mea like ole e hoolauwili ai i ka noonoo o na keiki, aole no i hele aku a noho pu a hoolohe i na moolelo a na kupuna a me na makua i kuka kamailio ai. Ma Niihau, ua hoolilo nui ia ko makou manawa i wa e nane ai i na olelo nane a me ka hoolohe ana i na moolelo o na kupuna. Pela no i paa naau ai iau na olelo nane like ole mamuli o ka noho pu ana me ko'u mau kupuna.

Hoomanao aela au i ka hana a ko'u kupunakane, o Iakopa Miulana Kanahele. He kanaka hai moolelo hoomakeaka o ia no ka ohana. I ko makou wa e paina ahiahi ai, ua kena ia au e na makua e kii i ko'u kupunakane no ka paina pu ana me makou no kona noho mehameha ana nona iho. Noho o ia ma nae mai o ko makou hale a he mau kikoo wale aku no a ku i kona hale. I kela ahiahi keia ahiahi, me makou no o ia i ai pu ai i ka paina ahiahi. Ma laila hoi au i lohe nui ai i na olelo nane mai ka waha mai o ko'u kupunakane. No ia kumu i paa ai kela mau moolelo iau ma ka papa o ka naau. Aole no i ao ia keia mau ike mai ke kula mai. Ma ka hale no i paa ai ia mau ike iau. Eia ae no kekahi mau olelo nane i lohe ia ma Niihau:

Papa Kuhikuhi Helu 3.10 Na Olelo Nane o Niihau

Ka Olelo Nane	*Ka Pane*
Ula o luna, ula o lalo kani ke oli.	He moa tane.
Kataiaka eha wawae, awatea elua wawae, ahiahi ekolu wawae.	He keiti, he kanaka, he elemakule.
He aha ta hua ai aohe lauoho?	He ohia.
He aha ta hua ai loa ta lauoho?	He talo.
He aha ta hua ai tau i ka lewa nui ino tona manamanalima?	He maia.
Tuu wahi holoholona, ewalu ona wawae.	He hee.

Ka Olelo Noeau

O ka olelo noeau kekahi mea nana i hoola i ka olelo Kanaka o Niihau. O ka olelo noeau kekahi mea i olelo nui ia e ka poe Niihau. Ua lohe ia no ka olelo noeau i kela me keia manawa. O ka olelo noeau, ua upu wale mai no i loko o ke kamailio ana, a i ole ma ka walaau ana o na kupuna kekahi i kekahi. Mamuli o ia hana, ua hoopili lakou i ka olelo noeau i ka lakou hana i hana ai i ia wa ano. O ka manao o ka olelo noeau, he olelo kaulana, he olelo akamai, he olelo hoohalikelike, he olelo hoopilipili, a he olelo no ka hoike ana i kekahi hana i hana ia. Eia no kekahi olelo noeau i lohe ia mai koʻu makuakane mai. Ua hai mau o ia i keia olelo noeau no ka mea, he kanaka mahiai o ia. Ia makou i hele ai ma kula no ka hoomaemae ana i ka mala ai, ua ku maila keia olelo noeau i mua o maua o koʻu kaikuaana:

> Ua ta ua i Taeo, ma hea oe? Ina ma loko oe, olelo ia oe, ma loko oe, o ka tumu, ua kanu oe i ta uala i ta wa ua. Ina ua ta ua i Taeo ma waho oe, olelo ia oe, ma waho oe, o ka tumu, aale oe i kanu i ta uala i ta wa ua (Kaipo Kanahele, Mei 30, 2003).

Ua lohe nui ia keia olelo noeau no ka pili o kona manao i ka poe lima hana a me ka lima moloa. O kekahi olelo ana, o ka poe lima hana, pili no i ka lako. O ka poe lima moloa, pili no i ka nele. O kekahi haawina hoi i loko o keia olelo noeau o Niihau, o ka poe i mahiai i ka aina i ka wa ua, ke hiki mai ka wa e oo ai ka ai, loaa ka ai e ohi ai. No ka poe i mahiai ole, aohe a lakou ai e ohi ai no ka mahi ole i ka aina i ka wa ua. I kekahi manawa, aia no ke kanaka i Niihau i ka wa i hiki mai ai ke kau ua, aole naʻe o ia i mahi i ka aina. I ka wa e oo ai ka ai a hai, hele akula i ka mala ai a kekahi poe e makilo ai. Aohe ai e ulu wale ana no ma ka aina ina aole i mahi ia ka aina i ka ai. He mea hoomanao hoi keia olelo noeau i ke mele o "Lulu i na hua" i himeni ia i loko o ka halepule o Niihau. No loko mai o ka puke o *Na Himeni Haipule Hawaii* (1972) keia himeni. Penei no ka lalani mua o ke mele:

> Lulu i na hua, ma ke kakahiaka,
> Ma ke awakea, ma ka po ana'e
> Kali no ka ohi, me ka ohi ana,
> Hoi me ka oli, me na pua e.
> Hui:
> Me na pua e, me na pua e,
> Hoi me ka oli, me na pua e,
> Me na pua e, me na pua e,
> Hoi me ka oli, me na pua e.
> (pp. 123&124)

Wahi a Kekeha Solis (2009), ke kanaka i imi noii i ka olelo noeau mai na nupepa a me na moolelo kahiko i kakau ia e ko kakou poe kupuna, Wahi ana, "He olelo kaulana, olelo ao kaulana, olelo kahiko, olelo a ka poe kahiko, olelo i kuluma i ka puana ia e kahiko, lalani mele hooheno, olelo hooheno, a pela aku" (p. 178). Ma kekahi ano he olelo kaulana no ia a he olelo no hoi mai ka poe kahiko mai. Pela no i laha ai na olelo noeau ia kakou i keia manawa. Eia ae no ka olelo a Smith (1999) i hoike maila no ka paa ana o na olelo noeau i na keiki ma ka lohe wale ana no i ko lakou mau makua a me ka hoomau ana i ka olelo noeau i loko o ko ola kekahi.[13] Hoike maila kekahi kupuna o Niihau nona ka inoa o Emalia Licayan (2007) i kona manao no kekahi olelo noeau a kona mau makua i hai waha ai ia ia no ka hoailona no ka ua o Kaeo, Niihau:

> Kauanoelaniokaeo. Oia ta inoa o ta'u keiti elua. Moolelo mai to'u mau matua i ta manao nui o tela inoa, oia hoi, e hiti mai ana ta ua. Tela pali o Kaeo, he hoailona tela. O ta poe noho ma Niihau, noi lakou i ke Atua i ta wai. Ta hoailona tela. Te uhi hou mai tela ua noe, e ua ana no elua, ekolu la. Ketahi manawa, ma o aku. Nui ta wai e loa a hiti ia lakou te malama i ta wai (p. 41).

Hoihoi no ko Licayan (2007) manao i hoike maila no "Kauanoelaniokaeo." He olelo noeau no ia i pili i ka ua. I ko'u manao, he nui no na ano hoailona o na olelo noeau a na kupuna Niihau i hoohana ai. Ua hoopilipili aku lakou i ka manao o ka olelo noeau i ke ano o ka hana i hana ia. O ka mea hoihoi hoi no'u ka lohe a me ka ike ana i na mea i hai waha ia e na kupuna o Niihau a me ka wehewehe ana i na manao pohihihi no kela me keia olelo noeau. O ka maopopo ana i ka manao nui o ka olelo noeau ka mea e pono ai kakou. I loko o ka Pukui (1983) puke *Olelo*

Noeau i kakau ai, ua nui hewahewa na olelo noeau ana i ohiohi ai a pai ia i loko o keia puke. O ka mea maikai hoi ka loaa ana o nei puke, ka wehewehe ana ia o ka manao o kela me keia olelo noeau. He mea kokua ka loaa ana o kekahi puke olelo noeau i mea e ao ai ia kakou i na olelo noeau i paa ole ma ka papa o ka naau. O kekahi, ina aole maopopo i ka manao nui o ka olelo noeau, o ka hana e kii wale aku no i nei puke a nana i kona manao. O ka haawina hoi e ao ai ia kakou, e hoopaa a paa na olelo noeau ma ka papa o ka naau. Aole no kekahi wa wale no e hoopaa ai. O ka paa ma ka papa o ka naau ka mea nui. Ina ku mai kekahi ninau i mua o kakou no kekahi olelo noeau, ua paa ma ka papa o ka naau. Eia ae no kekahi mau olelo noeau i lohe ia ma Niihau.

Papa Kuhikuhi Helu 3.11 Na Olelo Noeau o Niihau

Ka Olelo Noeau	*Ka Manao Nui*
He aha kau e nana aku ai i ka pula iki i loko o ka maka o kou hoahanau, aole hoi oe i ike i ke kaola i loko o kou maka iho? Mataio 7: 3. *Baibala Hemolele,* 1994, (p. 10).	Mai ite aku oe i to hai poopoo. E nana mua oe i tou poopoo iho ma mua o to hai poopoo.
Ekolu no pua lawa kuu lei	O Niihau, Lehua, a me Taula.
Eono no pua lawa kuu lei.	Na kanaka eono i eli i ta punawai o Waiakanaio.
Ua tau maila o Pula i luna.	He inoa mahina tau ahiahi. O ta manao o teia olelo noeau, oia no ta wa i loaa ai ta wahine i tona wai lehua.
Niihau a Kahelelani	He inoa no ketahi alii o Niihau.
Ke ko eli lima o Halalii.	Pili teia olelo noeau i ketahi to i ulu ma lalo o te one a puta i katai o Halalii. Te mamate ia ka to, pono e imi i ta mata a eli lima a loa ka ta.

He nui hou aku na olelo noeau i lohe ia ma Niihau a eia ae no kekahi manao no ka olelo noeau o “Ke ko eli lima o Halalii.” Aole no i noonoo ia i ka wa i lohe ia ai keia moolelo e hele i Halalii i wahi hoi e ike maka ai i ka ulu ana o keia ko ina he like me ka mea e lohe ia nei. Ma ka lohe pepeiao wale no keia i maopopo ai a i paa ai keia moolelo. Wahi a koʻu makuahine, i ka wa a koʻu kupunakane e hoomakaukau ana i ka apu hala no na wahine hanau keiki o Niihau, ua kii aku no o ia i ke ko o keia wahi i ko e hana ai i ka apu hala. I kekahi mau makahiki, ua nui hoi na wahine i hanau pepe. Ina aole i lawa na ko e hana ai, o ke ko no ia i kii ia ai no ka hana ana i ka apu hala. Ma hope o ka nalowale honua ana o ke ko o Halalii, ua kanu koʻu kupunakane i ke ko ma kona pa hale ponoi i wahi e loaa mau ai ke ko e hana ai i ka apu hala no na wahine hanau keiki o Niihau. Aole o ka olelo noeau wale no ka mea i ao ia ma Niihau, ua ao pu ia ka olelo kake kekahi.

Ka Olelo Kake

O ka olelo kake kekahi olelo nana i hoola i ka olelo Kanaka o Niihau. O keia olelo kake, he olelo ia i hoohana ia ma waena o na makua a me na kupuna wale no. He olelo ia i hoohana ia no ka hunahuna ana i ka manao nui o ka olelo i wahi hoi e maopopo ole ai i na keiki ka olelo a na kupuna a makua i hoopuka aku ai. O ka wa mua loa a'u i lohe ai i ka olelo kake, mai ko'u mau makua mai no. I loko no o ka maopopo ole iau i ia mea he olelo kake, eia nae, ma o ka lohe mau ana i na kupuna a me na makua i ka olelo a me ka hoopilipili aku no hoi i na mea a lakou i olelo ai, ua paa maila ka manao o ka olelo kake iau.

Malia, ua ku maila paha keia ninau i mua ou e ka mea heluhelu i kamaaina ole i ia mea he olelo kake no ka ike ana i ka manao nui o keia olelo. He aha ia mea he olelo kake? O ka olelo kake, o ia kekahi olelo i hoohana ia ma waena o na makua a me na kupuna wale no no ka hunahuna ana i kona manao. Ma kekahi ano, he olelo paani no hoi keia ma waena o na makua a me na kupuna. "Mai ta poe kahito no. Olelo ia hoi, he olelo hunahuna. Ina ale oe mamate i tau poe kamalii e mapopo i ta kaua mea e walaau nei, walaau kaua me tela, olelo hunahuna" (Mililani Kanahele, Iune 28, 2010).

Ua lohe au i ko'u makuakane a me ko'u makuahine i ka olelo kake i kuu wa kamalii. O ka mea hoihoi hoi i loko o ka olelo kake, ka hoomaopopo ana i ka manao nui a ka mea olelo kake i olelo ai. Ua like akula me ka mea i hoike ia e ko'u makuahine:

> Ua lohe no wau i ta matou mama o Tutu Poni i ta olelo me tela me Mama Kelley. Te ano o ta walaau ana, ano hunahuna ta walaau ana. Ai paha, te no walaau mai, hiti no ia oe te mapopo i ta laua mea e walaau ana" (Mililani Kanahele, Iune 28, 2010).

O kekahi olelo kake, olelo ia me ka *t* a aole no paakiki ka hoomaopopo ana. Ina e lohe oe i kekahi i ka walaau i ka olelo kake, hiki no ke maopopo i ka mea i walaau ia. O ka mea okoa wale no kona puana ana. O ke kani ana o ka leo a me ka hoonohonoho ana i ka olelo, aole no paakiki ka hoomaopopo ana. O ka mea a'u i lohe ai i ko'u mau makua i ko laua wa i olelo ai i ka olelo kake, i kinohi no ko laua walaau ana, hoomaka maila laua e akaaka me he mea la he olelo ia e hoohenehene ana i kekahi kanaka. Ma laila hoi au i hoohuoi ai, malia, he olelo paani paha a i ole he olelo kolohe paha a i ole ia he olelo ohumuhumu paha ia. Ua pii maila ka manao niele i loko oʻu e hoolohe i ka laua walaau ano e ana i wahi hoi noʻu e ike ai i ka manao nui o ka olelo kake. Pela no hoi ke ano o na kupuna. Ina he mea i makemake ole ia i na keiki e lohe, hoololi aela lakou i ka lakou olelo i ka olelo kake. Ma ke kani hoi o ko lakou leo e maopopo ai he aha la ka olelo o ka walaau ana. Pela no i maopopo ai i na kamalii o Niihau ka olelo kake mamuli wale no o ka hoolohe ana i na kupuna a me na makua. I koʻu wa kamalii i na makahiki he 1970, nui na kamalii i hiki ke olelo kake. Ina aole i makemake ia e maopopo i kekahi keiki i ka mea i olelo ia, ua huli koke akula no ka walaau ana ma ka olelo kake wale no. Me ia wale iho no ka hana a paa ihola i na kamalii ka olelo kake. No ka ike o na keiki i na ano olelo like ole o ka olelo Kanaka, hiki ole i na makua a kupuna ke hunahuna i ka lakou olelo kolohe a ohumuhumu paha. He walaau ia no i mua o na keiki.

Eia kekahi, ina he olelo akahi no a lohe ia, he mea kela e hoohoihoi ai i na keiki e ao mai a komo pu i loko o ke kamailio ana me ka poe i paa ia olelo. Aole no ia o ka olelo maamau e olelo ia ai i kela la keia la. O ka olelo kake no ka manawa wale no kona hoohana ana. A ke pau no ka hoihoi o ka poe i ka olelo kake, hoi hou no ka lakou olelo i ka olelo Kanaka o Niihau. Ma Niihau, he mau ano o ka olelo kake i lohe ia. O ka mua, o ia no ka mea i lohe nui ia mai na makua mai. No ka mea, hookomo ia o "*to*" i loko o ka hua olelo o "*aloha*." E laa hoi penei kona pela ana o "*alotoha*" i hoike ia ae nei ma keia papa kuhikuhi. Malia no ka maa paha o ko lakou waha i ka olelo me ka *t* i hoohana ia ai keia ano olelo kake me keia kona ano olelo ana. He nui no na ano olelo kake i lohe ia ma Niihau a i koʻu ao ana mai i keia mau olelo kake, kohu like kona ano me ka olelo paani. Ua hoohana ia keia ano olelo kake i olelo e paani ai ma waena o kekahi me kekahi. I kekahi manawa, ua hiki no ke ike ia he olelo paani no ia ma waena o ka makua a me na keiki. No ka nui hoi o koʻu lohe ana i koʻu makuakane i ka olelo i keia olelo kake me kaʻu mau keiki hanauna, ua noonoo au, he olelo paani no paha ia ma waena o ka makua a me ke keiki. Eia no kekahi mea e ike ai i ka olelo kake i hoohana ia me ka *t*.

Papa Kuhikuhi Helu 3.12 Ka Olelo Kake me ka *T*

Ka Puana ana me ka T	*Ka Puana Maamau*
Alotoha.	Aloha.
Pehetea ooe toe?	Pehea oe?
Maitai no to.	Maikai no.
O watai tou inotoa?	O wai kou inoa?
Hetele atana otoe i hetea?	Hele ana oe i hea?

He mea hoomanao mau keia olelo kake iau no ka olelo mau o koʻu makuakane i ka olelo kake i kana mau moopuna. O keia no kana olelo punahele i olelo ai i na moopuna, "E pepete, mamatate otoe e hetele i kaatai? Hetele kautua i kaatai e atautau tai" (Kaipo Kanahele, aohe makahiki). Mamuli hoi o kona walaau mau ana i na moopuna i keia olelo kake, ua paa maila iau keia ano kaila o ka olelo kake me ka *t*.

O ka lua o ka olelo kake aʻu i ao ai, o ia no ka olelo kake ma o ka hoohana ana i ka *u* a me ka *e*. No keia olelo kake, aole hiki ke komo mai o na hua leka piapa *a*, *i*, a me ka *o*. O ka mea nui e maopopo ai i ka manao nui o keia olelo kake, ka hoolohe ana i kona kani. Na ke kani o ka leo e hoike mai i ka manao o ka olelo kake. Ma ka hoomaka ana e lohe a ao mai i keia olelo kake, ano paakiki no ka hoomaopopo ana. Eia nae, ke hele a maa ka pepeiao i ka hoonohonoho ana i ka olelo kake i hoopuka ia a i ole ke kani paha o ka leo, hiki no ke maopopo i ka mea i olelo ia. O *u* me *e* wale no na hua leka piapa e pono ai ka olelo kake. O ka hoolohe ana i ke kani a me ka hoomaopopo ana i ka poaiapili o na mea i olelo ia kekahi mea e maopopo ai i ka olelo kake i hoopuka ia. Kakaikahi ka lohe ana i na opio i ka olelo i ka olelo kake mamuli paha o ka paakiki o ka hoomaopopo ana i ka olelo a me na mea i olelo ia. Ma kekahi ano, he paakiki no ka hoomaopopo ana i na ano olelo like ole i maa ole i ka pepeiao. Oi loa aku ina he olelo akahi no a lohe ia. O na keiki nae ma Niihau, ua aapo koke lakou i keia olelo kake mamuli wale no o ka hoolohe ana no i na makua i ka olelo kekahi i kekahi. I keia manawa, ua hiki no iau ke olelo i na olelo kake ekolu. Aole no ia he olelo maamau ma koʻu hale eia nae, i ka wa no e hiki mai ai ka hoopuka ana i ka olelo kake, ua hoopuka ia no. Aia no a upu mai kekahi manao a he manao paha e manao ole ia ai e hoike i kona manao i ka lehulehu, o ia no ka wa i puka ai keia olelo i ka waha o ka poe Niihau. Eia no kekahi olelo wehewehe no ka olelo kake me ka *u* a *e:*

Papa Kuhikuhi Helu 3.13 Ka Olelo Kake me ka *U* a me ka *E*

Ka Puana Maamau	*Ka Puana Niihau*
Aloha.	Ueluhe.
Pehea oe?	Puehue ue?
Maikai no.	Muetue nue.
O wai kou inoa?	Ue wue tueue uenue?
Hele ana oe i hea?	Hule une ue ue hue?
Hoi ana au i ka hale.	Hue une ue ute hule.
No wai keia papale?	Nue wue tueue puepule?
No tutu Enoka keia papale.	Nue tuetue Uenuke kueue puepule.

O kekahi olelo kake i lohe ia ma Niihau, o ke komo ana mai o ka hua leka "*g*" i loko o ka olelo kake. Eia nae, ua lohe ia no keia olelo kake a puni ka pae aina o Hawaii nei. Oiai, he olelo i laha i ka lehulehu a he mea ole hoi ko'u hoike ana aku i ka olelo kake no kona laha mai kahi pae a kahi pae. Ua hoike maila o Albert Schütz, kekahi polopela kalai olelo ma ke kulanui o Hawaii ma Manoa i kona manao no kekahi olelo i like paha kona ano me ka olelo kake i lohe ia ma Niihau. Olelo maila o Shütz (1994), na Don Marin, kekahi kanaka Sepania, i olelo, i ka wa kahiko, ua loaa no he olelo haku wale, kohu like me ka olelo kake e lohe ia nei i loko o ka olelo Kanaka. Olelo hou maila o Schütz (1994), na Jacques Arago kekahi kanaka kakau mo'olelo Palani i olelo he olelo haku wale no ia ma waena o na kahuna no ka hunahuna ana i ka manao o ka mea i olelo ia.[14] He kakoo ka olelo a Adelbert von Chamisso laua o Arago i na manao a Schütz (1994) i hoike ai ma kana puke o *Voices of Eden* no ka olelo hunahuna a na kahuna o ka wa kahiko i wahi hoi e maopopo ole ai i kekahi kanaka ka manao nui o ka olelo a ke kahuna a me ke alii.[15] Ke kuhi nei au, he olelo kake no paha ia no ka hunahuna ana i ka manao nui o ka olelo a ke kanaka nana ia olelo e like me ka mea a Schütz i hoike maila. Wahi a ko'u makuahine, he olelo ia ma waena o na makua a me na kupuna. Ua pili paha ka manao o ka olelo hunahuna i ka Schütz (1994) i hoike maila he olelo i haku wale ia no ma waena o na kahuna a me ke alii i mea e hunahuna ai i ka manao nui o ka lakou olelo ma waena o lakou iho no.

Na Moolelo i Hai Waha ia

O na moolelo hai waha kekahi mea nana i hoola mau i ka olelo Kanaka o Niihau. He mana ka moolelo i hai waha ia e ka mea nana ia moolelo. Aole i hai ia ka moolelo i mea e hai wale aku no i kekahi moolelo. He mau moolelo no ia i pili i ka manao o ka moolelo o ia wahi, ka moolelo ponoi o ke kanaka, a i ole he moolelo kaulana paha ia no kekahi lahui. Aia ka mana o ka moolelo i ka moolelo. O ka manao nui o "moolelo" he moolelo ia i pili i kela me keia kanaka, na wahi pana, na mele, a me na hana i hana ia i loko o ke ola o ia lahui. Ma ka hai mau ana o ke kanaka i kona moolelo i ola ai kona moolelo i ka poe o ia wahi.[16] Ma Niihau, he nui no na moolelo i hai waha ia no kela me keia wahi: o ka moolelo pana aina, na moolelo hoomakeaka, a me na moolelo i hana io ia. O ka mea e maopopo ai he mau moolelo hoomakeaka no ia, ma ka lohe ana i ko lakou akaaka ana i ka wa i hai ia ai na moolelo. Na ke kanaka i paa na moolelo, nana no i hai i kela mau moolelo i loko o ka ohana. He hana kela i hana ia no ka hoomau ana i ko kakou loina moolelo i loko o na hanauna hou e nee nei.[17] O ko'u kupunakane, he kanaka kakela loa o ia i ka hai moolelo. Nana no i hai ia makou na moolelo kahiko, na moolelo hoomakeaka, a me na moolelo i hana io ia i loko o ke ola o ka poe noho ma Niihau.

Ma Niihau, ma na ahiahi Lapule a pau, o ia no ka wa hai moolelo i loko o koʻu ohana. Na koʻu kupunakane o Iakopa Kanahele i hai waha i na moolelo i paa naau ia ia. Aole nae au i niele aku ia ia mai hea mai la ka paa ana o na moolelo ana i hai waha ai ia makou. Ia ia hoi i hai waha ai i na moolelo, hoolohe akula makou na moopuna a me na makua i na moolelo ana i hai ai. Aole ma koʻu hale wale no i hai waha ia ai na moolelo i ke ahiahi Lapule, aia no he mau kupuna hou aku i hai waha i ko lakou moolelo i ke ahiahi Lapule. Malia no ka hiki ole paha ke hana ia kekahi hana ma ka Lapule, ua hoolilo ia ka Lapule i la e hai moolelo ai i ko lakou ohana. O kekahi, ua ano hahai lakou i ka olelo i wanana ia mai ka *Baibala Hemolele mai* (1994):

> E hoomanao i ka la Sabati, a e hoano ia. I na la eono e hana'i oe i kau hana a pau; Aka, o ka hiku o ka la, he la Sabati ia no Iehova no kou Akua, aole loa oe e hana ia la, aole oe, aole hoi kau keikikane, aole hoi kau kaikamahine, aole hoi kau kauwakane, aole hoi kau kauwawahine, aole hoi kou holoholona, aole hoi kou kanaka e ma kou mau ipuka. (*Baibala Hemolele,* Pukaana 20:8–10, p. 97)

O kekahi mea hoi i okoa ai ka noho ana ma Niihau, ka hahai ana o ka poe Niihau i keia kanawai i hoike ia ma ka *Baibala Hemolele* ma ka hana ole ana i kekahi hana maamau o keia ola honua ana ma ka Lapule, e laa hoi o ka holoi lole oe, ke kope opala oe, ka holoholo kahakai oe, ka lawaia oe, ka auau kai oe, ka ohi pupu oe, ka hana pupu oe, ka hoomaemae hale oe, a o ia mau ano. O ka hana wale no i hana ia ma ka Lapule, ka hele ana i ka pule a pau ka pule, hoi ka poe a pau i ko lakou hale ponoi. Ai i ka aina awakea a pau, a hoomaha wale no i ka la holookoa. Ke ala mai mai ka hoomaha ana, o ka hoomakaukau wale aku no i ka ai e ai ai no ka aina ahiahi a hoonanea wale no me ka ohana a laila, hoi e hiamoe. Ma koʻu hale, aole hiki ia makou na keiki ke hana i kekahi hana. Aole hiki ke hele komo kauhale a i ole hele paha i kekahi hale e kipa ai i ka ohana. O ka noho wale no ma ka hale me na makua a me na kupuna. Mahalo au i ka malama ana o ka poe Niihau i ka lula e like loa me ka olelo i palapala ia ma ka *Baibala Hemolele* no ka mea, ina no paha aole makou i hahai i ia olelo ao, aole no paha i paa naau na moolelo a na kupuna i hai waha ai i mua o makou. Ua lilo paha ia la i la e hele ai i kahi e a aole paa na moolelo kamahao o ko kakou mau kupuna. Malia, ai no paha kekahi poe i malama ole i ia lula i papa ia ka hana ole ana i kekahi hana ma ka Lapule. Ua ike maka ia no kekahi poe i haalele ia Niihau a i ke kipa hou ana ia Niihau, ua poina ihola i keia mau lula no ka Lapule. Mamuli wale no o ka hele ana i kahakai i ka ohi pupu i na la apau a komo pu i ka Lapule kekahi. I ka lohe ana i ka leo heahea o ka bele e kahea mai ana e hele i ka pule, ua puiwa ihola, he

Lapule no ka ia. O ka Lapule, o ia no ka'u la punahele loa no ka mea aole pono e hana i kekahi hana. O ka hana wale no ia o ia la, he hiamoe a i ole he hoonanea me ka ohana a po ka la.

> Walaau no oia ia katou i ta moolelo. Te ninau oe ia ia i ta ninau, hoite mai no oia. Ahe oia noonoo aku e ahe hiti te hoite mai ia oe. Hoite oia ia oe. Papa, o te ahiahi Lapule, he ahiahi hai moolelo tela nona. Walaau oia ia matou i ta moolelo pili i to lakou noho ana i to lakou wa opiopio a nui lakou. A like me tela poe moolelo tupua o Niihau, loa tela ano moolelo. Walaau oia ia matou i na ahiahi Lapule a pau. (Elama Kanahele, 2007 p. 31)

O kekahi mea hoi a'u i hoomanao mau ai ka hana a ko'u kupunakane, kona hai mau ana i ka moolelo hoomakeaka i hana io ia ma Niihau. Eia ae no kekahi moolelo i hai waha ia no kekahi kupa o Niihau. O ka mea hoihoi a akaaka hoi i kona wa i hai ai i ka moolelo, ke kani o kona leo a me ke ke o kona waha i ka akaaka i kona wa e hai a ii ka moolelo. Hoao ana o ia e hoopilipili i ke kani o ka leo o ka mea nana i hai i ka moolelo. Oiai, he moolelo i hana io ia a lilo akula ia moolelo i moolelo e hoohenehene ai i ke kanaka nona ka moolelo. I ka lohe ana o ko'u pepeiao i keia kani ano e, pii maila ka hoihoi i loko o'u e hoolohe i ka moolelo e hai ia nei. Ma ka hoopilipili ana e like me kana i hai ai, ua lilo akula ia hana i mea e hoakaaka ai i na keiki. Ma ia hana i ola pu ai ka olelo Kanaka i loko o na keiki no ka hoopilipili ana i ka olelo a ke kupuna i hai waha ai. O ka mea oi loa aku ma ka hoolohe ana i ka moolelo, ke hai ia ka inoa o ke kanaka nona ia moolelo. Ke ike maka aku makou i ua kanaka ala, hoi hou akula ka noonoo i ka moolelo i hai waha ia e ke kupuna.

Eia kekahi, o ka mea wale no nana i hoohoihoi ma ka hoolohe ana i ka moolelo a na kupuna i hai ai, no ke kani o ko lakou leo. I kekahi manawa, hookiekie aela lakou i ke kani o ka leo a kohu leo wahine ke lohe aku. Oiai, he kane ka mea nana i hai i ka moolelo, me he mea la, o ke kani o ka leo kohu wahine ke lohe aku. Ma ia hai mau ana i ua moolelo hoomakeaka ala, ola pu ka olelo Kanaka kekahi no ka hoopilipili o na keiki i ka mea i hai waha ia ma ka moolelo e like me ka mea i hoopuka ia e ke kupuna. I keia manawa, ike ihola au i ka waiwai o ka hoola olelo ma o ka olelo nane, ka olelo noeau, ka olelo kake, a me na moolelo a ko kakou mau kupuna i hai waha ai.

Ka Walaau Ana ma waena o na Makua a me na Keiki

O ka walaau ana ma waena o na makua a me na keiki kekahi mea i ola mau ai ka olelo Kanaka i loko o na keiki. Ma Niihau, aohe poe namu haole. He poe olelo

Kanaka wale no. O kekahi mea a'u i ike maka ai, okoa ke kulana o ka olelo ma waena o na keiki a okoa hoi ke kulana olelo ma waena o na makua. O ka olelo keiki, he olelo keiki no ia. Oiai, he olelo keiki no ia, aka ke nui ae oia, okoa pu kana olelo kekahi. Ua pii pu ae ke kulana o kana olelo e like me kona pae. Hoomanao ihola au i kekahi kaikamahine hanauna i hanai ia e o'u mau makua. He hookahi wale no ona makahiki i ia wa. I na wa a pau a makou e himeni ai i loko o ka ohana haipule, himeni pu oia me makou. O kana hana, nana oia i ko makou waha a hoomaka oia e hoopilipili, a o ka leo a me ka olelo i puka aku i kona waha, he olelo pepe no kai lohe ia. O ka makou hana hoi, ka hoomau ana i ka himeni i mua ona i wahi nona e ao aku ai i na hua olelo o ka himeni haipule i himeni ia. O kekahi mea nui hoi i loko o keia hana hoopilipili olelo, me ia wale iho no oia i himeni ai a hiki i ka paa ana o na hua olelo o na himeni haipule i himeni ia no ka ohana haipule. I ko'u kipa hou ana i ko'u ohana ma Kauai, he elima ona makahiki a ua paa naau no ia ia kela mau himeni haipule. Ua lohe akula au ia ia i ka himeni i kekahi mau mele haipule i paa naau ole iau. I wahi hoi e paa ai keia mau himeni haipule hou iau, ua koi akula au ia ia e himeni hou i mua o'u i wahi hoi no'u e hoopaanaau ai i kela mau himeni haipule hou. Ua ike maka no hoi au i ka hana a kekahi o ka'u keikikane hanauna. I kona wa pepe, ua himeni aku au ia ia i na himeni haipule like ole. I ko'u wa i himeni ai ia ia, ua kau maila oia i kona poo ma ko'u umauma a hoolohe i ka himeni o "Maikai ke Akua." I ko'u kipa hou ana ia lakou i Kauai, he elua wale no ona makahiki i kela wa a ua lohe akula au ia ia i ka himeni i ko makou wa i pule ai i ka ohana haipule. Ua paa naau kela mau himeni ia ia. Hoomanao akula au i ko'u himeni ana ia ia i kona wa he pepe wale no. I keia mau la ua paa naau ia ia na himeni haipule i himeni ia ma ka olelo Kanaka. Eia ae no kekahi mau olelo pepe i olelo ia ma waena o ka makua a me ka pepe:

Papa Kuhikuhi Helu 3.14 Ka Olelo Makua a me ka Olelo Pepe

Ka olelo Makua	*Ka olelo Pepe*
Makemake oe e mimi?	Tutu, mimi, mimi!
Ono oe i ta waiu?	Nene!
Hoi oe e hiamoe.	Momoe pepe.
E hele oe me mama.	Mama.
Hele mai, hele mai.	Mai, mai.
Ono oe i ta poi?	Poi, poi!

Ma ka nana ana i na olelo makua a olelo keiki, he lohe ia no na keiki i ka hoopuka i ka olelo pepe penei. O ka'u moopuna kekahi i hoopuka i keia ano olelo pepe. "Tutu, mimi." Hoopuka maila oia i ka hua olelo o "wai," o "bai." O ka olelo hoi aʻu i hoopololei aku ai ia ia, "wai, pepe! aale, bai." Aole i hoopuka ia ka olelo pepe e like me kana i hoopuka ai. Ma laila no i lohe ia ai ka leo uwa, ka leo nuku, ka leo aa, ka leo kena a me ka leo hookikina o ka makua i ke keiki i ka wa i hiki ai i ke keiki ke olelo pu me ka makua. O kahi mea e ike ai i ke ano o ka olelo ao a ka makua i ke keiki ma ke kani o ka leo. Ina pii mai ke kani o ka leo a kiekie a me ka wawa pu, he hoailona kela e hoike ai i ke keiki, ua pii maila ka nalu i loko o ka makua no ka hoolohe ole i ke kauoha a ka makua i loko o ka leo hookahi. Ina malie mai a nahenahe hoi ka leo ke lohe aku, he leo oluolu no ia. Pela e ike ia ai ka oluolu a me ke aloha o ka olelo Kanaka ma ka walaau ana o ka makua i na keiki. He mea hoihoi keia hana no ka mea, oiai aole no loaa koʻu mau kupuna ma anei i keia wa, eia nae, o ke kani o ko lakou leo, oia mau paa no i koʻu pepeiao a hoomanao ia no ma ka papa o ka naau me he mea la, aia no na kupuna ke ola mau nei me aʻu i keia manawa. He mahalo palena ole koʻu i na kupuna a me na makua ka poe i ao mai iau i keia mau ike a pau. Ma ko lakou leo ao i maopopo ai iau ka hana pono a me ka pono ole i loko o ka lakou hanai ana iau. Pela no au e ao nei i keia leo ao hookahi o na kupuna a makua i kaʻu mau keiki a me na moopuna pu kekahi. Ina ku mai no ka wa e wawa ai ka leo, he leo wawa no ka mea i lohe ia. Ina hiki mai no ka wa e malie ai ka leo, he leo malie no ka mea i lohe ia.

Ka Hanai Ana ia ma ka Olelo Kanaka

O ka hanai ana ia ma ka olelo Kanaka kekahi kumu i ola mau ai ka olelo Kanaka o Niihau. Ma Niihau, o ka olelo wale no ia i puka mai ka waha mai o na kanaka a pau. Na kupuna, na makua, na opio, a me na keiki i kela me keia la. O ka hui walaau ana kekahi me kekahi ma ka hale, ma ke kula, ma ka hana, ma ka hale pule, ma kahakai, ma ka paina ohana, ma ka olelo Kanaka wale no. O kekahi ma ka hui walaau ana o ke kaiaulu ma ka paina, he hana punahele loa kela na ka poe Niihau. He mea ike maka mau ia keia ano hui walaau ana o kekahi i kekahi ma ka hui pu ana o lakou e hoomakaukau i ka mea ai no ka paina. Ke lohe ia e hana paina ana kekahi ohana, ua hele aku no ka poe Niihau a pau e kokua i ka ohana na lakou ka paina no ka hoomakaukau ana i ka mea ai. I kekahi manawa, ma laila no i hoala hou ia ai na moolelo i lohe ole ia e kala loa a lilo ihola ia moolelo i mea e hoakaaka ai i ka poe.

O ka noho pu ana me ka ohana kekahi mea i ola ai ka olelo Kanaka. O kekahi, ma ka launa pu ana o kahi ohana i kahi ohana, o ka olelo wale no ia i hoopuka ia i ka waha. O kekahi mea i lohe nui ia i loko o ka launa ohana ana, o ke kuka kamailio ana no na hana i hana ia i loko o ka ohana, a i ole ia no kekahi hana paha i manao ia no ke kokua ana i ka ohana holo okoa. Ua lohe ia no na moolelo hoomakeaka a kekahi ohana, a i ole ia he moolelo ano hoohenehene paha kona ano. I ka wa a na makua a me na kupuna i hui pu ai, lohe ia no ko lakou hai ana i kekahi o keia mau moolelo hoomakeaka.

Ka Lawe Hanai Ana i ke Keiki

O kekahi mea i ola ai ka olelo Kanaka i loko o ke ola o ke keiki, ka hanai ana ia e na kupuna me he keiki ponoi la nana.[18] O ka manao hoi o keia ano hanai ana, na kekahi kanaka i loko o ka ohana i hanai i ke keiki a lilo ia keiki i keiki ponoi nana. He okoa ka manao o ka hanai ana i keiki a me ka malama ana i ke keiki, e laa hoi me ka lawe ana i ke keiki ma ke ano he keiki hanai, ka hanai ana i ke keiki i ka ai, ka hanai ana i ke keiki ma ke ano he malama keiki, ka hanai ana i ka keiki i ka waiu a oia mau ano. Hoike maila o Pukui (1986) i kona mau manao no "hanai."[19] O kekahi manao o "hanai," ka lawe ana i ke keiki a hanai ma ke ano e lilo ia keiki i keiki ponoi na ka mea hanai keiki.[20] Na ke kahu e hanai a ao aku i ua keiki ala i ka olelo, a me ka loina Hawaii kekahi. He mea maamau keia ano hanai keiki ana i ka poe Niihau. O ka mea i maopopo iau, he elua ano hanai keiki ana. O ka mua, kapa ia keia ano hanai keiki ana, o "lawe hanai." O kekahi mea i ike ia i loko o keia ano lawe hanai ana i ke keiki, he malama wale no ke kahu i ke keiki a nui. Ina koho aku ke keiki e hoi i kona mau makua ponoi, he hiki no ia ia ke hoi hou me na makua luaui e noho ai. E like hoi me ko'u kaikunane hanau hope. I ka hanau ana mai o ko'u makuahine ia ia, ua lawe hanai ia oia e ko'u anakala a me kana wahine me he keiki hanai oia na laua ponoi no ka hanau keiki ole o kana wahine. O ka mea ano e hoi o ka laua hanai ana i ko'u kaikunane, aole laua i hoololi i kona inoa ohana o "Kanahele" a i ka inoa ohana o ko'u anakala, o "Kaohelaulii." Me he mea la, no ka hanai wale no ia ia a ke nui ae no oia a makemake e hoi me makou, ua hiki no. I kona wa i lilo ai i kanaka makua, aole no oia i haalele i kona mau makua hanai a hiki i keia la.

Eia kekahi mea kupaianaha o ia hana he hanai keiki, i ko laua lawe hanai ana i ko'u kaikunane i hoopomaikai ai ke Akua ia laua me ka laua mau keiki ponoi, he elua kaikamahine. Wahi a ka lohe i na moolelo i hai waha ia e na kupuna o Niihau, ina aole hiki i kekahi wahine ke hanau keiki, o ka lawe hanai ana i kekahi keiki ke ki e loaa mai ai kana keiki ponoi. Ua ike maka ia no keia hana ma Niihau. Nui ka poe i hiki ole ke hanau keiki. I ka hanai ana i kekahi keiki i loko o ka ohana, o ka loaa koke maila no ia o kana keiki ponoi. Malia ua ike maila no ke Akua i ko laua nele i hoopomaikai ia ai laua. Ua pili paha keia i ka hana a ko'u anakala a me ko'u anake i ko laua lawe hanai ana i ko'u kaikunane. Ma hope o ka lawe hanai ana ia ia, ua loaa maila ka laua mau keiki ponoi mai ko laua puhaka mai no. O kekahi mea waiwai hoi o ko laua hanai ana ia ia, ke ao ana o ko'u anakala ia ia i ka hana no ka laau lapaau ia ia. I koʻu noi ana ia ia e hoike mai i keia hana, ua paa no keia ike ma ka papa o ka naau o koʻu kaikunane. He ike no ia mai koʻu kupunakane mai a na koʻu anakala no i ao hou aku i ia ike o koʻu kupunakane i koʻu kaikunane, kana keiki hanai. A ma ka olelo Kanaka no oia i ao aku ai ia ia i na ike waiwai no ka laau lapaau Niihau.

Eia kekahi, hoike hou maila o Pukui i kona manao no ka lawe hanai ana i ke keiki. Wahi ana, ua lawe hanai ia o Mary Abigail Kawenaulaokalaniahiiakaikapolio pelekawahineaihonuainaleilehuaapele Wiggin e kona kupunahine nona ka inoa o Mary Paahana Kanakaole. No Kau, Hawaii mai oia, a ua like ke ano o kona lawe hanai ana ia me ka hanai keiki ana a ka poe Niihau. O ke kumu i hanai ia ai na keiki e na kupuna no ke ao ana aku i kona ike kupuna i ka moopuna.[21] Mamuli hoi o ko Mary Kawena Pukui pili i kona kupunahine, ua ili maila ka ike o ka olelo Kanaka, ka loina, ka hoomana, a me na moolelo ohana o kona mau kupuna ma luna ona.[22] He mea laha ole ka ike o ko kakou mau kupuna. Ke ao ia kakou i ko lakou ike, na kakou no e hoomau aku i ko lakou ike i na hanauna hou. E like akula me koʻu kupunakane, i kona haalele ana i ke ao ia Kaloa ma, na koʻu ohana no e hoomau nei i ka hana o ka laau lapaau Niihau. He mea waiwai hoi ka hoomau ana o kana mau pua i kona ike i loko o na hanauna hou e nee nei. Ma laila wale no e ola ai ka ike o na kupuna.

Ka Hoohiki ana i ke Keiki

O kekahi ano hanai ana i ke keiki, ka hoohiki ana i ke keiki a hoololi ia ka inoa ohana o ke keiki a holo ma lalo o ka inoa kupuna ka mea nana e hanai i ke keiki. O keia ano hanai ana, ua kapa ia he hoohiki. Oiai, nui na manao no keia hua olelo o "hoohiki" a o kekahi manao nui i lohe ia mai ka waha mai o na kupuna, ka hoohiki ana i kekahi olelo i mua o kekahi kanaka. Ua lohe au i ka olelo mau o koʻu kupuna i keia hua olelo i ko makou wa ohana haipule. Olelo oia, ina e noi ana oe i kekahi mea i ke Akua, pono e hoohiki aku i mua ona e like me ka mea i hoohihi ia. Aole hoi o ka hoopuka wale aku no i kekahi olelo a aole malama a i ole hooko ia ka mea i olelo ia. O kekahi manao hoi o "hoohiki," ka hele kino ana i mua o ka luna kanawai me ka olelo hoohiki pu i ka hanai ana i ke keiki.[23] He olelo ia ma waena o na makua hanai keiki a me ka luna kanawai. Pela no hoi ka hana a koʻu mau kupuna i ko laua wa i hoohiki ai i koʻu kaikuaana a holo oia ma lalo o ka inoa ohana o koʻu kupunakane, o Kaohelaulii, i ka makahiki 1957. O koʻu kaikunane kekahi keiki i hoohiki ia e laua nei i ka makahiki 1966. Ua hanai ia no laua mai ko laua wa pepe mai a hiki i ka haalele ana o koʻu mau kupuna i keia ola honua ana. O kekahi mea e ike ia ai ko laua hanai ana ia e koʻu mau kupuna ka loli ana o ko laua inoa i hoopaa ia ma ka mookuauhau ohana. Ua holo no laua elua ma lalo o ka inoa ohana o koʻu mau kupuna, o "Kaohelaulii," aole o "Kanahele." O "Kanahele" ko laua inoa ohana no ka mea oia no ka inoa ohana o koʻu makuakane. A ma ka holo ana ma lalo o "Kaohelaulii" o ko laua inoa hanai a he inoa paa ia no laua a hiki i keia manawa.

Ka Olelo o Waho

O ka olelo Kanaka nae o ka poe o waho i kipa ia Niihau, ua olelo ia no e like me ka olelo i paa i kona waha. O ka maka mua loa o koʻu lohe ana i ka olelo Kanaka a ka poe o waho nei i ka wa a Mama Ella Wise Harrison i kipa ai ia Niihau. Oiai, he kahuna pule oia no ka halepule o "Ka Makua Mau Loa," ua paa no ka olelo Kanaka i kona waha. I kona kamailio ana me ka poe Niihau, ma ka olelo Kanaka wale no. Ina aole i maopopo ia ia ka olelo i hoopuka ia aku i mua ona, na kekahi o ka poe Niihau i wehewehe aku i ka manao ia ia. O ka mea aʻu i ike ai, na Jean Keale i unuhi i ka olelo i paa ole ia ia. O Jean Keale kekahi kumu kula no ke kula Niihau. Eia ae kekahi olelo a ke kupa o Niihau ma kona kamailio ana me Ella Wise, "O wau walaau pololei no au e like me taʻu olelo ana. Te ahe mapopo ia ia taʻu mea i olelo ai, na ketahi poe i unuhi aku nana" (Mililani Kanahele, Iulai 6, 2010). Aole o Mama Ella Wise wale no ke kanaka o waho i kipa ia Niihau. O Anake Genoa Keawe, o Anake Malia Craver, o George Huddy, o Kaleilehua Lindsey a o Tutu Amelia Wainee na kanaka i kipa ia Niihau. O Anake Malia Craver, laua o Kaleilehua Lindsey, ua paa no ka olelo Kanaka i ko laua waha. A pela pu no me Tutu Amelia Wainee. No Niihau mai no ko Tutu Amelia Wainee kupunahine a o ka olelo Kanaka no kana olelo mua. I kona kipa ana ia Niihau, ua noho oia ma laila no mau mahina. A o wau no ka mea nana i lawe ia ia i kahi ana i makemake ai. Ka hele ana i kahakai i ka ohi pupu, ka huki limu, ke kui opihi a o ia mau ano. Hoomanao ihola au i ko maua hele ana i kahakai o Pukaiki i ka ohi pupu. Olelo oia i koʻu makuahine, "E pepe, e lawe aku au i kahi moo i kahakai i ka ohi pupu! Ke pau no ka maua ohi pupu ana, hoi mai no maua i kauhale nei."[24] (Amelia Wainee, aohe makahiki). Ia maua hoi o ka haalele ana i ka hale, ninau maila oia iau penei, "I hea ana kaua e pepe?" Pane akula au ia ia, "I Putaiti ae no!" O Pukaiki, kokote oia i koʻu hale. Aia no ma ka hapa mile ka mamao o Pukaiki mai koʻu hale aku. I ko maua hoea ana i ke kahakai o Pukaiki, ninau hou maila oia iau, "Pepe, ma hea ka pupu?" Pane akula au ia ia, "Nana pono ma ke one! E nana ma kahi o ka ae ili a ma laila e loaa ai na pupu." Olelo hou maila oia penei, "No ka hapa ike no paha o mama a aohe ike pono i ka pupu." Manao au, o ka poe malihini, manao lakou aia na pupu e waiho kahelahela wale ana ma ke one. O ka hana wale no ke hiki aku i kahakai, hao i na pupu ma ke one me ka lima. Aole no lakou e ike i ka nui o ka hana ma ka ohi ana i na pupu. Naʻu no i imi pololei aku i na pupu ma ke one a hoike aku ia ia. O kekahi, ina aole maa ka maka i ka nana ana i na pupu ma ke one, aole no e loaa ana ka pupu. Ia maua hoi e kolekole ana i kahakai, ma ka olelo Kanaka no maua i kolekole ai. Eia kekahi mea a'u i ike maka ai, ina walaau pu na haumana a i ole na kumu olelo Kanaka me ka poe Niihau, ua maopopo ia kekahi olelo a maopopo ole ia kekahi o na olelo i hoopuka ia. O ka poe wale no i hele a maa i ka olelo Niihau, o lakou kai maopopo. O ka olelo Niihau, hiki no ke hele a huikau ka pepeiao no ka wikiwiki o ka olelo.

O Kupuna Josephine Kaleilehua Lindsey kekahi wahine i kipa ia Niihau. O Kupuna Lindsey nae ka inoa i kapa ia aku ia ia. O ka inoa i paa iau, o Mama Lindsey a paa e ka olelo Kanaka i kona waha. O kana olelo ana, ua like no me ka poe o waho nei ma ke *k* wale no. O ka mea a'u i hoomanao ai i kana olelo Kanaka, like no me ka poe o ka wa kahiko a aohe hemahema o kona waha i ka olelo Kanaka. O kekahi, hiki no ke ike, he wahine olelo Kanaka no oia mamuli o ka wali o ka olelo Kanaka i kona waha. O kahi mea a'u i hoomanao ai ia Kupuna Lindsey, kona hoohana ana i na hua olelo i lohe pinepine ole ia e makou ma ka walaau ana. O ka hapanui o kana walaau ana, walaau o ia e pili ana i ka olelo a ke Akua o ka lani mai ka *Baibala Hemolele* mai. I kekahi manawa, hoolohe akula wau ia ia i ka walaau mai a hiamoe ihola au i ka loihi o kana olelo Kanaka me ka hoomaha ole o kona waha. I ka puiwa ana mai a ala hou mai ka hiamoe mai, mau no kona walaau ana iau. Me he mea la, aole o ia i ike ua hiamoe keia a ala hou mai. O kekahi, aole moloa kona waha i ka olelo Kanaka. No'u iho, he mea minamina ka lohe hou ole ana i kekahi leo kupuna olelo Kanaka o waho nei i keia mau la e like akula me ia nei. O na kupuna o waho nei a'u i launa pu ai, aole no i pili aku ke kiekie o ka lakou olelo kanaka e like me Kupuna Lindsey. Aole lakou i hoohana i na hua olelo i kuonoono ka manao i loko o ka walaau ana. I ko'u walaau ana me lakou, ua hiki no iau ke ike i na mea a pau a lakou i walaau ai. O Kupuna Lindsey, ua okoa loa ke kulana a me kana olelo ana. I kona hala ana i ke ala hoi ole mai, aole no au i launa hou me kekahi kupuna o waho nei i like ka olelo ana me Kupuna Lindsey.

Ka Olelo Hookuu

I loko o keia mau ike a pau i hoike ia ae nei i loko o keia mokuna, he mau manao waiwai no ia e hoike aku ai i ke kumu i ola mau ai ka olelo Kanaka o Niihau. O ke kumu i ola mau ai ka olelo ma Niihau, no ka paipai ia o ka poe Niihau e Sinclair ma e hoomau i ka lakou olelo kanaka e like me ka maamau. O kekahi mea i ola ai ka olelo Kanaka o Niihau, no ka malama ia o ka olelo ma na ano hana like ole i loko o ka nohona Niihau. Ma ka aina, ka hale, ke kula, ka pule, ka hana haipule, na moolelo, na olelo nane, na olelo noeau, ka olelo kake, na olelo paani, na paani, na hana noeau, ka hana a na kane, ka hana a na wahine, a me ka hana a ka ohana. O keia mau hana a pau, oia no na ike i ao ia ai au mai ko'u wa kamalii a hiki i keia manawa. Aole no i haalele ia ke ao a ko'u mau kupuna a me na makua. No'u iho, he mahalo palena ole ko'u i ka hanau a hanai ana ia ma Niihau no ka hanai ia i ka olelo Kanaka i loko o ko'u ola a hiki i keia la. Hiki no ke ike ia o ka'u olelo ponoi no ia no ka wali o ka olelo i ko'u lehelehe. I ko waho nei poe hoi e hoonioni nui ana i ka hoola olelo Kanaka, ua ola mau no ka olelo Kanaka o Niihau. Ma laila no i ao ia ai au i ka olelo Kanaka. O na kumu olelo Kanaka, na opio, na haumana, e noke nei i ke ao i ka olelo Kanaka a kapa ia ao hou ana mai i ka olelo Kanaka he hoola olelo, ua ao ia no mai ka poe i ao i keia olelo mai ke kulanui mai ma ke ano he olelo elua ia na lakou. He mea nui hoi ka hoola hou ana i ka kakou olelo ponoi no ka mea, oia no ka ha o ko kakou mau kupuna i ha mai i loko o kakou. Mamuli hoi o ko lakou ha i ola ai ka olelo Kanaka i loko o kakou, pela no i ola mau ai a hiki i keia la. Na kakou e hoomau aku i ia ha hookahi i loko o na hanauna hou e nee nei. Na na hanauna hou e hoomau aku i loko o ko lakou hanauna hou a me na hanauna e hiki mai ana. Me ia mau manao hoi au e mahalo aku nei i na kupuna, na makua, a me na opio o Niihau e hoomau nei i ka olelo Kanaka a me ka loina Niihau a e hoomau aku i ka olelo i pua ia i ko lakou waha i keia mua aku. Pela no e ola mau ai ka olelo Kanaka o Niihau no na kau a kau.

MOKUNA EHA

Ke Ko Eli Lima o Halalii

O ka olelo noeau i koho ia no keia mahele o ka moolelo, o "Ke ko eli lima o Halalii," no ka hoohana nui ia o ke ko i laau lapaau e lapaau ai i ka mai. He nui na wahi i lohe ia ai keia olelo noeau. Ua lohe ia no hoi mai ka waha mai o ko'u mau kupuna no ke kii ia o ke ko i ko e hana ai i ka laau lapaau apu hala. O na manao i hoike ia mai ka puke o Niihau: *The Traditions of an Hawaiian Island* a Revioterai Tava laua o Moses K. Keale (1989) i kakau ai, olelo ia he mele keia i haku ia no ka moi wahine o Kapiolani i kona wa i huakai ai i Niihau. A he mau wahi pana aina maoli no ia ma Niihau no lakou keia mau manao i hoike ia ma keia mele o Kapiolani. Wahi a na kupa o Niihau, ua kanu ia ke ko ma ka palilea o Halalii mamuli o ka wai puna i loaa ma laila. No ka loaa o ke ko i ka wai puna o Halalii, ua ulu ke ko a laha ma ka palilea o Halalii. I ka pa ana mai o ka makani ikaika ma ka pue one o Halalii, ua uhi ia na kumu ko a paa e ke one. He pue one kiekie no ko Halalii. I ka wa a ka poe Niihau i kii ai i ke ko no ka laau lapaau, ua imi lakou a loaa ka maka o ke ko a eli lima ma ka hahai ana i ke ka a hiki i ka mole o ke ko a huki i ke kumu ko holookoa. A oia ke kumu i kapa ia ai o ua wahi ko ala, "Ke ko eli lima o Halalii." Ua hoohana ia ke ko no ka apu hala i mea e hooikaika a hoopau ai i ka puaniani o ka wahine hanau keiki.[1]

Hoike pu maila o Juliet Wichman laua o Harold St. John (1990, 64) ma ka laua puke i kakau ai o *A Chronicle and Flora of Niihau* i na mea kanu like ole i ulu ma Niihau. O ka mea kupaianaha hoi a'u i ike ai i loko o ka laua nei puke, ke kii o ko'u kupunakane kuakahi nona ka inoa o Kalanipio Niau. I ko'u hoike ana aku i keia kii o ko'u kupunakane kuakahi i ko'u makuahine, ua hai maila oia i ka moolelo, na ko'u kupunakane i lawe kino ia Harold St. John ma na mea kakau i nei moolelo i ko laua kipa a makaikai ana ia Niihau no ka nana ana i na mea kanu like ole i ulu ma Niihau i ka makahiki 1947. Hai pu maila ko'u makuahine i ka moolelo no ka hoki keokeo o ko'u kupunakane kuakahi. Ma ke kii i pai ia i loko o keia puke, aia no ko'u kupunakane kuakahi me kona hoki keokeo. Malia o kana alakai ana no ia iau i loko o keia imi ana i na ike kupuna o Niihau, no kona pili i keia hana he makaikai mea kanu i kona wa e ola ana.

Nana no i hoike aku ia St. John i kahi i ulu ai o ke "Ko Eli Lima o Halalii." A nana no i kuhi aku ia St John kahi i ulu ai o ka "Ka Ulu Hua i ka Hapapa" kekahi. Ma laila no i lohe ai laua i ka moolelo a Mary Kawena Pukui i hoike ai i ka olelo halia a kona kupunahine o Poai no "Ke Ko Eli Lima o Halalii" ma kona huakai ana i Niihau me ka moi wahine o Emma i ka makahiki 1860. Wahi a ka olelo a Pukui i hoike ai ma ka olelo halia a kona kupunahine, he ulu palaha keia ko a kokoke no i kai. I ka pa ana mai o ka makani ma ka pueone, ua uhi ia ke ko a nalowale ma lalo o ke one a o ka maka a me ka lau wale no kai puka ma luna o ke one. I ka wa a ka poe Niihau i makemake ai i ke ko no ka laau lapaau, ua hele aku lakou i Halalii a imi a loaa ka maka o ke ko a ma laila no lakou i eli lima ai a loaa ke kumu ko mai loko mai o ka pue one.[2] Hoihoi keia olelo a Pukui i hoike ai no ka mea oia moolelo hookahi no ia a'u i lohe ai mai ko'u mau kupuna mai. He mau kupuna hana laau lakou a ma laila no i kii ia ai ke ko no ka hana ana i ka laau apu hala.

O keia ka Palilea o Halalii. Wahi a na kupuna, ma ka palilea no o Halalii i kanu ia ai kela mau kumu ko nona ka inoa o *Ke ko eli lima o Halalii.* Hoolako ia ke kii e www.niihauheritage.org, Niihau Cultural Heritage Foundation.

Kahuna Laau Lapaau

Oiai o ka laau lapaau ka moolelo e hoike ia nei ma keia mokuna, e wehewehe iki aku au i ka manao no ke kahuna laau lapaau. O ka mea i maopopo iau, o ke kahuna laau lapaau, oia ke kanaka nana i malama a lawelawe i ke kuleana no ka Oihana Laau Lapaau no kona ike i ka laau e lapaau ai i na ano mai like ole. Ma Niihau, o ke kahuna laau lapaau wale no a'u i maopopo ai, o ko'u kupunakane. Nana wale no i lawelawe i ka hana o ka laau lapaau no ka ohana. Ina mai kekahi kanaka i loko o ko'u ohana na ko'u kupunakane no i kii i ka laau e pono ai ka mai o ia kanaka a hoomakaukau i ka laau. Wahi a ko'u makuahine o Mililani Kanahele, na ko'u kupunahine kuakahi o Poipe Naapuwai Nuuhiwa Kaohelaulii i hoike mua i ka laau lapaau apu hala ma Niihau. I kona wa kamalii, na kona kupunawahine no i hoomakaukau i ka laau lapaau na lakou. Oia no ka wahine kahuna laau lapaau o Niihau i ia wa. Mai kona kupunawahine no i paa ai ia ike o ka laau lapaau i ko'u kupunakane nona ka inoa o Ernest Enoka Nohokula Kaohelaulii.

Eia hou, ua kuhi maila o Mary Kawena Pukui laua o Samuel Elbert (1986), ia "kahuna lapaau" aole o "kahuna laau lapaau" e like me ka'u i hoike ae nei ma luna

O Enoka Kaohelaulii keia, ko'u kupunakane. He kupa oia no Niihau, no Puuwai Niihau. Oia ke kahuna laau lapaau o Niihau nana i malama i ka hana o ka laau lapaau no ka ohana a me na wahine hanau keiki.

nei. Penei no ka laua olelo wehewehe no "kahuna laau lapaau." O "kahuna lapaau" pili i ka hana a ke kauka mai, a i ole he kauka lapaau ma kekahi olelo ana, a he kahuna hoola ma kekahi olelo ana. He aha la ka okoa o "kahuna lapaau," "kauka lapaau," a me "kahuna hoola?" I koʻu wahi manao, oia mea hookahi no me kahuna lapaau. O ke kahuna, oia ka mea nana e lapaau aku i ka mea mai ma o ka hoohana ana i ka laau Hawaii.[3]

Hoike hou maila o Pukui laua o Elbert, o "lapaau," oia ka mea nana i hoola i ka eha o ke kanaka, kahi hoi i lapaau ia ai kona eha. Ke pau ka eha i lapaau ia, pela ka mea mai e ike ai na ka laau i lapaau i ka eha. O kekahi, ma ka hanai ana i ke kanaka i ka laau i polapola ai ka mai. Oia paha ke kumu i kapa ia ai keia hana, he laau lapaau. Hoike hou maila o Pukui laua o Elbert (1986), o ka "laau lapaau," he laau ia no ka hoola ana i na mai. O kekahi mea hoi e hoike ai i ka hana a ke kahuna laau lapaau oia hoi, o "laau lapaau." He ninau nui paha ia i upu mai i ka manao o kekahi poe i maopopo ole i ka manao nui o keia olelo no laau lapaau, "He aha ia mea he laau lapaau?" O ka laau lapaau, he laau ia i hoohana ia mai ka mea kanu mai i laau e hoola ai i ka mai. I ka wa kahiko, ua hoohana ka poe Hawaii i ka laau lapaau i mea e hoola ai i ko lakou mau mai. No ka loaa ole o ka laau a na kauka e lapaau ai i ka mai o na kanaka, ua hoohana ia ka nahelehele i laau e lapaau ai i ko lakou mai.[4]

I koʻu wa kamalii e noho ana ma Niihau, o ka laau wale no ia a ka poe Niihau i hoohana ai no ka lapaau ana i ko lakou mai. He hana hoomanao mau keia iau i koʻu wa kamalii. Ina loaa ke ea o ka waha, ua kii koʻu kupunakane i ka hialoa a koekoe i ka lepo o ke aa a haawi ia makou e naunau i ke aa. Ina aole loaa ka hialoa i ulu kokoke ma waho o ka pa hale, ua kii aku oia i kekahi lau maia no ka loaa o ka maia ma ka mala o ka pa hale. Oki ia ka lau o ka maia a hookulu i ka wai o ka lau maia i loko o kekahi puna a hoohainu ia makou. I nana wale aku no i ka wai a me ke ala o ka wai maia, ua hoole mua no ka waha i ka inu no ka ike he muemue ka hopena. O ka ono o ka wai maia, muemue kona ano. Aohe ono. Eia nae, aole hiki ia makou ke alo ae i ka inu ole i ka laau. Ina hoole aku makou, o ka loaa maila no ia i ka nuku a onou ia maila ke puna i loko o ko makou waha. Ua inu aku no makou i ka laau lapaau i onou ia mai e na kupuna me ka hoomanawanui nae. I kekahi manawa, paakiki ka moni ana a he hooa wale no ka hana a pau ka laau i ka inu ia. He olelo ao keia iau i ka lohe ana i kekahi kupuna i ka hai waha i mua oʻu, ina hoole ka waha i ka inu i ka laau, aole hiki ke ola ka mai. Ina hanai na kupuna ia kakou i ka laau, e inu aku no me he mea la, he laau ono no ia. Eia nae, ma hope o ka inu ana i ka laau, ua ola no ke ea o ka waha. Meia aku meia aku, ua maopopo akula ia makou he ola no ka ko ka laau lapaau a na kupuna i haawi ai ia makou. Maopopo pu hoi ia makou, ina ike na kupuna he ola ia no makou, oia no ke kumu i hanai ia ai na keiki i ka laau. Ma hope mai, ke loaa hou ka waha i ke ea, na makou no i kii pololei aku i ka hialoa a i ole i ka lau maia e hoopau ai i ke ea o ka waha.

Na Laau Lapaau Niihau

He nui no na ano mea kanu o Niihau i hoohana ia i laau lapaau no na ano mai like ole. O ka mea hoi a'u i mahalo ai i ka hanai ana o ko'u kupunakane iau i ka laau lapaau Hawaii, ka ili ana mai o kela mau ike laau lapaau Hawaii ma luna o'u. I keia manawa, ua maopopo ihola iau ka laau e lapaau ai i na ano mai like ole. O ka mea maikai hoi ka ai ana i keia mau laau lapaau a na Hawaii i hoohana ai, aohe mea e kanalua ai. Aole like me na laau o waho nei. He nui na ano kemikala i hoohuihui ia i loko o ka huaale. O ka pilikia nae me kela mau huaale, ina hala kekahi mau la i inu ole ia ka laau, he pilikia okoa ko laila.

Ua ike maka hoi au i ko'u inu ana i ka laau a ke kauka i haawi ai iau no ka mai koko pii. I ko'u kipa ana i ke kauka no ka ike i ke kumu o ka panapana wikiwiki ana o ko'u puuwai, hai maila ke kauka iau, nui ko'u koko pii. Mamuli hoi o ko'u hilinai ole ana i ke kii wale aku i ka laau lapaau e ulu wale ana ma ka aoao o ke alanui, ua huli akula a kaukai i ka laau a na kauka o waho nei. O kekahi no ke komo ana mai o ka hopohopo i loko iho o'u mamuli o ko'u ike maka ana i ia pilikia hookahi me ko'u makuakane, ua hele akula au i ke kauka e ike ai i keia pilikia no ko'u puuwai. Pela au i ike ai, he mai koko pii ko'u. O ka mea wale no nana e hoemi i ko'u koko pii, ka inu ana i ka laau nona ka inoa haole o *atenolol*. O keia laau, he laau no ka hooemi ana i ke koko pii. Ua hoomaka aela au e inu i ka laau i haawi ia mai iau. O ka oiaio, ua ike ia no ka malie koke ana o ko'u puuwai ma ka inu ana i ka laau i haawi ia e ko waho nei kauka. O ko'u pilikia nae, no ka maa ole i ka inu laau i kela me keia la, poina ia ka inu ana i ka laau i kekahi manawa. Ma ka panapana wikiwiki hou ana mai o ka puuwai, hoi hou akula e inu i ka laau i mea e hoomalie ai i ka pana o ka puuwai.

O ke kumu wale no no ko'u hele ana i ke kauka no ka like o ka pilikia i loaa i ko'u makuakane. Noho ko'u mau makua ma Niihau, o ka hapa nui o ka manawa, aole no lakou makemake e hele i Kauai e ike i kekahi kauka lapaau no ka makau paha i ka olelo a ke kauka i ke ano o ka mai i loaa ia lakou. Ina no paha i hoomau ia ka inu ana i ka laau lapaau a na kupuna i inu ai, aole pono ka hele kino ana e ike i na kauka o waho. Oiai, ua maopopo no i ka laau lapaau e lapaau ai i ka mai koko pii, ka mai kopaa, ke ea o ka waha, aole no i kii aku a inu i ka laau i ka wa e liilii mai ana o ka pilikia. I ka lohe wale aku no i ka olelo a ke kauka o waho i hai ai iau, ua lele koke akula a inu i ka laau lapaau a na kauka i haawi ai.

He mau makahiki ko'u inu ana i ka laau koko pii i haawi ia e ke kauka, o kahi mea hoi i ike ia, ka laka ana o ko'u mau kuekue wawae a me na kuekue lima i ko'u ala ana i ke kakahiaka. Aole no i loaa mua iau keia ano pilikia ma mua. I ke ala ana i ke kakahiaka, ua laka ko'u mau manamana lima a aole hiki ke apo mai ko'u mau manamana lima a paa. Noonoo ana au, he aha la ke kumu i loaa ai keia ano pilikia me ko'u kuekue lima a me ka manamana lima. I ka ike ana o ko'u kaikuaana iau i ka inu i ka laau lapaau i haawi ia e ke kauka lapaau, ua ku maila kana ninau i mua o'u, "I me aha kena ano huaale au e inu nei?" Pane aku nei au ia ia, "He huaale no ta koto pii." I ia wa no oia i hai pololei ai iau, "Mataala mali oe i kena ano laau koto pii. Kahi poe hele a eha ka tui o ka lima a me ta wawae. O ka tumu, no kena ano laau." I ko'u lohe ana i kana olelo, ua puiwa ihola au no ka mea, ua ike ia no ka eha o ke kui o ka lima a me ko'u manamana lima kekahi. Ua hilinai au i kana i olelo ai no ka mea, hana pu oia me ka poe mai ma lalo o ka malu o ke Keena Hoola Kino. I ia wa iho no, hooholo akula au e haalele loa i ka inu ana i kela laau i koi ia e inu a nana ina ua pololei io ka olelo a ko'u kaikuaana i hai ai iau. I ko'u haalele ana i ka laau, ua ike koke akula au i ka maikai o ko'u kuekue lima a me ko'u mau manamanalima. O kekahi, aole no i loaa hou kela ano panapana wikiwiki ana o ka puuwai a hiki i keia manawa. O ka oiaio, he hiki no ke kapae ia ka inu ole ana i ka laau a na kauka i haawi ai ina oki ia ka ai ana i na mea ai paakai a me na mea ai kopaa. Ina e makaala kakou i ke ano o ka mea ai e ai ai, haalele keia mau pilikia ia kakou. Eia nae, aole no paha e paipai ana ke kauka ia kakou e hana pela. Ina hana kakou a pau i keia mau mea a'u i hoike aela, aole pono ko kakou hele ana i ke kauka. Na kakou e noonoo i ka mea e pono ai ko kakou ola. Ina hoomau aku kakou i ka ai i kela mau mea ai pono ole no ke ola kino, e ike ia ana ka hopena. O ko'u kupunakane nae, o ka laau nana i kokua ia ia no ke koko pii a me ka mai kopaa, ka noni. Nui keia mea kanu e ulu wale ana ma o a ma anei o ko kakou pae aina. O ka mea wale no e makaala ai, i kahi e kii ai i ka laau. He kiki ia na nahelehele o ka aoao o ke alanui i ka laau hoomake nahelehele. Ma lalo nei au e hoike aku ai i na inoa o na laau lapaau i hoohana ia ma Niihau.

O ka noni, ka hialoa (uhaloa), ke koali kuahiwi, ke koali kahakai, ke kaunaoa, ka hauowi, ka puakala, ka maia, ke kuawa, ka hala, ka niu, ka uala, ke ko, ka popolo, ke kukae puaa a he mau laau hou aku no i koe. O kela laau keia laau, okoa hoi kana hana. Aia no i ke ano o ka mai. O keia mau inoa i hoike ia ae nei ma luna nei, he mau mea kanu no i hoohana ia no ka laau lapaau ma Niihau. O ka laau lapaau i hoohana nui ia ma Niihau, ka hialoa, ka muo kuawa, ke koali o uka, ka puakala, ka hauowi, ka noni, ka maia, ka popolo, ke kaunaoa a me ke kukae puaa.

Apu Hala

O kekahi laau lapaau hoi i malama loa ia mai ke au mai o ko'u mau kupuna a hiki i keia wa, ka apu hala. O ka apu hala, ua hoohana wale ia no no na wahine hanau keiki. Ma hope o ka hanau ana mai o ka makuahine i kana pepe, ma hope o elua mau la i hala, hoomakaukau ia ka apu hala. Wahi a ko'u makuahine, o ke kumu i hoohainu ia ai ka makuahine hanau keiki i ka apu hala no ka hooikaika hou ana i ke kino puaniani o ka makuahine ma hope o ka hanau ana i ke keiki. Ma Niihau, ua hanau maoli na wahine hanau keiki i ka lakou mau pepe me ka ole o na laau e hoomaeele ai i ka ehaeha hanau keiki e like me waho nei. Eia ae no ka olelo a keia kupa o Niihau: "I ketahi manawa, te hanau ta mama i ta pepe, puaniani o loko o ta opu. O ketahi, o ta apu hala, o ia no ta mea nana e hoonoono hou i ta ai i ta mama" (Mililani Kanahele, Ianuali 23, 2010).

I ko'u wa e kamalii ana, na ko'u kupunakane wale no i hoomakaukau i ka apu hala no na wahine hanau keiki a pau o Niihau. He hana nui ka hoomakaukau ana i ka laau lapaau no ka apu hala. O ka hele ana e imi i na laau e pono ai ka apu hala, ka wauwau ana i ka niu, ke ko, a me ka uala, ka uwi ana i ka wai, a me ke kuke ana i ka apu hala na mea e pono ai. He mau hola e hana ai a he hana nui keia e hana ai na ke kanaka hookahi. I ka wa a ko'u kupunakane e hoomakaukau ana i ka apu hala, hele akula au a noho ma kona aoao a nana i kana hoomakaukau ana i ka apu hala. Aole nae au i lohe i kona namunamu ana i kona wa e hoomakaukau ai i ka apu hala. Nana hookahi no i wauwau i na laau a pau e pono ai ka apu hala, uwi i ka wai a kupa a moa a laila, lawe kino aku i ka mea nona ka laau.

Oiai, ua ike no au he hana nui ka hoomakaukau ana i ka apu hala eia nae, aole au i niele aku ia ia i ke kumu i kii ole ia ai kekahi kanaka e kokua ia ia e hoomakaukau i ka apu hala. I ko'u wa i komo maoli ai i loko o keia hana, hoomaka akula au e niele i ko'u makuahine i ke kahu nana i ao aku i ko'u kupunakane i ka hana no ka apu hala. Ma laila hoi i loaa ai ka pane, na kona kupunawahine, ka makuahine o kona makuakane i hoomaka e hana i ka apu hala ma Niihau. Ua ku mai keia niele i loko o'u no ko'u heluhelu i ka mea i kakau ia ma kekahi pepa nui laeula no ka apu hala. Ua maopopo hoi iau, o ko'u kupunakane wale no ke kanaka hookahi ma Niihau i malama i ka hana no ka apu hala. Ma ka moolelo a'u i heluhelu ai, ua olelo keia kupa, na kona makuakane hanauna i ao ia ia i ka hana no ka apu hala. I wahi hoi e ike ai o wai la ia kanaka, ua niele akula au i keia kupa o Niihau, o wai la ia makuakane hanauna ana i kuhi ai? Hai pololei maila oia iau, "na Tutu Enoka i ao iau i ta hana no ta apu hala" (Kuhina Kaaumoana, Malaki 2011). He mea hoohauoli a hooia hoi keia olelo a nei kupa i ka hana a koʻu mau kupuna no ka malama ana i ka hana laau lapaau e hoola ai i ko lakou mai. He mea ike maka hoi ia i kona malama mau ana i loko o kona ola a hiki i kona haalele ana i keia ola honua ana.

Eia kekahi, oiai, ke malama mau ia nei no ka ike o koʻu kupunakane e kana mau moopuna i hoihoi i ia hana, eia nae, aole ike ia aku o mua. O wai la o kana mau moopuna e hoomau ana i ia ike i loko o ko lakou ola. O kekahi mea aʻu i ike maka ai i ke au o koʻu mau kupuna, ua hoomakaukau wale ia no ka apu hala no na wahine hanau keiki. Aole no i hana wale ia ka apu hala ina makemake kekahi e inu me kekahi kumu ole. O kekahi mea hou aku aʻu i ike ai, ua hiki ke hoohana ia ka apu hala i laau e lapaau ai i ka poe mai pouli, ka poe lawa ole o ke koko, a me ka poe i nawaliwali ke kino. Ua ike maka hoi au i keia hana i ka wa i mai ai koʻu makuakane a hoopaa ia oia i loko o ka haukapila ma Kauai. No kona maule mau, aole ke kauka i ike i ke kumu no kona pilikia. Ua imiimi aku ke kauka i ke kumu i maule wale ai o koʻu makuakane i ka okuu wale ana no i luna me kekahi kumu ole. I koʻu hai ana i keia pilikia i kekahi kupa o Niihau i nee a noho i Oahu nei, ua hai maila oia i ia pilikia o ka pouli wale i loaa ia ia kekahi. Wahi a ke kupa, na ka apu hala no i hoopau i kona mai pouli. No ka ike ia o kona pouli wale ana no me kekahi kumu ole, ua hoomakaukau ia ka apu hala a hoohainu ia aku ia ia. Wahi a ke kupa, he elua wale no manawa ana i inu ai i ka apu hala, pau ka loaa hou ana ia ia ka mai pouli a hiki i keia la. I ka wa i loaa ai ia ia ka mai pouli wale, he pepe wale no kana keikikane. He 30 a oi paha makahiki o kana keikikane i keia manawa. He 30 no a oi makahiki ka loaa ole ana ia ia ka mai pouli wale. He hana no ka ko ka laau apu hala no ka mai pouli a aole nae i hoao ia. Ua hana wale ia no no na wahine hanau keiki wale no. No ka lohe i ka moolelo o nei kupa i kelepona ai au i koʻu makuahine e noi i koʻu makuakane hanauna i apu hala e hoola ai i ka mai maule o koʻu makuakane. O kaʻu i olelo aku ai i koʻu makuahine, e hana aku no a hoohainu i koʻu makuakane i kona wa i loko o ka haukapila a mai hai aku i ke kauka oiai oia e polapola nei i loko o ka haukapila. Ina e ku mai ka lakou niele i ka mea i haawi ia i koʻu makuakane, e hai aku ia lakou, he ki ka mea i hoohainu ia ia ia.

Eia hou, i ka inu ana o koʻu makuakane i ka apu hala, he elua la ma hope mai, ua hookuu ke kauka ia ia e hoi i ka hale. Wahi a ke kauka, aole oia ike i ke kumu i pau ai ka mai pouli o koʻu makuakane a aohe kumu e noho ai i loko o ka haukapila. O ka mea oi loa nae, i ka hoi ana o koʻu makuakane i ka hale, aole no i loaa hou ia ia ka mai pouli a hiki i kona haalele ana i keia ola honua ana. Aole i maopopo i ke kauka, ua hoohainu ia koʻu makuakane i ka apu hala. A no ia kumu wale no au e kuhi nei, na ka apu hala no i hoola i kona mai pouli wale.

Hala

O ka hala kekahi mea kanu i hoohana ia no ka laau lapaau apu hala. O ka mahele o ka hala i hoohana ia, oia no ke aa. Wahi a kekahi kupa o Niihau, he hookahi wale no wahi i loaa ka hala ma Niihau, i uka o Halulu. Ma laila no lakou i kii ai i ke aa hala no ka apu hala. Oiai, aole no nui ka loaa ana o na kumu hala ma Niihau, aole no ka poe Niihau i kanu i ka puhala ma ka pa hale. Manao au no ka manao paha o "hala" kekahi kumu i kanu ole ia ai ka puhala ma ka pa hale. O "hala" kekahi hua olelo i like kona manao me "make." Lohe ia no ka olelo ana o kekahi kanaka i keia olelo, "Ua lohe ka nei oe i ka mea hou? O mea ua hala." He olelo wale no i lohe ia no ka hala ana o kekahi kanaka i keia ola honua ana. Malia no ia kumu paha i laha ole ai na ulu hala ma Niihau. He mea e hoi ke kanu ole ana o ka ohana Lopikana ma i na hala i mea e laha ai ma Niihau. Ke kuhi nei au, no ke kuku paha o ka lau hala kekahi kumu i kanu ole ia ai na kumu puhala ma Niihau. A i ole no na holoholona paha kekahi kumu i kanu ole ia ai ke kumu puhala. Ina hele na holoholona e ai i ka lau hala, he kuku ia o ka waha. Eia kekahi, ma Niihau, aohe poe hoohana i ka lau hala no ka ulana ana i na moena a i ole na papale lau hala. O ka makaloa wale no ka mea kanu i hoohana ia no ka ulana ana i ka moena.

Hialoa

O ka hialoa a i ole uhaloa kekahi nahelehele i ulu wale ma o a ma anei o Niihau. A oia no kekahi nahelehele i hoohana ia i laau lapaau ma Niihau. Ua hoohana ia ka hialoa no ka lapaau ana i ka poe i loaa i ke ea i loko o ka waha. Ina loaa ka waha o na keiki a i ole na makua i ke ea, o ka hialoa no ka laau e ola ai ke ea. O ke aa o ka hialoa ka mea i hoohana ia. O ka hana no ka hialoa, ka imi ana no ma waho o ke kuapa a loaa, a laila huki ia ke kumu holookoa. A koekoe i ka lepo o ke aa o ka hialoa a kihae i ka ili. O ka ili oia no ka mea e naunau ai a pau ka muemue a kuha i ke aa i waho. O ke aa o ka hialoa, hoomaeele oia i ka waha. Ina mau no ke ea o ka waha, ua kii hou ia ka hialoa a hoomau i ka ai ana. O ka mea maamau, he hookahi a elua wale no manawa e ai ai, ua pau ke ea o ka waha. Aole no like me na laau a na kauka i haawi ai. He mau pule a mahina ka loihi o ka ai ana, ka inu ana a me ke kau ana a pau ke ea o ka waha. A he hoi hou mai no o ke ea i na wa like ole. Aole no ia laau, he laau e pau loa ai ka loaa hou ana o ke ea i ka waha. Laha no ka ulu ana o na hialoa ma Niihau. Ua lohe au hoohana pu ia ka hialoa i laau lapaau no ke kunu. O ka hoopaila ana i ke aa i loko o ka wai a moa a oia no ka wai e inu ai no ke kunu. Ma Niihau, ua hoohana wale no makou i ka hialoa no ke ea o ka waha a me ke kunu a aole no kekahi ano mai hou aku.

Kaunaoa

O ke kaunaoa kekahi mea kanu i hoohana ia i laau lapaau ma Niihau. O ke kaunaoa, ua hoohana ia oia no ka mai naenae a i ole ka hano. O "naenae," oia mea hookahi no, he hano. No'u iho hoihoi ka okoa o ka hana a ke kaunaoa ma Niihau mai ko waho nei aku. O ka mea nui nae, ka hoike ana i ka laua hana a me ka hopena. He mea kela e ike ia ai, he hiki no ka ke hoohana ia ka laau no kekahi mai hou aku. O ke kaunaoa kuahiwi ka mea a ko'u kupunakane i hoohana ai no ka naenae a i ole no ka hano. O ke kaunaoa kuahiwi, ulu oia ma luna o ka ulu kiawe. O ko'u kupunakane, ua kii oia i ke kaunaoa i lalo o Halehaa. Uluahewa ia na kumu kiawe e ke kaunaoa. Ma ka hale no i hoomaloo ia ai ka pokaa kaunaoa a maloo a kupa ia i loko o ka ipu hao wai wela. Ke paila ka wai o ke kaunaoa, ua waiho ia a maalili, a haawi ia i ka mea mai. O ka poe me ka mai naenae, o lakou wale no ka poe a'u i maopopo ai i ka inu i ka wai o ke kaunaoa. O kekahi hoahanau o'u, loaa mau ana oia i ka mai naenae. Ina nui loa kona naenae, ua kii ko'u kupunakane i ke kaunaoa i hoomaloo ia i loko o ka hale mea hana a hoomakaukau i laau lapaau e inu ai. O kekahi hana a ke kaunaoa, ua hoohana ia no ke kokua ana i ka wahine hanau keiki i mea e kokua ai i ka hoohanau ana i ka pepe. Ua kuikui ia ke kaunaoa a palahe a o ka wai walewale o ke kaunaoa oia ka mea i haawi ia i ka makuahine e inu. O ko'u kupunakane nae, aole oia i hoohana i ke kaunaoa no keia kumu. I ko'u ninau ana i ko'u makuahine i ke kumu i hoohana ole ia ai ke kaunaoa no ka hoohanau keiki, olelo maila oia aole no kona makuakane i hoohana i ke kaunaoa i kona wa i hanau ai i kana mau keiki a pau. O ka apu hala, ka popolo a me ke kukae puaa wale no na mea kanu ana i hoohana ai no ka wahine hanau keiki. Wahi a Heidi Leianuenue Bornhorst (1996) ka mea kakau i ka puke o *Growing Native Hawaiian Plants,* he elua ano kaunaoa. Hookahi o na kaunaoa, ke kaunaoa i laha ma Hawaii nei nona ka inoa o "kaunaoa lei." A oia no ke kaunaoa i hoohana ia no ka lei. A o kekahi kaunaoa e ae, o "Pau o Hiiaka." Malia no kona ulu ana paha ma ka palahalaha aina a pili no hoi i kai, a oia paha ke kumu i olelo ia ai he pilina kona i ka pohuehue, ka mea kanu hoi i kapa ia o "Pau o Hiiaka." O ke kaunaoa pehu, me he mea la, ua ulu no keia kaunaoa ma na wahi like ole o ka honua nei. Ma ka nana ana aku i ke kii i hoolako ia ma ka punaewele, me he mea la, oia no ke kaunaoa like e ulu nei ma na kumu laau o Niihau. O ke kaunaoa pehu, ano manoanoa ae kona ka ke nana aku. Ina pololei keia kuhi ana a'u, oia kaunaoa like no me ke kaunaoa a ko'u kupunakane i hoohana ai no ka mai naenae.[5]

Ma Niihau, mai kahi e no e nana ai, ua hiki ke ike ia ke kaunaoa i ulu wale ma luna o ke kumulaau kiawe. O ka mea e maopopo ai he kaunaoa ia no ka halenalena o kona kala. O kekahi, ulu ia a paapu ke kumulaau kiawe. O ka hana a ka poe Niihau, hele pololei aku i kahi i ulu ai ke kaunaoa a hukihuki a lawa pono e pokaa a poepoe a laila hoihoi aku i ka hale e kaulai ai i loko o ka hale malama mea hana. O ke kumu i kaulai ia ai i loko o ka hale malama mea hana i ole e hele a maloo hawawa. Ke kaulai ia i ka la, maloo hawawa ke kaunaoa a i kekahi manawa, hakihaki na ka no ka maloo loa. I ka wa e kii ai no ka hoomoa ana i laau lapaau, helelei wale no ka pokaa kaunaoa no ka maloo loa i ka la. Ma ka hale mea hana, mau no ka paa o ke ka a hiki i ka wa e kii ia ai no ka laau lapaau. O kekahi, hiki no ke malama ia no mau mahina ka loihi. He hookahi pokaa i hoomoa ia i loko o kekahi ipuhao nui i hoopiha ia a hapa i ka wai a hoopaila ia ka wai a me ke kaunaoa. I koʻu ninau ana i koʻu makuahine ia Mililani Kanahele i ke kumu i kaulai ole ia ai ke kaunaoa i ka la, eia ae no kana olelo i hoopuka ai:

> Aole maitai te taulai ia kaTaunoa i ta la. Ka taunaoa, te oia maloo, hele a paakati. Ketahi, helelei ka ta no ta maloo loa. To matou papa, taulai ia ka taunaoa i loko o ta hale mea hana. Te mamate ia, tii ia a tupa ia ta wai a paila. Wiho a maalili a inu. Ta ono o ka taunaoa, ale hiti ia oe te mapopo he laau tela. Like no tona ano me ka ti. I loko o toʻu ohana, o Mamanui Nani ta mea loa i ta mai naenae. Te hele no oia a loa i ta naenae, tii no ta matou papa i ka taunaoa, tupa. Te moa, hoopiha i loko o ta kalani wai. Te ono o Mamanui Nani i ta wai, ta wai tela e inu ai (Mililani Kanahele, kukakamailio me Ipo Wong, Malaki 20, 2003).

Hoike maila o Beatrice Krauss i kekahi hana e ae i hana ia me ke kaunaoa, aole no ka mai naenae aka no ka hoohemo ana i ka honua a me ka lapa koko o ka makuahine ma hope o ka hanau ana i ka pepe. O ka hana, kuikui i ke kaunaoa a palahe, a hoohui ia me ka wai a laila haawi ia i ka makuahine hanau keiki.[6] Ua pili paha keia hoohana ana i ke kaunaoa no ka walewale o ia laau e like me ka walewale o ke keiki i kona wa i hanau ia ai? Okoa ka hana ma Niihau a okoa hoi ka hana ma waho nei.

Ko

O ke ko kekahi mea kanu i hoohana ia no ka laau lapaau apu hala. Wahi a kekahi kupa o Niihau, ua kanu no ka poe Niihau i ke ko i loko o ka lakou malaai ma kula a ma ka pa hale kekahi. I ka wa e makemake ia ai ka apu hala, ua kii ia no ke ko mai ka lakou mala ponoi mai no ka hana ana i ka apu hala no ka mea, he poe mahiai lakou. O ke ko, he ulu wale no oia. Aole no hana nui ke kanu ana i ke ko. O ka hookomo wale aku no i ke ka i loko o ka lepo, a ulu ae ke ko. Ma Niihau, ua kanu ia ke ko i loko o ko lakou pa hale i ko e hana ai i ka laau lapaau a i ole i ko e ai wale ai no. Hoomanao aela au i ka olelo a koʻu kupunakane no ke ko. O ka lakou mea no ia i hoohana ai no ka palaki ana i ko lakou niho. O ka hana hoi, ka naunau ana i ke ko a pau ka momona a kuha i ke pulu i waho. O kekahi moolelo i lohe ia no ke ko, "Ke Ko Eli Lima o Halalii." I ka wa ma mua, ua kanu ka poe o Niihau i ke ko ma ka palilea o Halalii. Wahi a ka lohe, kohu mala ka ulu ana o na ulu ko ma Halalii.

Koali

O ke koali kekahi nahelehele i hoohana ia i laau lapaau. Ma Niihau, he elua ano koali i ulu wale ma laila, o ke koali kuahiwi a me ke koali kahakai. Ua kapa aku au i ke koali i ulu ma uka, he koali kuahiwi. A o ke koali kuahiwi ka mea i hoohana ia no ka lapaau ana i ka iwi haki. Eia kekahi, i ka wa i haule ai koʻu hoahanau i lalo mai kekahi kumulaau mai a haki kona lima, o ke koali kuahiwi ke koali a koʻu makuakane i hoohana ai no ka lapaau ana i ka iwi haki o koʻu hoahanau. I kela wa, ua ulu wale ke koali kuahiwi ma o a ma anei o Niihau. He loaa wale no i na wahi a pau a he ahuwale no i ka maka ke nana aku. Ua like na pua a koe nae kona lau. O ka lau o ke koali kuahiwi, kohu like kona nana ana me ka haka a lahilahi a palupalu kona lau. O kona ulu ana, ua ulu oia ma luna o ke kumulaau koa haole. Aohe ona kumu e paa ai i kona laau hihi ke ulu ae. Ua kaukai ke koali i kekahi kumulaau i wahi e kolo ai kona lala. A ke kii ka mea makemake laau lapaau i ke koali, pono e pii i uka e kii ai no ka mea, mauka wale no kahi e loaa ai. Ma Niihau, o na laau a pau i ulu ma uka, olelo ia, he laau no uka no ka pili i ka aoao o ke kuahiwi. O ma kai, aohe ona kuahiwi. Pela e maopopo ai i ka mea kii laau i kona wahi e kii ai i na laau i ulu ma uka a i ole ma kai. Oia no ka mea e kuhi ai i ke kanaka i kona wahi e hele ai e kii i ka laau pololei no ka mai. Noʻu iho, pono ka paa ana o ka haawina ma mua o ka hana. Ina hoouna ia au e kii i ke koali, maopopo iau kahi e kii ai i ke koali. Ina o ka iwi haki ka laau e pono ai, ma uka no e kii aku ai i ke koali. O kaʻu hana nae, honi mua au i ke ala o ka lau a pela e maopopo ai iau he koali no ia. O kekahi mea e hoike ai i kona ano, kona pua. O ke koali wale no ka mea i pua i ka pua poni. Pela no koʻu kupunakane a me koʻu makuakane i ao ai iau i ke ano o ke kii ana i ka laau ma ka nana ana i ka lau a me ka honi ana i kona ala.

Eia kekahi, o koʻu kupunakane, kii oia i ka laau lapaau a lawa no hookahi wale no kau ana. Aole i kii wale ia me ka manao, ina aole i lawa ka laau i makemake ia, aole pono e kii hou. Ua lawe no ka mea kii laau e like me ka mea kupono e lawa ai ke kau ana i ka laau. No ka pono o keia laau lapaau, he iwakalua kumamalima lau ka mea e pono ai no hookahi kau ana. Aole i lawe naaupo ia ka laau no ka mea, o kekahi mea i ao ia ia makou, e malama no kahi wa hou aku. Aole hoi o ka ike ana aku i ka nui e lawe wale aku a oi wale aku. O kekahi, aole hiki ia makou ke huki i ke kumu o ke koali a mokumoku. Pono e ako i ka lau wale no me ka huki ole aku i ke kumu a moku mai kona kumu maoli aku. He mea nui ka maopopo ana i ke kanaka nana e kii i ka laau i ka hana pono e hana ai ma ke kii ana i ka laau. Ina e ku hou mai no ka makemake i ka laau, ua lako no ka aina i ka laau. Hoomanao ihola au i ka hoouna ana o ko'u makuakane ia maua o ko'u kaikuaana i kula e kii ai i koali no ka lima haki o ko'u hoahanau, o Iini. Ma ke komo ana aku o maua i loko o ka ulu koa haole, ua hoomaka akula ka maka e aloalo i wahi e loaa koke ai ka laau. I loa no a ike ia ke koali, o ke ako koke akula no ia o maua i na lau mai ke kumu mai. Ma mua nae o ko maua ako ana i kekahi lau koali, ua hoomahele akula maua i na helu e pono ai. Oiai, he 25 mau lau wale no e pono ai ke kau hookahi ana, ua ohi aku no maua he 25 wale no mau lau. O ka hana me ia lau ke hiki aku i ka hale, kii maila ko'u makuakane i na lau a poepoe a palahe me ka hamale a hoohui ia me ka mimi o ka mea nona ka laau a me hookahi miki paakai a kau ia i loko o ka welu. I ka wa e kau ai i kahi o ka iwi haki, he kau wale aku no a wili a paa me kekahi welu. Waiho ia no ma kahi i wahi ia ai a hiki i ka wa e kau hou ai i ka laau. Hoomau ia no ke kau ana i ka laau a hiki i ka paa hou ana o ka iwi haki a laila pau ke kau ana.

O ke koali kahakai, ua hoohana ia oia no ka pale ana i ka mai uila. I ka wa e kau ai ma ka moku o Lopikana ma a holo i Kauai, ua kii ia ke ka o ke koali a nakii ia a paa ka opu o na keiki. Ina kau mai ka make luai, na ka paa o ke koali i nakii ia ma ka opu e kokua i ke keiki. Ina aole nakii ia ka opu o na keiki i ke koali, hele a hiki i Kauai, nawaliwali ke kino o kamalii no ka luai wale no a hiki i Kauai. Ke kuhi nei au, o ke koali kekahi mea nana e pale i ka poluea uila. A oia paha ke kumu i hoohana ia ai ke koali o kahakai no ia kumu.

Kuawa

O ke kuawa, o ka muo ka mea i hoohana ia no ka lapaau ana i ka mai hi. O ka mea e pono ai ka muo kuawa, he elima wale no muo kuawa o ka manawa. O ka hana, e naunau aku no i ka muo kuawa a wali a moni. O kona ono, ua like no me ka hua o ke kuawa maka. O kekahi mea hoihoi hoi i loko o keia hana, no ke aha hoi ka haawi ole ana o ko'u kupunakane ia makou i ka hua o ke kuawa. Oi aku ka ono o ka hua o ke kuawa ma mua o ka muo kuawa. Malia i ka wa i loaa ai makou i ka mai hi, aohe hua o ke kuawa. Eia nae, ua oi aku ka wikiwiki o ka hana o ka muo kuawa ma mua o ka hua. O ka muo kuawa, muemue a hiki wawe ka pau ana o ka mai hi. He elima wale no muo kuawa e ai ai, ua paa ka hi. Me he mea la, na ka muemue o ka laau lapaau i lapaau koke i ka mai hi. O kekahi, aole no paha i makemake na kupuna ia makou e kaukai wale no i ka momona o ka huaai. Pono no e ai i na ano laau a pau i loko no o ke koekoe, ka muemue a i ole he momona paha. Maopopo nae iau, ina ai nui ia ka hua o ke kuawa, loaa ke kukae paa. Malia no ia kumu paha i kauoha ole ai na kupuna ia makou e ai i ka hua o ke kuawa.

Niu

O kekahi mea kanu i hoohana ia no ka laau lapaau, ka niu. I ka wa a Lopikana ma i kuai ai ia Niihau, ua kanu ia he mau ulu niu ma Niihau. He ekolu ulu niu i maopopo iau. O ka ulu niu mua, aia no i Pukaiki Kula Maniania a oia no kahi i hanau ia ai koʻu mau kupuna ma ka aoao o koʻu makuakane. A ma ia ulu niu no i kii ia ai na niu no ka hoomakaukau ana i ka apu hala a i ole no ka hoomaemae ana i ka haku ala. O ka niu nae i hoohana ia no ka hoomaemae ana i ka haku ala, ka wai o ka niu maka. A oia no ka laau lapaau i hoohana ia no ka haku ala. O ka lua o ka ulu niu, aia no i lalo o Halulu. I ka wa a koʻu kupunakane e ola ana, ina aole i loaa ka niu i Pukaiki Kula Maniania, ua hele aku oia i lalo o Halulu e ohi ai i na niu. Ina nui na hua niu i helelei i lalo, ua ohi ia na niu a hoihoi i ka hale no ka hanai ana i na puaa hanai a lakou. He mau poe hanai puaa ka poe Niihau. O ke kolu o ka ulu niu, aia no i nae o Kauwawea. No ka mamao o Kauwawea i kahi noho o ka poe Niihau, aole no i kii ia ka niu mai laila mai. Ua kii wale ia no ka niu o Kauwawea i ka wa a na kanaka hana nanahu i hele ai i laila i ka hana. Ke helelei na hua niu, ua ohi ia no i mea e hanai ai i na puaa. Wahi a koʻu makuakane, ua hanai lakou i na puaa i ka niu i holo ka hoomomona ana ia lakou. Wahi ana, o koʻu kupunawahine, kona makuahine hoi, i kela me keia la, ua hele aku oia i ka pa niu o Pukaiki Kula Maniania e ohi ai i na hua niu i helelei i lalo a halihali i ka hale no ka hanai ana i ka lakou puaa. O keia mau ulu niu, aia paha ma kahi o kanaha a kanalima mau kumu niu. Aole he hookahi wale no kumu niu. He nui na kumu niu i kanu ia ma Niihau. O kekahi poe nae, ua kanu aku lakou i ke kumu niu ma ko lakou pa hale ponoi. Ua lohe au, aole maikai ke kanu ana i ke kumu niu ma ka pa hale, he kumu laau kipaku ohana no ia. Ina kanu ia ke kumu niu ma ka pa hale, haalele ka poe no lakou ka hale a noho i waho. Aole nae au ike ina he oiaio no keia olelo no ke kakaikahi o ka poe i kanu i ke kumu niu ma ka pa hale.

Noni

O ka noni kekahi mea kanu i hoohana ia i laau lapaau ma Niihau. O ka noni, ua hoohana ia oia no ka lapaau ana i ke koko pii a me ka mai kopaa. O na hua noni ka mea e pono ai ia mai. Ohi ia na hua noni a hookomo ia i loko o ke kalani aniani a kau ia ma luna o ke kaupoku o ka hale. Ina kiekie loa ke kaupoku o ka hale i noho ia e ka ohana, ua kau ia ke kalani noni ma luna o ka hale paakai. O ka hale paakai, he wahi hale uuku wale no ia i kukulu ia no ka malama ana i ka paakai. O ka mea maikai hoi o ka hale paakai, kona haahaa iki mai i ka hale i noho ia e ka poe Niihau. No ia kumu i hoolilo ia ai ke kaupoku o ia hale i hale e kau ai i ke kalani noni i hiki i ka hou o ka noni ke hana a loaa ka wai noni. A o ia wai noni no ka wai e inu ai no ka lapaau ana i ka mai koko pii a me ka mai kopaa. Aole i hoomoa ia a i ole kui ia ka noni a uwi ia kona wai i wai e inu ai no ka laau lapaau. Ua waiho wale ia ke kalani me na hua noni ma luna o ke kaupoku o ka hale a na ka noni no i hana i kona wai noni ponoi. A o ia wai noni, oia no ka wai a koʻu kupunakane i inu ai i kela me keia kakahiaka. He hookahi kiaha eono aunaki ka nui o ka wai noni e lawa pono ai no hookahi inu ana.

Eia kekahi, i kona hele ana i ke kauka lapaau o waho e ike ai ina he koko pii a i ole he mai kopaa paha kona, ua hai aku ke kauka i koʻu kupunakane, aohe ona mai koko pii a aohe mai kopaa. I ka lohe ana i ka olelo a ke kauka i hai pololei aku ai ia ia, ua hoomau aku no oia i ka inu i ka wai o ka noni i mea e pale ai i ka mai koko pii a me ka mai kopaa. O makou hoi, i ka honi wale aku no i ke ea awahia o ka wai noni, ua hoole ka waha i ka inu. O kekahi, ma ka honi wale aku no i ka ea awahia o ka noni, ua hoopailua mua no i ka inu. A o koʻu kupunakane hoi, ua paa no oia i ka inu ana i ka wai noni i na la a pau a hiki kona haalele ana i keia ola honua ana.

Popolo

O ka popolo kekahi nahelehele i hoohana ia i laau lapaau ma Niihau. Ua hoohana ia ka popolo no ka wawahi ana i ka manawa o ka pepe, ke ea o ka waha, ka hoola ana i ka puaniani o ka makuahine, a i laau kunu a me ka eha o ka puu. E wehewehe iki ae au i ka manao o "manawa." O ka manawa ka mea ma luna pono o ke poo o ka pepe. I ka wa akahi no a hanau ia mai ka pepe, hiki no ke ike ia ka panapana ana mai o ka manawa ma kona poo. O ka mea e maopopo ai i kahi o ka manawa, palupalu ia wahi ke hoopa aku. O ka manawa kekahi mea nana i kokua i ka pepe ma ka hanu ana. Ma Niihau, ua kau ia ka popolo ma ka manawa i mea e hoonui ai i ka puka o ka manawa. Ke hoomaka mai ka manawa e pani i kona puka, ua kii ia ka lau o ka popolo a kuikui ia a wali a kau ia ma ka manawa. He iwakalua kumamalima maka popolo e pono ai. Eia ae no ka olelo a kekahi kupa o Niihau:

> Kakumalima mata popolo. Tela muo o ta popolo. Ohi a piha kakumalima mata popolo a poepoe a palahe a tau i loko o ta welu. A lila, tau oe kakumalima manawa ma ta manawa o ta pepe. Tau no oe a hiti i ta manawa e nui ai ta hamama ana o ta manawa o ta pepe, pau ka tau ana (Mililani Kanahele, kukakamailio me Ipo Wong, Apelila 13, 2014).

O ke kumu i ulu ai a paa ka manawa o ka pepe, ke hoomaka mai kona kino e ulu a nui, ulu pu kona manawa a paa. No ia kumu i wawahi ia ai ka manawa o ka pepe i wahi e mai ole ai ka pepe. He kokua ka manawa o ka pepe i ka hanu ana o ka pepe ina paa ka ihu i ka punia. I ka wa akahi no a hanau ia ka pepe, makemake ia kona manawa e hamama a hiki i ka piha ana ia ia he hookahi makahiki. O ke kumu no kela, i mea e maikai ai ka hanu ana a ka pepe ke loaa oia i ka punia a i ole paa paha ka ihu mamuli o ke anu. Eia hou ae kahi olelo no ke kau ana i ka popolo ma luna o ka manawa o ka pepe:

> Matou hoohana matou i ta popolo mea tau ma ta manawa o ta pepe ketahi. Te hele a kote paa ta manawa o ta pepe, tii ia ta popolo. Naunau no hoi oe a wali, tau ma ta welu a anai ma ta manawa o ta pepe. Te ahe loa ta popolo, ta waiu mama, oia no ta mea e tau ai. Olelo mai toʻu mama, te paa ta manawa o ta pepe, mai mau ana ta pepe. Oia ka tumu i hoohana ia ai ta popolo no ta wawahi ana i ta manawa o ta pepe. Me tela wale iho no oe e hana ai, a nui tau pepe (Mililani Kanahele, kukakamailio me Ipo Wong, Iune 6, 2003).

Hoike hou maila keia kupa i ke ano o ka wawahi ana i ka manawa o ka pepe. Ua hana lakou i keia hana i mea e hiki ai i ka pepe ke hanu ma kona manawa.

> O ka tumu i wawahi ia ai ta manawa o ta pepe, i hiti i ta pepe te hanu maitai. Te loa ta pepe i ta punia, ketahi manawa, ale hiti i ta pepe te hanu maitai. I to lakou wa liilii, ahe mapopo ia lakou ta hanu ana ma ta waha. Hanu wale no lakou ma ta ihu. Ketahi, te hamama nui ta manawa o ta pepe, aale mai ta pepe. Ketahi, ai o loa, mai ta pepe. Oia ka tumu wawahi ia ta manawa o ta pepe. Te ahe loa ta popolo, o ta waiu mama, oia no ta mea i hoohana ia no ta wawahi ana i ta manawa o ta pepe (Mililani Kanahele, kukakamailio me Ipo Wong, Ianuali 23, 2010).

O ka hua popolo kekahi laau i hoohana ia no ke ea o ka waha o na keiki. Aole nae i ka pepe akahi no a hanau ia. O na keiki wale no i piha ka makahiki a oi aku. Ke loaa ke ea i loko o ka waha o ka pepe, o ka hua o ka popolo ka laau e ola ai. I koʻu wa kamalii, ua hanai mau koʻu kupunakane ia makou i ka hua o ka popolo. Aole i ka wa wale no i loaa ai ke ea ma ka waha. Ua ai wale ia ka hua popolo ina nui ino na hua popolo i ulu wale ma ka pa hale a i ole ma ka malaai. He nui no ka hana a ka popolo a o kekahi mea aʻu i lohe ai, ina loaa ka puu eha, ke kunu paha, e kii ia he elima lau popolo a naunau a wali a moni. Ua ao mai au i keia hana i koʻu wa e noho haumana ana ma ke kula kaiaulu o Koolau. Ua lawe kino aku ka polopeka nana i ao i ka papa laau lapaau i ke kahua o *Hoomaluhia* no ka hoike ana i na haumana na ano mea kanu Hawaii i loaa ma laila. Ma laila no oia i hai ai i na haumana, o ka popolo kekahi laau maikai no ka eha o ka puu. Ma Niihau nae o ka hua wale no o ka popolo ka mea i ai ia. Ina hua ka popolo ma ka pa hale, ua kii wale aku makou i na hua popolo a ai me he hua ai la. O ka mea pilikia wale no e makaala ai, ke kohu ana o ka lohe i ka wai o ka popolo. O ka popolo, poni kona waihooluu. Ina aole holoi ia ka lole i ka wa i kohu ai ka lole, e paa ana ke kohu ma ka lole a he ekaeka ka hopena. Eia hou, ua puiwa koʻu naau i ka heluhelu ana i ka olelo a kekahi mau kanaka i hoike maila i ka hanai ia o na pepe he elua wale no anahulu i ka popolo. Ma Niihau, aia wale no a piha i ka pepe he hookahi makahiki a laila hanai ia i ka popolo, a o ka hua wale no ka mea i hanai ia i ka pepe.[7] O ka waiu mama wale no ka ai a ka pepe a hiki i ka piha ana o ka makahiki i ka pepe. O kekahi kumu i hanai ole ia ai ka pepe i ka laau lapaau, no ka ike o na makua i ka muemue o ka laau lapaau. Eia ae no ka olelo a keia kupa:

> Maitai ta hanai ana i ta pepe i ta waiu mama. O ka tumu, ahe wa e mai ai ta pepe. O ta waiu "cream" kahi manawa, paa ka tutae o ta pepe a ahe hiti te tio. O wau, walaau mai toʻu mama iau, hanai oe i tau pepe i ta waiu mama. I ole e mai tau pepe. Ketahi, holo ta nui o tau pepe. Kahi, ahe wa e mai ai ta pepe a piha ta makahiti (Mililani Kanahele, kukakamailio me Ipo Wong, Ianuali 23, 2010).

He nui hou aku no ka hana o ka popolo. Ua hoohana pu ia ka popolo i laau lapaau no ka poe wahine hanau keiki. O ka popolo no me ke kukae puaa na nahelehele i hoohana ia no ka wahine hanau keiki.

Popolo me ke Kukae Puaa

O ka popolo a me ke kukae puaa kekahi laau lapaau i hoohana like ia no ka poe hanau keiki. Ua lohe nae au i koʻu makuakane hanauna i ke kapa ana i keia laau lapaau, he popolo. Aole oia i kapa aku he laau popolo me ke kukae puaa oiai, o ka popolo no a me ke kukae puaa na nahelehele i hoohana ia no ka laau. O "popolo" wale no kai lohe ia. Aole wale no keia lohe ana i koʻu makuakane hanauna wale no. O ka poe Niihau no a pau i hoohana i keia laau, ua kapa aku lakou he "popolo." I koʻu manao, he mea paha ia e huikau ai ka mea heluhelu ina o "popolo" wale no ka inoa i kapa ia no keia laau. E manao ana paha ka mea heluhelu, o ka popolo wale no o ka nahelehele ka laau e pono ai. Noʻu iho, ano e hoi koʻu lohe mau ana i ke kapa ia o ua laau nei, he "popolo" oiai, he kukae puaa kekahi nahelehele i komo pu mai i loko o ka laau. Maikai paha ke kapa aku i ia laau, he popolo me ke kukae puaa no ka hoohana ia o na nahelehele elua i laau.

Kukae Puaa

O ke kukae puaa, he nahelehele no ia. A o kona inoa no ia he kukae puaa. Eia ae no kekahi manao i hoike ia e Kaaiakamanu laua o Akina (1994, 168) no ke ano o ke kukae puaa. "He mauu ulu hihi keia a ulu nui no hoi ma na wahi a pau o Hawaii nei. He lau loloa heuheu ko keia mauu a he oi no hoi ka lihilihi o ka lau e moku ai no ka lima i kekahi manawa" (Kaaiakamanu & Akina, 1994, p. 168). Wehewehe maila laua nei i ke ano o keia nahelehele kukae puaa a oia no ke ano o ka nana ana o ke kukae puaa i hoohana ia ma Niihau. He huluhulu ma ke ka a he loloa kona lau. O ka mea e maopopo ai he kukae puaa ia, ka nana ana i ka huluhulu heuheu ma ka aoao o ke ka a me ka loloa o ka lau. No ko'u hele pu ana e kii i ke kukae puaa me ko'u kupunakane i maopopo ai iau ka nana ana a me ke ano o ke kukae puaa. Ua kuikui ia ka nahelehele kukae puaa me ka lau a me ke ka o ke kumu popolo a hui a laila, waiho ia i loko o kekahi omole aniani. I ka wa e kau ai i ka mea hanau keiki, kii ia a kau ia ka popolo a me ke kukae puaa ma ka welu a kau ma ka aoao o piko o ka makuahine hanau keiki. Wahi a ko'u makuahine, ina aole kau ia ka mea hanau keiki i ka laau popolo me ke kukae puaa, hele a opilipilo ka piko o ka makuahine. I kekahi manawa, hiki no ke honi ia ka opilopilo i puka mai ka piko mai o ka mea hanau keiki.

> Kahi manawa, ai no oe i tahi e, hiti no ia oe te honi i ta ea pilopilo. Oia ka tumu, tau mali [maoli] i ta popolo i pau ta pilopilo. Olelo ia hoi, te ahe oe tau ia oe iho i ka popolo, ahe ola ta motumotu o loko ou. A na tela motumotu no e hoopilopilo ala ia oe (Mililani Kanahele, kukakamailio me Ipo Wong, Ianuali 23, 2010).

Ka Hoomakaukau ana i ka Popolo a me ke Kukae Puaa

O ka hoomakaukau ana i ka popolo a me ke kukae puaa, o ka holehole aku no i ka lau, ka hua, a me ka pua o ke kumu popolo a waiho ma hookahi puu. O ke kukae puaa he hookahi poho lima piha a kui pu ia laua a elua i ka wa hookahi. Ma hope o ke kui ana a wali, e lulu hookahi miki paakai i loko o ka popolo me ke kukae puaa a me ka mimi o ka pepe a laila hoohui a hui. O ka mimi o ka pepe i hanau ia ka mea e pono ai no ka laau. O ka mea hoi e loaa mai ai ka mimi o ka pepe hou, kona mimi mai ke kaiapa welu mai. I ka wa kahiko, o ke kaiapa wale no ia i hoohana ia no na pepe hou akahi no a hanau ia. Ua kii ia ke kaiapa mimi o ka pepe a ui ia ka mimi a hookulu i loko o ka laau popolo me ke kukae puaa. A laila, hoohui ia ka mimi me ka popolo a me ke kukae puaa. Hookomo ia ka laau i loko o kekahi omole aniani a kau ia ma kekahi wahi oluolu a i ole kekahi wahi o ka hale i hiki ole ai ke pa mai o ka wela o ka la ma luna o ka omole laau. Ma laila no e waiho ia ai a hiki i ka wa e pau ai ke kau laau ana. "O ta mimi o ta pepe, maemae. Ta mimi o ta mama, ahe hoohana ia no ta pilopilo" (Mililani Kanahele, kukakamailio me Ipo Wong, Nowemapa 24, 2010). Ke kuhi nei au i ke kumu i hoohana ole ia ai ka mimi o ka makuahine no ke kahe paha o ke koko ma hope o ka hanau ana i ka pepe. Eia ae no ka olelo a keia kupa no ka popolo a me ke kukae puaa:

> He hootahi poho lima piha tau mea e huti ai. Tela tutae pua, oia tau mea e hoohui ai me ta popolo a tui like ia laua hootahi manawa. Te pau i ka tui ia, hootomo oe hootahi miti paatai. O ta mimi o ta pepe ketahi mea i hootomo ia i loko o ta laau. I ta wa ma mua, taiapa matou i ta matou pepe i ka taiapa welu. Te mimi ta pepe, uwi ia ta mimi a hootomo ia i loko o ta laau. I tia wa, ka taiapa wale no a ta poe moloa. Hemo no mai ta ili mai lele tiloi. I ta wa e tau ai i ta mama, tii no oe hootahi miti lima a tau ma ta welu. Uwi i ta laau a puta ta wai i waho a hamo ma ta opu o ta mama. Tela wai o ta popolo, wai nui oia. Ale no oe hootomo a nui i loko o ta welu. Hana tupono no oe. Me tela wale no oe e hana ai a pau tau tau laau ana (Mililani Kanahele, kukakamailio me Ipo Wong, Ianuali 23, 2010).

Hoomakaukau ko'u kupunakane i ka popolo a me ke kukae puaa a lawa no elima manawa e kau ai i ka laau. O ka manao o "kau" ma anei, oia hoi ke kau ana i ka laau ma luna o ke kino o ka mea mai. He mea hoomanao hoi keia hana iau i ka hoomakaukau ana o ko'u kupunakane i ka popolo a me ke kukae puaa na ko'u makuahine i kona hanau ana i ko'u mau kaikunane hanau hope. I ia wa, aole paakiki ka loaa ana o ka popolo a me ke kukae puaa. Ua ulu hewahewa na popolo a me na kukae puaa ma o a ma anei o Niihau. Aole no pono ke kanu ana ma ka malaai no ka mea, he mea loaa wale no ke imi ia ma o a ma anei. O ka popolo, ina pau ka hua ana, o ka make akula no ia o ke kumu holookoa a aohe ona pono ma hope mai. A oia paha ke kumu i kanu ole ia ai ma ka malaai. Ina aole hoohana ia, he make wale aku no kona hopena. O na hua popolo i helelei ma ka lepo, oia no ka mea i ulu hou a mau no ka loaa o ka popolo.

No ke kau ana i ka laau popolo, he hookahi poho lima piha ka mea e pono ai. Hao hookahi poho lima piha a hookomo i loko o ka welu. Owili ia luna o ka welu a paa a uwi i ka wai o ka popolo a kau ma ka aoao a puni ka piko o ka makuahine. He hookahi wale no aoao e kaapuni ai. Ina hoomaka ia ke kau ana i ka aoao akau, ma ka akau wale no e kaapuni ai a piha he 25 manawa. O kekahi mea hoi a'u i noonoo ai i keia helu he 25, no ke aha mai hoi keia helu? I ko'u ninau ana i ko'u makuahine i ke kumu i hana ia ai pela, pane maila oia penei, aole oia ike i ke kumu aka he mea kela i hana ia e na kupuna na lakou ia laau lapaau. A o ka lakou hana, o ka hahai wale aku no e like me ka mea i ao ia e na kupuna.

Eia hou, ua ike maoli au i keia hana no ke kau ana i ka popolo me ke kukae puaa i koʻu hanau ana i kaʻu mau keiki mahoe. Ua ike e no au i ka hoomakaukau ana a koʻu kupunakane i ka popolo me ke kukae puaa aka, aole au i ike he aha la ka hana e hana ai me ia laau. I koʻu hanau ana i kaʻu mau keiki ponoi, ua hoike maila koʻu makuahine iau i ka mea e hana ai. Na koʻu mau makua no i hoomakaukau i ka popolo a me ke kukae puaa naʻu. Eia ae no kana olelo:

> Tia popolo me ka tutae puaa, no ta hoola ana ia loko o ta opu o ta mama. Te hanau ta mama, hele a motumotu o loko o ta opu o ta mama. Tau no hoi oe a te ite no oe ua maitai oe, pau no ka tau ana i ta popolo" (Mililani Kanahele, Ianuali 23, 2010).

Ma waho nei, ua hoohana ia ke kukae puaa i mea e hoopau koke ai i ka eha hanau keiki. He mea hoihoi hoi ka ike ana i na ano manao okoa i hoike ia no ke kukae puaa. Oiai, okoa ka hana a ka poe Niihau a okoa hoi ka hana a ko waho nei poe. Ina he mea kela e kokua ai i ka poe hanau keiki, oia ka mea nui. He mea nui hoi ka loaa ana o kekahi puke laau lapaau i hiki i na hanauna hou ke hoohana i ka laau lapaau i hoike ia ma loko o keia puke.

Hoomanao ihola au i ka ninaninau ana o kekahi haumana ia maua o Lolena Nicholas no ka popolo, "Maopopo paha ia olua kahi e loaa ai ka popolo? Lohe au, loaa ka popolo maikai ole kekahi. Aole maopopo iau ka okoa ma waena o ka popolo maikai a me ka popolo maikai ole" (Maiko Doi, kukakamailio me Ipo Wong laua o Lolena Nicholas, Pepeluali 17, 2010). I koʻu lohe ana i kana ninau, hai akula au ia ia, "O ka popolo, ulu oia ma na wahi like ole a ma kahi mau o ka aina." Ma Niihau, ua ulu wale ka popolo ma ka pa hale a me kula. Aole i olelo mai na kupuna e makaala i ka ai ana i ka popolo. O ka lakou wale no, e kii i ka popolo no ke ea o ka waha. Ua ike ia no na ano ono okoa o kela me keia laau. O kekahi laau, he koekoe a o kekahi, he muemue. No makou, koho mua makou i ka laau koekoe. O ka laau muemue, aia no a hiki ole ke loaa ka popolo a laila kii ia ka mea muemue e like akula me ka uhaloa. Wahi a Beatrice H. Krauss, ua ulu wale no na popolo ma kahi palahalaha a mau o uka a hiki aku i kai.[8]

Ma Niihau nae, ma uka wale no i ulu ai ka popolo. Ua ulu wale no i ka wa e loaa ai o Niihau i ka ua nui. Ke hoomaka mai no ka aina e maloo a wi i ka wai, aole no ike hou ia ka popolo. Ma ka pa hale, ina he wahi i loaa mau i ka mau o ka wai, ua ulu no na kumu popolo ma ia wahi. Ike ia no ka ulu ana o na kumu popolo ma hope o ka hale auau no ke kahe o ka wai auau i hope o ka hale. Ma koʻu hale, ua ulu no ke kumu popolo ma hope o ka hale auau. Eia nae, ina ike ka pokeokeo i ka hua o ka popolo, pau i ke kikokiko ia. I ka wa e pono ai ka hoohana ana i ka laau, ua pau ihola i ka pokeokeo i ka ai ia.

Wahi a ka lohe, he elua ano popolo, hookahi popolo maoli a o kekahi aku, he popolo maikai ole. Ina pela, pehea la e ike ai i ka okoa o kekahi popolo, mai kekahi popolo aku? E like akula me ka mea a ka haumana i ninau ai. Me ka ike maka ole i ka okoa o laua a elua, he pilikia okoa kela. O ka ike maka maoli ana i ka popolo i hoohana ia i laau he alo a he alo kekahi mea nana e kokua i ka poe kii popolo i ka popolo pololei e kii ai. Noʻu iho, ua ike maka au i ke ano o ka popolo i hoohana ia i laau lapaau. Pehea hoi no ka poe i ike ole i ka okoa ma waena o na mea elua? Hoomanao hou aela au i koʻu komo ana i loko o kekahi papa no ka mea kanu Hawaii. Ua lawe ke kumu i na haumana i ka aina o Hoomaluhia a hoike ia na ano mea kanu like ole i hoohana ia i laau lapaau he alo a he alo. O ka popolo no kekahi o ia mau laau a ke kumu i hoike ai. O wau nae, i koʻu ike lihi wale aku no i ka popolo, ua maopopo e iau, o ka popolo like no ia me ka popolo aʻu i ai ai ma Niihau. Oia paha kekahi mea e kokua ai i ka haumana i komo i na papa laau lapaau. Ka hele kino ana o lakou i kahi e loaa ai kela me keia ano laau lapaau i hiki ke ike maka i ka laau pololei i hoohana ia i laau lapaau. O na popolo i ulu ma Niihau, hinuhinu ka nana ana i ka hua o ka popolo a nui ino na anoano liilii i loko o ka hua o ka popolo. O kekahi mea i like ai ko laua nana ana, ko laua ka, ano haponiponi kona nana ana. Ua like no me ka mea i olelo ia e ke kumu. O ka popolo Hawaii, ano haponiponi kona ka a me ka huluhulu. A o kekahi, hinuhinu ka hua. He hoailona hoi ia e hoike mai ai, oia no ka popolo i hoohana ia no ka laau lapaau. He nui hou aku no na mea kanu i like pu me ka popolo. O kekahi o ka poe i kamaaina ole i ka popolo, aole paha lakou ike i ka okoa ma waena o laua a elua. Wahi a Hedy Sullivan, o ka popolo Hawaii, momona kona ai ana, a o ka popolo e ae, muemue kona ono.[9]

Puakala

O ka puakala kekahi nahelehele i hoohana ia i laau lapaau no ka mai mimi wela. O ka mimi wela, ina mimi ka wahine a wela kona mai, olelo ia, he mimi wela no ia. Ma Niihau, ua nui no ka poe i loaa i ka mai mimi wela a ua hoohana ia ka puakala i laau e lapaau ai i ka mai mimi wela. He mea ike maka no hoi keia naʻu i ka wa i loaa ai koʻu kupunawahine i ka mai mimi wela. Na koʻu kupunakane no i hele kino aku i kuahiwi e kii ai i ka puakala i laau e lapaau ai i ka mimi wela o koʻu kupunawahine. I ia wa aole no i maopopo iau he laau lapaau ka puakala no ka poe mimi wela. I kona hoea ana i ka hale, ike akula au ia ia i kona waiho ana i ka puakala i loko o kekahi pakeke i hapa i ka wai. Aole no au i niele aku i koʻu kupunakane i ka hana me ia nahelehele. I koʻu ike ana i koʻu kupunawahine i ka mimi ma luna o ua nahelehele ala, ua ku maila ka niele i loko oʻu e niele aku i koʻu kupunawahine aka ua maopopo e iau kana pane. He pane kikoola ana ka pane e loaa mai ai i ka poe niele. I koʻu komo maoli ana i loko o keia hana no ka hoihoi i ka hana o ka laau lapaau, ua hoi hou akula koʻu noonoo i na laau lapaau a pau i hoohana ia ma Niihau. I ia wa no au i niele aku ai i koʻu makuahine i ka mai no ka puakala. Hai maila oia, he laau ia no ka poe mimi wela. He elima mau kumu puakala e pono ai. I ka wa e make mimi ai, pono ke kanaka i loaa i ka mimi wela e mimi ma luna o na kumu puakala. Mimi oia ma luna o ka puakala a hiki i ka maloo ana o ua nahelehele ala. He hoailona ka make ana o ka puakala, ua ola ka mai mimi wela.

He nui hou aku no na ano laau lapaau i hoohana ia i laau lapaau. I ka wa ma mua, kaukai wale no ka poe Niihau i ka hana o ka laau lapaau no ka hoola ana i ko lakou mai. I keia mau la nae mamuli o ka maloo loa ana o ka aina i hoohana hou ole ia ai ka laau lapaau. Pau no ka poe na lakou i hoohana i kela mau laau lapaau i ka hoi i ke ala hoi ole mai. Ua lele akula ko lakou kaukai ma luna o na laau lapaau a na kauka i haawi ai ia lakou no ka lapaau ana i ko lakou mau mai. He mahalo palena ole koʻu i na kupuna o ka wa ma mua no ka mea, aole lakou i kaukai i ko lakou ola i na laau lapaau a na kauka o waho. Malia he mau kumu no ko lakou hoohana ana i ka laau lapaau o Niihau. O kekahi kumu no paha, he mea ia e lohe ole ai ka lehulehu i ke ano o ka mai i loaa ia lakou. O ka mea wale no i ike i ke ano o ka mai, ke kanaka nana i kii i ka laau a me ka mea nona ka laau. Ua pili hoi ia olelo i ka olelo kaulana a na kupuna, "Ooe a o wau, nalo ia mea." Ma ke kaukai ana i ka laau a na kauka lapaau, lohe ia e ka lehulehu no ka mea, ike ia ke kumu i hele ai i Kauai no kekahi mai. O ka laau lapaau o Niihau, aohe poe ike a maopopo mai i kou poopoo. No ia kumu paha ko lakou hoohana nui ana i na laau lapaau o Niihau i ka wa ma mua.

Ke Kii ana i ka Laau

O ke kii ana i ka laau, o ka pule ka mea mua e hana ai ma mua o ke kii ana i ka laau. O ka mea i ao ia iau, o ka lima akau ka mea nana e ako i ka lau ina he lau ka mea e pono ai ka laau. O ke koali ka mea e pono ai ke ako ana me ka mikiao o ka lima. Na ka lima akau wale no e ako a na ka lima hema e paa i na lau i ohi ia. O ka lula no ka huki ana i ke kumu popolo, ka uhaloa, ka puakala, ka hauowi, na laau lapaau ma ke ano he kumu kona ano. Na na lima akau a me ka hema i huki like i ke kumu. Ke kuhi nei au no ka paakiki paha o ka lepo ma Niihau i hoohana ia ai na lima elua no ka huki ana i keia mau nahelehele.

Eia kekahi, i koʻu nee ana a noho i waho nei, aole au i hoohana i ka laau lapaau Hawaii no ka hiki ole ke hele wale aku no i na ano wahi like ole e kii ai i ka laau lapaau i ulu wale ma ka aoao o ke alanui a i ole ma na wahi like ole. He mau kanaka no paha na lakou i kanu i kela mau mea kanu. E laa hoi me ka noni, ke kuawa, ka hala, ka niu, a oia mau ano. Ma Niihau, ua noa no ke kii ana i ka laau ma o a ma anei no ka ulu wale no ma kula me he nahelehele la. O na mea i ulu ma ka pa hale o kekahi kanaka, ua maopopo no aole hiki ke kii wale aku no me ka noi ole. Ina pono, e hele pololei aku no i mua o ke kanaka nona ia puuhonua a noi. No ke kii ana i ka laau ma keia aina malihini, aole au ike i kahi kupono e kii ai i ka laau. Aole nae ia o ke kumu no koʻu hoohana hou ole ana i ka laau lapaau Hawaii. O ke kumu nui hoi, no ka loaa ole o kahi maikai e kii ai i ka laau lapaau.

I keia mau la, aole hiki ke hilinai i ke kii wale aku no i ka laau ma na ano wahi like ole. Ike ia no kekahi o na laau lapaau e ulu wale ana ma ka aoao o ke alanui aka aole hiki ke kii wale aku no no ke kiki ia i ka laau hoomake nahelehele. Ina mau no kela laau make ma ka nahelehele a i ole ma ka lepo kahi hoi e ulu ai ka laau lapaau, he pilikia kela. No ia kumu koʻu hoohana hou ole ana i ka laau lapaau o waho nei. O ka hapa nui o na laau lapaau i maopopo iau, he mau nahelehele wale no ia. O kekahi o ia mau nahelehele, he ai ia no ma ka waha. A no ia kumu ka makaala ana i kahi e kii ai i ka laau. O kekahi mea i okoa ai o Niihau i ko waho nei, hiki ke kii ia ka laau ma o a ma anei o ka aina. Aole pono ka noonoo ana ina maikai a i ole maikai ole o ia laau lapaau. Aole kiki ia ka laau hoomake nahelehele ma Niihau. Mai ka wa mai no o na kupuna a hiki i keia manawa, aole hoohana ia ka laau hoomake nahelehele ma laila. O ka ai no ia a na holoholona o Niihau, he nahelehele.

Na Lula o ka Laau Lapaau

He mau lula no ko ka laau lapaau. He lula no ke kii ana, ka hoomakaukau ana, ke kau ana, ka inu ana, a me ka hoomalu ana. E wehewehe ia ana keia mau lula ma lalo nei.

Ka Lula no ka Hoomakaukau ana i ka Laau Lapaau

He mau lula no no ka hoomakaukau ana i ka laau, aia no i ke ano o ka laau e hoomakaukau ia ai. O kekahi lula no ka hoomakaukau ana, ka pule. E pule ma mua o ka hoomaka ana i ka hana. A pule hou ma hope o ka pau ana. O kekahi lula no ka hoomakaukau ana i ka laau, ka lawe ana i ke ahonui a me ka hoomanawanui. Mai ka hoomaka ana a hiki i ka pau ana o ka laau i ka hoomakaukau ia, aole hiki ke komo wale mai o na manao inaina i loko o ke kanaka nana e hoomakaukau i ka laau lapaau. He mea ia e kau ai na manao ino i noonoo ia ma luna o ke kanaka nana e inu a i ole e kau i ka laau. No ia kumu paha ko'u kupunakane i hoopuka ole ai i kekahi olelo i kona wa i hoomakaukau ai i ka apu hala no na wahine hanau keiki o Niihau. Wahi a ko'u makuahine, o ka uluhua kekahi kumu e upu mai ai na manao ino i loko o ka mea nana e hoomakaukau i ka laau no ka nui o ka hana e hoomakaukau ai i ka laau. O ka laau lapaau wale no i nui ae ka hana, ka apu hala a me ka popolo. I kekahi manawa, no ka nui o ka hana, ua upu wale mai na ano manao kupono ole i loko o ka mea hoomakaukau laau. No ia kumu i ao ai kona makuakane ia lakou, ina hoomakaukau oe i ka laau, e hana me ke ahonui a me ka hoomanawanui.

O kekahi lula no ka hoomakaukau ana i ka laau lapaau, ka hoonohonoho ana i ka laau mua e hoomakaukau ai no kela me keia laau. Ua ike maka au i ka hana a ko'u makuakane hanauna i kona wa i hoomakaukau ai i ka apu hala. Ua kuhikuhi maila oia iau i ka hana mua e hana ai. Ua ike maka au i ka hana a ko'u kupunakane i kona wa i hoomakaukau ai i ka laau apu hala. Hoomaka oia i ia hoonohonoho ana mai ka laau mua loa e wau ai a hiki i ka laau hope loa. Ma mua, ua manao au no ke aha hoi oia i hana ai pela? O ka mea nui, pau na mea a pau i ka wau ia. I ko'u komo maoli ana i loko o ia hana i loaa ai ka pane o ka'u ninau a hoi hou akula ko'u noonoo i ka hana a ko'u kupunakane i kona wa i hoomakaukau ai i ka apu hala. No ka apu hala, o ke ko ka mea mua e hana ai. He hana nui ka wauwau ana i ke ko. A ua ike maka ia keia hana mai ko'u makuakane hanauna mai. I ia wa a'u i noho pu ai me ia, aole no au i noonoo he mea nui kela, nolaila, o ka mea mua a'u i kii ai, ka uala. Ano iho no, olelo maila ko'u makuakane hanauna penei:

> E Ipo, o ka to ta mea mua e hana ai. Ta uala ma hape. Ka to ta mua oia tia paakati no. Paakati ma ta wau ana. I ta wa no e itaita ana tou lima, wau mua oe i ka to. Te hele a pau ta wau ana i ka to, ia wau aku oe i ta hala. Kahi, te wau mua oe i ta uala, hele a pau ka to i ta wau ia, maloo ta wai o ta uala. Oia ka tumu, wau mua oe i ka to a pau aia wau i ta hala, ta niu, a ta uala aku ta hope loa. Ma hape o ta wau ana i tia poe laau nei, wili no hoi oe ia lakou a hui a talana i ta wai o tia poe laau. Ale hiti te wiho a loihi. Ma hape hele a maloo ta wai. Te maloo ta wai o ta apu, ahe nui ana ta apu loa (Hoaonalani Kaohelaulii, Aukake 18, 2009).

He mea nui a he mea waiwai hoi ka maopopo ana i ke kanaka e lawelawe ana i na hana pono e hana ai no ka hoomakaukau ana i ka laau lapaau e like akula me ka hana a ko'u makuakane hanauna. Ma kona ike ana a maopopo i ka mea e hana ai, pela no oia i hana ai a hiki i ka pau ana. No'u iho maikai keia hoonohonoho ana i ka laau lapaau a na kupuna i hookumu ai. He mea kela e ao ai ia kakou, aole o ke kii wale aku no i ka laau lapaau a hana wale aku no e like me kau i manao ai. O ke ao mai i ka hana pono e hana ai no kela me keia laau lapaau ka hana mua e hana ai. Ina he lula ko kela a me keia laau, e hahai aku no e like me ka mea i hana ia. He kumu no ko na kupuna hana ana pela. Ma koʻu noonoo ana i na mea a pau a koʻu makuakane hanauna i kuhikuhi mai ai, huli hou akula koʻu noonoo a hoomanao hou aela i ka hana a koʻu kupunakane. Pela no oia i hana ai. Ua hoomaka mua oia ma o ka okioki ana i ka ili o ke ko a wauwau i ke ko. Ma hope o ka pau ana o ke ko i ka wau ia, hoomaka iho la oia e wau i ke aa hala, ka niu a o ka uala ka hope. He mea hoihoi no ia i koʻu ike ana a me koʻu ao ana mai i keia hana. Aole hoi ma ka hoomaka wale ana no me ka manao, o ka mea nui pau ka laau i ka hoomakaukau ia.

Ma koʻu komo ana i loko o ia hana kekahi mea aʻu i ike ai i ka oiaio o kana mea i kuhikuhi mai ai. Ina no paha aole au i komo maoli i loko o ia hana me ia, aole no paha au i ike i ka hana pono e hana ai. He mea keia e hoike mai ana iau mai keia mua aku pela no e hana ai. He mea hoi ia naʻu i ike maka ai i koʻu kii mua ana i ka uala. Ua manao au, o ka uala, palupalu ma ka wauwau ana. O ke ko, paakiki ka wau ana. Ua hoao akula au e hoalo i ka wau mua ana i ke ko a o ka hoopololei ia maila no ia i ka hana mua e hana ai. Ma hope o ka pau ana o ke ko, ke aa hala a me ka niu i ka wauwau ia, ua wauwau ia no ka uala. Iau hoi e wauwau ana i ka uala, ike koke akula au i ka leo ao a koʻu makuakane hanauna. Ua hoomaka maila o luna o ka io uala e maloo. O lalo wale no o ka uala ka mea mau i ka wai. I pololei wale ai ka olelo a na kupuna, ma ka hana wale no e ike pono ai i ka hopena. Ina ma ka lohe pepeiao wale no, aole no e paa ana ia ike. O ka mea e pono ai, ke komo pu ana i loko o ka hana a pela e ike ai i ke au nui a me ke au iki. Mamuli oia leo ao a koʻu makuakane hanauna i ao ai au, ua hiki no iau ke hoomakaukau i ka laau lapaau noʻu iho i keia mua aku. Ua paa ua ike ala ma ka papa o ka naau i keia manawa a no ka wa mau loa. A oia ke kumu i olelo ia ai, o ke kahua ma mua, ma hope ke kukulu. Ina hoihoi mai ka poe e ao mai i keia mau ike no ka laau lapaau, o ke komo pu ana i loko o ka hana ka mea e paa pono ai ka hana ma ka papa o ka naau.

Ke Kau Ana

O ka lula no ke kau ana i ka laau, o ka pule ka mea mua a o ke kau ana ma hope. O kekahi, aole hiki ke hoopulu ia kahi i kau ia ai ka laau i ka wai. O ka popolo kekahi laau i hiki ole ke hoopulu ia i ka wai ma hope o ke kau ana ma ka piko o ka makuahine. O ka popolo, ua hoohana ia no ka hoola ana ia loko o ka opu o ka makuahine. Wahi a koʻu makuahine, o ke kumu i kau ia ai ka popolo ma ka piko o ka makuahine, no ka hoola ana ia loko o ka opu o ka makuahine. I ka wa hapai o ka makuahine i kana pepe, hele a maka o loko o ka opu o ka makuahine. O ke kumu no ka maka o ka opu, no ka pekupeku o ka pepe i kona wa i loko o ka opu o ka makuahine. A hiki no hoi ke ike ia ma ka nakakaka o ka opu o ka makuahine i kona wa hapai. He loaa no na pepe eeu a malie i ka wa no i loko o ka opu o ka makuahine. O na pepe eeu, ua oi aku ka maka o loko o ka opu o ka makuahine no ka nui o ka onioni ana.

O kekahi lula no ke kau ana i ka laau, ka moku o ka makuahine. O "moku" oia no ka nahae ana o ka mai o ka makuahine i ka wa e hanau ai i ka pepe. O ke kumu i nahae ai ka mai o ka makuahine no ka nui o ke poo o ka pepe. Paakiki no ka puka ana mai o ke poo o ka pepe i waho mai ka mai aku o ka makuahine. O ka laau, ka io o ka pohuli maia. I ka wa e makaukau ai ka makuahine e hiamoe, nana no i kii i ka pohuli maia i hoomakaukau ia nona, a wauwau i ka io a kau ma kekahi apana welu. A laila, hume pololei ma kahi o ka moku i wahi hoi e ola ai ka moku. O kekahi kumu no ka hume ana i ka wa e hoi ai e hiamoe, i ole e nee ka laau i ka wa e holoholo ai ka makuahine i ka la. I kona wa e hoi ai e hiamoe, hiki i ka laau ke hoola i ka moku o ka makuahine.

O kekahi lula no ke kau ana i ka laau lapaau, aole hiki ke hala kekahi la me ke kau ole i ka laau ina he wa ia ma lalo o ke kau ana i ka laau. Ina e hoomaka ia ke kau ana i ka laau, e hoomau ia ma kela la me keia la a hiki i ka wa e ola ai ka moku. Ina poina ia kekahi kakahiaka a i ole ke ahiahi paha, pono e hoomaka hou mai kinohi mai. I ka wa a koʻu kupunakane i hoomakaukau ai i ka laau lapaau no ka poe i makemake i ka laau, nana no i malama i ia kuleana. Ua makaala oia i ka hoomakaukau ana i ka laau a me ke kau pu ana kekahi. Aole oia i waiho wale i ka mea mai e kau a i ole inu i ka laau e imi i kona pono iho no. Nana no i malama i ia kanaka mai ka hoomaka ana o ke kau laau a hiki i ka pau ana. O kekahi mea nui hoi i loko o ke kau ana i ka laau, ka malama pono ana i ka lula o ka laau lapaau. I koʻu manao, e like hoi me ka hana a na kupuna i hana ai i ko lakou wa, pela no hoi kakou e hana ai. Aole ma ko kakou manao wale iho no. Ina pela, aole ia he ike mai na kupuna mai. Mai ia kakou ae no no ka hahai ole i ka hana a na kupuna.

Ka Inu Ana

O kekahi lula no ka inu ana i okoa ae mai ka inu ana aʻu i hoike ae nei no ka apu hala, inu ia ka laau no mau la wale no. Aole inu ia ka laau no ka mahina a makahiki e like akula me ka laau a na kauka o waho nei i haawi ai i ka poe inu laau. O ka laau lapaau wale no i inu paa ia ma Niihau, ka noni. He hookahi kiaha wale no o ka la. I loko o kela kiaha hookahi, lawa ka laau e hoopau ai i ka mimi kopaa a me ka mai koko pii kekahi. No ia kumu i inu paa ai koʻu kupunakane i ka wai noni.

O kekahi hana no ka inu ana i ka apu hala, pono ka makuahine e moe ma ka opu a inu i ka apu hala. Aole hiki ke okuu ma ka noho a inu i ka apu hala. Ma kona opu no e inu ai i ka apu hala. O kekahi lula no ka inu ana i ka laau, ka pule. E pule no hoi i ke Akua no ka hoola ana mai i ke kino puaniani o ka mea inu laau a laila, inu i ka apu hala. O kekahi, inu ia ka apu hala, ma o ka penu ana me ke puna wale no. O ka manao o "penu," ka inu ana i ka laau me ke puna. Aole i inu pololei ia ka laau mai ke pola mai a kau i ka waha e like me ka inu ana i ke kope. O ka penu wale no ka mea e pono ai. "O ka tumu no ta penu ana i ta apu hala i hiti i ta laau te holo malie i loko o ta opu a hana ta laau. He laau tela no ta hooitaita ana i ta puaniani o ta mama" (Mililani Kanahele, Kekemapa 1, 2010). O ka manao o "puaniani," ka hakahaka o loko ka opu o ka makuahine ma hope o ka hanau ana i ka pepe. I ka wa e hapai ana o ka makuahine i ka pepe, hele a maa ka makuahine i ke kaumaha o kona opu. Ma hope o ka hanau ana i ka pepe, hele a mama ke kino o ka mama no ka hakahaka pu o loko o ka opu. No ka poe ikaika i ka hanau keiki, he mea ole ka puaniani. No ka poe ikaika ole i ka hanau keiki, pono ka apu hala i mea e hooikaika hou ai i ka mea hanau keiki.

O ka inu ole ana i ka wai kekahi lula no ka apu hala. Ma hope o ka inu ana i ka apu hala, aole hiki ke inu i ka wai a oala i kekahi la mai. Wahi a koʻu makuahine, o ke kumu no ka hiki ole ana e inu i ka wai ma hope o ka inu ana i ka laau, hiki i ka laau ke hoola ia loko o ke kino o ka makuahine. I wahi e pale ai i ka ono wai ma hope o ka inu ana i ka laau, ua hoohainu ia ka wahine hanau keiki i ke ahiahi ma hope o ka paina ahiahi. Ma hope pono o ka inu ana i ka laau hoi ka wahine e hiamoe i ole e kau mai ka ono wai i kona waihona noonoo no ka momona o ka apu hala. O ka apu hala, he laau momona no ia. No ka poe nawaliwali i ka hanau keiki, hele a pau ka ikaika mamuli o ka loihi o ka hanau ana. O ka apu hala no kekahi laau nana i hooikaika hou i ka puaniani o ka makuahine ma hope o ka hanau ana i ka pepe.

Ka Hoomalu Ana

He nui no na ano like ole o ka hoomalu ana i loko o ka laau lapaau. O kekahi lula no ka hoomalu ana, aole i inu ia ka laau lapaau i na la a pau. O ka apu hala kekahi laau i inu ia no elua wale no manawa, pau ka inu hou ana. Inu ia ka apu hala hookahi la a hoomalu elua la. Inu hou i ka lua o ka manawa a hookuu i ka inu ana i ka laau. He manawa wale no ka inu ana i ka apu hala. Pela no me na laau lapaau a pau, he manawa wale no e inu ai.

O kekahi hoomalu ana, ka hoomalu ana o ka makuahine hanau keiki i ka hale a piha hookahi mahina ma hope o ka hanau ana i ke keiki. Aole maikai ka lawe ana i ke keiki akahi no a hanau ia i waho no ka oolea ole o kona kino. He hiki koke ka loaa ana o ka pepe hou i ka mai ina aole makaala ia kahi e lawe hele ia ai ka pepe. O kekahi o keia hoomalu ana, no ka makuahine hanau keiki. Wahi a koʻu makuahine, no ka hamama pu o hope o ke kuapa o na wahine hanau keiki, pono no e hoomaha ma ka hale a piha hookahi mahina. Ma hope o ka hanau ana i ka pepe, pono ka iwi o ke kuapa e hoi hou a pili. Ina aole malama pono ka mea hanau ia ia iho, e pilikia ana ke kua i ka wa e oo ai no ka hoomalu ole ma hope o ka hanau ana i ka pepe.

Ka Pule Ana

Ma Niihau, ma mua o ka hana ana i kekahi hana, o ka pule ka mua i malama ia no ka loina o ka laau lapaau. O koʻu kupunakane a me koʻu makuahine, i na wa a pau a laua i komo ai i loko o ka hana no ka laau lapaau, o ka pule ka hana mua loa e hana ai. O ka mea aʻu i hoomanao ai, hoomaka oia i ka pule ma o ka pule ana i ka pule *Alakai a ka Haku.* He mea maamau ka lohe pinepine ana i keia olelo mai ko lakou waha mai. O ka pule no ia e hoomaka ai no na hana haipule a pau. Ma Niihau, pela no ka hana i na wa a pau. Aole i hoomaka ia kekahi hana me ka pule ole. O ka pule ka mua, ma hope ka hana. Wahi a Mililani Kanahele, "E hoihoi i ke Tua ma mua, ma hape aku katou i holo mua ta katou hana e hana ai." Aia no i ke kanaka nana i alakai i ka pule. I kekahi manawa, o ka pule, himeni, a pule hookuu wale no na pule i malama ia.

Eia hou, ma mua o kona hoomaka ana i ka pule, helu maila oia i kona mau manaolana a pau. He mea maamau hoi ia hana i ka poe Niihau. Manao au, o ke kumu i helu ai lakou i ko lakou manaolana ma mua o ka pule ana, no ka loaa ole paha o na manao i loko o ka lakou pule maamau. No ka pule ana a ka poe o waho nei, ua pule lakou mai ka naau ae no. Ma laila no i helu papa ia ai ko lakou mau manao no kela me keia mea i loko o ka lakou pule ana. Eia hou, o ka pule, ua malama ia i na manawa a pau. I loko o ka pule ohana, ka hana no ka laau lapaau, no ka ai ana, a oia mau ano. Hoomaka ia no me ka helu ana i ka manaolana e pili ana i kekahi kumu a laila hoomaka ia ka pule. Eia kekahi olelo i hai waha ia no ka pule:

> O ta pule, oia no ta mea nui i loko o na mea a pau. Ka tau laau ana ketahi. Noi no hoi katou i ke Tua e hoola mai ia oe ma ka inoa o Iesu. Ma mua no hoi o ta hoomata ana, hoomaitai mua oe i ta laau. Hilinai no i ke Tua he ola i ta laau lapaau. Na mea a pau maia ia mai no. Ahe mea a

katou! Oia ka tumu, pule mua oe i ke Tua ma mua o ka tau ana i ta laau. Te pau tau tau ana, pule hou no hoi oe no ta hootuu ana (Mililani Kanahele, Iune 30, 1990).

I ko'u manao, ua ike no lakou i ka hana kupaianaha a ke Akua oiaio i hana ai no lakou a me ka pane ana mai o ke Akua i ka lakou leo pule a oia no ke kumu no ko lakou pule mau ana i ke Akua i na wa a pau. Aole wale no i ka wa e inu ai i ka laau lapaau a i ole ka loaa ana i kekahi kuia a noonoo aku e pule i ke Akua. He Akua i piha i ke aloha, ke ahonui, a me ka lokomaikai. He Akua lili no hoi oia ina pule kakou he elua Akua. Ua palapala ia i loko o ka *Baibala Hemolele,* he hookahi wale no Akua. A ma ka Lani no oia e noho mau nei. Pela no ka poe Niihau i pule ai i ke Akua o ka Lani no ka olelo i hoike ia ma ka *Baibala Hemolele.*

Ka Pule no ke Kii ana i ka Laau Lapaau

He nui no paha na manao i hapai ia no ke kii ana i ka laau lapaau aka, no ka poe Niihau, ma mua o ko lakou kii ana i kekahi laau lapaau, o ka pule mua i ke Akua oiaio ma mua o ke kii ana i ka laau lapaau. Aole lakou i hele wale aku no i loko o ka ulu nahelehele a me ka waonahele e kii wale ai i ka laau lapaau me ka pule ole. No ka mea, aole no lakou ike he aha la na mea i kau ia ma luna o ia wahi a lakou e kii ai i ka laau. O ka pule ana i ke Akua e alakai mai i kahi e kii ai i ka laau lapaau a i ole ka hoike ana mai i kahi pololei e hele ai kekahi kumu i hoomaka ai me ka pule. Ma kahi hoi i hoike ia ka laau a me ka mea pono e hana ai ma laila aku no lakou i kii ai.

He mea hoomanao keia hana i ko'u hele kino ana i kula e kii ai i na kumu popolo no ke kau ana i ko'u makuahine. I ko'u hele ana i kula no ka popolo, aole no au i ike e pule ma mua o ka huki ana i ke kumu popolo. Iau no a hopu i ke kumu popolo no ka huki ana, nuku maila ko'u kupunakane iau, "Mai huti i tela tumu popolo. Pono kaua e pule mua i ke Tua ma mua o ta huti ana. Na ke Tua i alakai mila ia kaua ma nei i tahi o ta tumu popolo" (Enoka Kaohelaulii, aohe makahiki). I ia wa no oia i helu papa ai i kona mau manaolana a pau a haawi maila oia i ka *Pule Alakai A Ka Haku.* I ka pau ana o ka maua pule ana, hai maila oia, mai huki i ke kumu popolo i ulu huihui ma hookahi wahi. Imi hou akula oia a loaa kekahi wahi me elua kumu popolo a huki akula oia i na kumu popolo elua. Aole nae au i ike i ke kumu o ka lakou hana ana pela. I ke komo maoli ana i loko o keia hana ma ke ano he ninaninau i na makua o'u, ma laila no i loaa mai ai ka pane a hoomanao akula au i ke ao a ko'u kupunakane. Me he mea la o ka pule mua ana i ke Akua, oia ka mea e kuhikuhi ai ia ia i ke kumu popolo pololei e kii ai no ka laau lapaau.

Ua lohe no au i keia olelo mai koʻu makuakane hanauna mai i kona wa i hoike ai i keia hana no ka pai wikio ana i ka hana no ka popolo. Ina nui ino na kumu popolo e ulu ana ma hookahi wahi, mai huki iki i kekahi o na kumu popolo i ulu huihui ma hookahi wahi. E imi hou i na popolo i ulu hookahi ma hookahi wahi, a laila, hiki no ke huki. Wahi a koʻu makuahine, o ke kumu i hiki ole ai ke huki i kekahi kumu popolo i ulu huihui ma hookahi wahi, ua like no ia me ka lawe ana i kekahi lala o ka ohana. Ano e hoi keia olelo i koʻu noonoo no ka mea, he nahelehele wale no ia. Eia nae, ua hoohalike ia ke ano o ka popolo e like me kakou poe kanaka.

Hoihoi hoi koʻu lohe ana i ia manao no ka mea, ua like no ia ano manao me kakou kekahi. Ina lawe ia kekahi lala o kou ohana, aole paha ia he mea hauoli i ka makua. Ua like no kakou me na mea kanu kekahi. Aole makemake ia ka lilo ana o kekahi lala a waiho wale ia no kekahi. Hele a mehameha ka ohana i waiho wale ia. He mea nui ka maopopo ana i ka poe kii laau i keia ano hana. Ina aole maopopo ka mea kii laau ka hana pono e hana ai, e huki wale ia ana ke kumu popolo i ike ia me ka noonoo ole i ka hopena. Eia ae no ka olelo i hai waha ia e keia wahi kupa:

> Te tii oe i ta popolo, pono oe e nana i ta popolo hootahi no tumu popolo e ulu ana ma hootahi wahi. Te nui ino ka tumu popolo ma hootahi wahi, ale oe tii i tela poe popolo. Nana hou oe a te loa hootahi wale no tumu popolo ma hootahi wahi a tii oe. Olelo ia, te tii oe i ka tumu popolo i ulu nui ino ma hootahi wahi, ahe hana ta laau. Oia ka tumu, ale hiti te tii ia ta tumu popolo nui ino ma hootahi wahi (Enoka Kaleihoohie Kaohelaulii, Iune 6, 2003).

Ua pili ka olelo i hoike ia e Kaohelaulii i ka olelo a Gregory Cajete (1999) i kuhi maila i ka manao o na oiwi i ka hana me ka mea kanu. Ua hoohalike ia no ko lakou ola ma ka malama ana i ka mea kanu e like pu me na kanaka. Ma kekahi olelo ana, he pilina no ko ke kanaka i ka mea kanu. Hoomanao aela au i ka olelo a kekahi kupuna i hai waha ai i mua o makou. He kanaka mahi ai no oia a nana no i malama i ka loi kalo o ke kula *Kaiapuni o Anuenue.* Malia no ke aloha aina paha kona kumu i hai ai i keia olelo ia makou. "Ina malama kakou i ka aina, malama ka aina ia kakou" (Eddie Kaanana, Pepeluali 1997). O kona manao, ina e malama kakou i ka aina ma o ka mahi ai ana, he malama aina ia. I ka wa e hoohua ai ka aina i ka ai, malama hou ka aina ia kakou. Ua pili keia olelo i ka olelo noeau, "He alii ka aina; he kauwa ke kanaka" (Pukui, 1983, p. 62). Ua like no ke kulana o ka aina me ke kulana o na alii, he noho nani wale iho no ma ka aina e like me ka poe alii. Na ke kanaka e lawelawe i ko lakou makemake. Ke noonoo ae i ka laua nei olelo i kuhi maila, he pololei io ia mau olelo. O kekahi mea nani hoi o keia mau olelo, he olelo oiaio no ia.[10]

Ma Ka Hana ka Ike

O ka mea hoi nana i hooni i keia iini i loko oʻu i ka hana o ka laau lapaau, ma ka noho pu ana me koʻu kupunakane a nana i kana hana. He mea nui ka laau lapaau i ka poe Niihau no ka mea, oia wale no ka laau a lakou i kaukai ai no ka hoola ana i ko lakou mai. O kekahi, oia wale no ka laau i hiki ke loaa koke ia lakou ina mai kekahi kanaka o ka ohana. O waho nei, ina mai kekahi kanaka, o ka hele wale aku no i na kauka lapaau e kii ai i ka laau a i ole e kuai ma ka halekuai. Ma Niihau nae, aole hiki no ka loaa ole o ka halekuai e kuai ai i ka laau a i ole ke kauka lapaau. O ka laau lapaau wale no ka lakou i hoohana ai. Ina e ku mai ka mai, hele pololei aku no i kahi e loaa ai o ka laau a kii, a hoomakaukau no ka mea mai. He hana nui no ka imi ana i ka laau lapaau, ina aole i maopopo i kahi pololei e kii ai i ka laau. O kekahi, ka maopopo ana i ke ano o ka laau lapaau pololei e kii ai. O ka pii ana i uka a imi i ka laau lapaau kekahi hana e like akula me ke aa hala. Aole like me waho nei, hiki no ke hele wale aku i kahi o ke kumu hala a oki i ke aa hala. Ma Niihau, pono no e kau ma ka lio a pii aku i uka e kii ai. Aole hiki ke hele wawae wale no no ka mamao o kahi e loaa ai ka laau. O kekahi, aole i kii ia ka laau i ka po, i ka la wale no. Ina pono ka laau no kekahi kanaka, kii ia i ka la a hoomakaukau ia no i ka wa la. I loko o koʻu ohana, o koʻu kupunakane wale no ka mea nana i malama i ia kuleana ma ke kii ana a me ka hoomakaukau ana i ka laau lapaau. Pela no hoi au i ao mai ai i keia mau ike a pau ma ka noho pu ana me ia a nana i kana hana. He mea laha ole hoi ka lohe ia o kekahi keiki i noho pu me ke kupuna a nana i ka hana a ke kupuna. Aia wale no ia hana i ka hoihoi o ke keiki i ka noho pu me ke kupuna ina he ai ka hana. Ke piha no ka opu, o ka haalele akula no ia i kahi kupuna. I loko o koʻu ohana, o wau wale no ka moopuna i noho pu me ia i na wa a pau ana i hoomakaukau ai i ka laau lapaau. I keia manawa nae, he ekolu o makou i loko o koʻu ohana i ao ia i keia ike a ke hoomau ia nei no ia ike i loko o ka ohana.

Eia kekahi, wahi a koʻu makuahine, i ka wa ma mua, loaa no he ekolu mau kanaka hana laau lapaau ma Niihau. O koʻu kupunakane o Ernest Enoka Kaohelaulii, o Joseph Kumuwainahuanui Kanahele, a o Elaine Kuuleialoha Kelley. Aole nae au i ike maka i na kupuna e ae o Niihau i ka hoomakaukau i ka laau lapaau a o koʻu kupunakane wale no. Ina hanau kekahi wahine i ka pepe, nana wale no i hoomakaukau i ka laau no ka mea hanau keiki. O ka apu hala, ka popolo a me ke kukae puaa. He nui hou aku no na laau lapaau i hoohana ia a o ka mea hoi nana i hooulu i koʻu hoihoi i loko o keia hana, o ka laau lapaau no ka wahine hanau keiki. No ka nui hoi o koʻu hoihoi i ke ao mai i keia ike, pela no i lilo ai keia hana i hana e imi ai i na ike kupuna.

Eia hou, manao au ma ka ike ana o lakou i ke ola pono ana o ko lakou mai i ka laau lapaau, ma laila no paha lakou i hilinai ai, he ola i ka laau lapaau. Ina aole e ike ia ke ola ana o ko lakou mai mai ka laau lapaau mai, aole no paha lakou i hoomau i ia hana i loko o ko lakou ola. Ua ike maka no au i koʻu wa i ai ai i ka popolo no ka eha o ka puu. He hookahi a i ole he elua wale no manawa aʻu i ai ai, ua pau ka eha o ka puu. He hoailona hoi ia e hoike ai ia kakou, ua hana io no ka laau lapaau. O ka mea maikai hoi o ka ai ana, ka inu ana, ke kau ana i ka laau lapaau Hawaii, aole no ia inu ana no ka wa mau loa e like me na laau o waho nei i kauoha ia e na kauka. O kekahi pilikia no ka laau o waho, ina aole hoomau ia ka inu ana i ka laau a i ole ai paha i ka huaale, ua hoi hou maila ka mai. O ka laau lapaau Hawaii, he ola mau loa a he wa wale no e inu ai. Aia no a mai a i ole pono ka hoohana hou ana i ka laau lapaau, oia no ka wa e kii ia ai ka laau a inu hou ia.

Na Loina o ka Laau Lapaau

He mau loina no ko ka laau lapaau a aia no i ke ano o ka laau lapaau. Ma Niihau, ua hahai pono ia na loina o ka laau lapaau e oʻu mau kupuna. E laa hoi me ka ohi ana i ka laau, na helu e pono ai ka laau, ka wa kupono e kau ai i ka laau, ka hoomakaukau ana i ka laau, ka wa kupono e inu ai i ka laau, ka hoomalu ana ma hope o ka inu a kau ana i ka laau. He mea nui hoi ka hoomau ana i na loina a na kupuna i hoopaa ai no ka laau lapaau. I ko lakou manao, ina aole hahai ia keia mau loina e like me ka lakou hana, aole hana ka laau. E like me ka mea i olelo ia ma ka olelo noeau, "Mai kapae i ke ao a ka makua, aia he ola malaila" (Pukui, 1983, p. 224). He mea nui ka malama mau ana i ke ao a ko kakou mau kupuna no ko kakou pono iho no i keia nee ana aku o mua.

Ka Olelo Hookuu

Ua malama pono ia ka hana no ka laau lapaau e na kupuna o Niihau. Ua lawelawe ia keia mau mea me ke ahonui, ka hoomanawanui, ke akahai, ke kuikahi, a me ka lokahi. He mau mea nui keia e ao ai i na keiki, na opio a me na hanauna o keia mua aku i ke akamai o ko kakou mau kupuna i loko o keia hana he laau lapaau Hawaii. Aole na kupuna i kaukai i ko lakou ola na hai e hoola mai. Na lakou no i malama ia lakou iho. Ka malama ana i ka mea mai, na lakou no i imi i ka mea e ola ai ko lakou mau mai. Ina aole na kupuna i hoomau i ka ike o na kupuna, aole no paha i ili wale mai keia mau ike ma luna o lakou. Ua pomaikai maoli no kakou i na kupuna i hoopaa a hoomau i ka ike i loko o ko lakou ola.

He nui a lehulehu hou aku ka ike o na kupuna a hiki ole hoi ke helu ia. Oiai, ua hiki maila keia moolelo i ka hopena a o ka ninau nui hoi, he aha ka hana me ia ike i haawi hemolele ia? E hoomau ia i loko o ko kakou ola a i loko o na hanauna hou e hiki mai ana i hiki ia lakou ke hoomau hou aku i loko o na hanauna hou e hiki mai ana i keia mua aku. O kekahi, o na ike i ao ia, i heluhelu ia, i kuka kamailio ia me ka poe no lakou mai keia mau ike, ua ola keia ike i loko o lakou. O ke kumu, ua hoohana ia keia ike i loko o ko lakou ola, a oia no ke kumu i ola ai ko lakou ike a hiki i keia la. No'u iho, mahalo nui au i ko'u mau kupuna a me na makua o'u no ke ao hemolele ana mai i ko lakou mau ike iau. I keia manawa, ua hiki no ke ola mau keia ike hookahi i loko o na hanauna e nee nei. Mamuli hoi o ko lakou hoomau ana i ka ike o na kupuna i loko o ko lakou ola, pela no i loaa ai ia ike i keia la. He kuleana keia no kakou e hoomau ai i ka ike i kau ia ma luna o kakou. Aole na kupuna i kau wale i ia kuleana ma luna o kakou i mea e waiho wale ai i loko o ko kakou waihona noonoo. He kumu no ko lakou kau ana i ia mau kuleana nui ma luna o kakou i mea e ola mau ai ka ike laau lapaau o na kupuna no na kau a kau.

MOKUNA ELIMA

Na Ulu Hua i ka Hapapa

O keia olelo noeau o "Na ulu hua i ka hapapa," he olelo noeau ia mai kekahi moolelo i hai waha ia e na kupa o Niihau. Ua koho ia keia olelo noeau no ka hoopili ana i kona manao i ka hana no ka hanau keiki. Ua lohe au i keia moolelo mai koʻu kupunakane i koʻu wa kamalii. O ka moolelo, he ekolu mau kumu ulu no lakou keia inoa o "Na ulu hua i ka hapapa." Wahi a na kupa o Niihau, he mau kanaka lakou no Tahiti. I ka po no ko lakou huakai ana i Niihau. O ka lakou hana nae i ka hiki ana aku i Niihau, ka hoopili ana i na wahine o Niihau he kane a he wahine ke ano. I kekahi la nae, no ko lakou lilo wale no i ka lealea me na wahine o Niihau, ua moe loa lakou a i ke ala ana ae, ua oili e ke alaula o ka la a o ka lilo ihola no ko lakou kino kupua i mau kumu ulu. No ia kumu i laha ai keia moolelo kaulana ma Niihau no "Na ulu hua i ka hapapa." O kekahi mea nana i hoolaha i keia moolelo o "Na ulu hua i ka hapapa" mai kekahi mele i lohe nui ia mai ka poe hula a oli, oia hoi o "E hoi ke aloha i Niihau." Wahi a ka lohe, ua haku ia keia mele no ka moi wahine o Kapiolani i kona huakai ana i Niihau.

Na Revioterai Tava laua o Moses K. Keale, (1989, 19), kekahi mau kanaka i kakau i ka puke o *Niihau: The Traditions of an Hawaiian Island,* i hoike mai, na Kalekahee i haku i keia mele. A kapa ia no hoi keia mele hookahi, o "Mele a Kapiʻolani." Hoike pu maila o Juliet Wichman laua o Harold St. John, (1990, 81) na kanaka i kakau i ka puke o *A Chronicle and Flora of Niihau,* na Pua Haʻaheo i himeni a oki leo i ke mele o "Mele a Kapiʻolani." Aia no kekahi kii a me ka moolelo i pai ia no keia kumu ulu i loko o ka laua nei puke kekahi.

Ua hoike pu maila o Mary Kawena Pukui (1983) i kona manao no keia kumu ulu ma kana puke ʻŌlelo Noʻeau: *Hawaiian Proverbs & Poetical Sayings* (Pukui, Mary K. 1983, 250). no kekahi inoa o "Na ulu hua i ka hapapa" ma o ke komo pu mai o ka okina a me ke kahako, a penei no kona pela ana, "*Na ʻulu hua i ka hāpapa*" (1983, 250): Wahi a Tava laua o Keale, o ka ulu ana o keia mau kumu ulu, aia no i loko o kekahi mau lua paakea ma Leahi, Niihau. A he mau kumu ulu e ae ma waho ae o "Na Ulu Hua i ka Hapapa." Eia ae no na inoa i hoike ia no na kumu ulu e ae: o Hikinaakala, o Kulimoku, o Hakaleleaponi, o Kalama, a me

O Mileka Kanahele keia wahine e ku nei ma ka aoao o ke kumu ulu. O keia kekahi o na kumu ulu i lohe ia ma Niihau nona ka inoa o "Ka Ulu Hua i ka Hapapa." Aia keia kii i lalo o Leahi, Niihau. Hoolako ia ke kii e ka ohana Kanahele.

Nauluhuaikahapapa[1] (Tava & Keale, 1989, 26). Mai koʻu wa kamalii e noho ana ma Niihau, aole au i lohe i na inoa e ae o na kumu ulu, o "Na Ulu Hua i ka Hapapa" wale no ke kumu ulu i lohe ia. Wahi a koʻu makuahine o Mililani Kanahele, he hookahi wale no kumu ulu a oia no ke kumu ulu ana i ike maka ai. I koʻu ninau ana ia ia i keia ninau, "No ke aha hoi i kapa ia ai keia kumu ulu, o Na ulu hua i ka hapapa?" Mea maila oia, o ka inoa wale no ia ana i lohe ai. O kekahi, ua lohe nui oia i keia inoa mai ka waha mai o koʻu kupunakane kuakahi nona ka inoa o Kalanipio Niau. I ka wa ma mua, na koʻu kupunakane kuakahi i lawe i ka poe malihini i kipa ia Niihau no ka imi ana i na ano mea kanu like ole i ulu wale ma laila. Ua pai pu ia kekahi kii o keia kumu ulu ma ka puke a Wichman laua o St. John, (1990, 81). O laua kekahi malihini i kipa i Niihau a pela no i pai ia ai ke kii o ke kumu ulu nona ka inoa o "Na Ulu Hua I Ka Hapapa." Ma ke kii i pai ia i loko o ka laua nei puke, ua pa ia ke kumu ulu a paa i ka pa pohaku. He hoailona ia e hoike mai ana ia kakou, o keia no ke kumu ulu i kapa ia o "Na Ulu Hua i ka Hapapa." O kekahi kumu i pa ia ai ke kumu ulu a paa i ka pa pohaku, i ole e ai ia ke kumu ulu e na holoholona. He hele wale iho no na holoholona a Sinclair ma i lawe ai ma Niihau ma o a ma anei o ka aina. I ko'u ninau ana i ko'u makuahine i ka moolelo o keia kumu ulu, ua hai hou maila oia iau, i ka wa ia Eoma Lopikana ma, na keia ohana wale no i ai i na hua ulu o keia kumu ulu. Ua hookapu ia ka ai ana o ka poe Niihau i na hua ulu o keia kumu ulu. No ia kumu, aole no ka poe Niihau i kii wale aku i ka ulu mai keia kumu ulu i ai na lakou. Ina no paha ua noa ka ai ana o ka poe Niihau i ka hua o keia kumu ulu, malia ua ai paha ko'u ohana i ka hua ulu o keia kumu ulu. Malia no ka mamao paha o Leahi mai Puuwai aku, kahi hoi a na kanaka e noho nei, aole no i malama hou ia kela kumu ulu. I keia manawa, ua pau lakou i ka make. I ka wa ma mua, noho palale ka poe kahiko o Niihau ma o a ma anei o Niihau, na lakou i malama i kela mau kumu ulu. Wahi a ka lohe, ua loaa no ka poe i lalo o Leahi, a na lakou no paha i malama i kela kumu ulu. I ka wa i kuai ia ai o Niihau i ka ohana Sinclair ma, ua hoonee ia ka poe Niihau i noho palale ma o a ma anei a noho ma Puuwai. He ekolu ohana wale no i noho ma Kalaekii. A oia keia a hiki i keia la. No ia kumu paha i make ai ke kumu ulu no ka malama ole ia. Aloha no ka moolelo i lohe ia a pau ka ike hou ia i keia la. Oia paha kekahi mea e make ai ka lohe hou ana ia o na moolelo o Niihau no ka ike ole ia o ia wahi kaulana i lohe ia ma na mele o Niihau. He mea minamina hoi ka make wale ana o keia wahi kumu ulu a hiki ole ke ike ia i keia manawa. No ia kumu i koho ia ai o "Na Ulu Hua i ka Hapapa" no ka hoopili ana i ka manao o "hua" i ka hua o ke keiki a pili hoi ke poo manao o keia moolelo i ka hana no ka hanau keiki.

Eia kekahi, e like me ka halii ana o na hua ulu ma ka papa, pela no au e manao nei he pili keia hana i ka hanau keiki. Ma Niihau, kienenei ka wahine hanau keiki ma ke kuli a hanau i ka pepe. I ka wa e puka mai ai ka pepe mai ka puhaka mai o ka makuahine, o ka honua ka mea mua nana e hookipa ia ia no ka huli o ke alo o ka pepe i lalo. Wahi a ko'u makuahine, i kona hanau ana i kana mau keiki, ma ka papahele wale no oia i hanau ai. O ka papahele o na hale o Niihau, pili no i ka honua. I ka wa e makaukau ai e hanau i ka pepe, kienenei ka makuahine ma kona mau kuli a hanau i ka pepe. O ka pepe, ua like no oia me ka hua a ke Akua i hoopomaikai ai ia kakou. A pela no ka hua ana o na hua ulu ma ke kumu ulu i lohe ia ma Niihau.

He nui no na manao i hoike ia no "hua:" O ka hua moa, na hua ai, na hua o ka pokeokeo, ka hua a na manu, a me na ano hua like ole i ike maka ia. O ka hua hoi a'u e kuhi nei, oia no ka hua i hoopomaikai ia i ka makuahine hanau keiki mai ke Akua mai. Ua lohe nui au i keia olelo i na kupuna o Niihau i ka olelo, "Aole na kakou i hana i ke keiki. O kakou he hana wale iho no no ka lealea. A o ka mea nana i haawi mai i ka "hua" e pomaikai ai kakou, na ke Akua no. Mahalo nui au i keia olelo i puana mau ia e ka waha o ko'u mau kupuna no ka mea, he olelo ao keia ia kakou ma ka noonoo ana i na mea i pili i ka aoao o ke kino a me ka aoao o ka uhane. Hilinai au i keia olelo no ka mea, o na kupuna na loea i ike i na mea pohihihi a kakou i ike ole ai a ina he olelo ia mai ka waha mai o na kupuna, he olelo oiaio no ia. Ua lehulehu a manomano ka ike o ko kakou poe kupuna i loko o na mea a pau a lakou i hana ai no ka hanau keiki.

Ka Hanau Keiki

Ma Niihau, na na kupuna a me na makua wale no i malama i ke kuleana no ka hanau keiki. I loko o koʻu ohana, na koʻu mau kupuna a me koʻu makuahine hanauna no i malama i ka hana no ka hanau keiki ana. He mea hoomanao keia iau i ka wa a koʻu makuahine i hanau ai i koʻu kaikunane hanau hope. I ia wa he ewalu wale no oʻu makahiki. He kamalii wale no au ke noonoo ae eia nae, o na mea aʻu i ike maka ai, he hana kupaiahana no ia. Aole nae au i ike i ka hanau ana a koʻu makuahine, eia nae, ua ike au i ka hana a koʻu mau kupuna ma hope o ka hanau ana o koʻu makuahine i koʻu kaikunane.

Ma ka hale no o koʻu mau kupuna kuakahi i hanau ia ai koʻu mau kupuna na makua o koʻu makuakane. Ma ia wahi hookahi no i hanau ia ai koʻu makuakane a pau pu me kekahi o ka laua mau keiki. He mea hoomanao hoi keia iau i koʻu ike maka ana i ka hana a koʻu mau kupuna no ka hanau keiki i ka wa i hanau ia ai koʻu kaikunane. I loko no o na makahiki heu wale no oʻu, ua maopopo no iau ua hapai koʻu makuahine. Ma ka nana wale ana no i ka puu mai o kona opu i waho a he hoailona no hoi ia he pepe ko loko o kona opu. O koʻu makuahine, makemake loa oia i ka hoomaemae hale a pau pu me ka hoomaemae ana i ka pa hale i kona wa hapai. Aole au ike i ke kumu no kona naku ana i kela mau hana a hiki i koʻu wa i hapai ai i kaʻu mau keiki a hoi hou akula ka noonoo i ka wa hapai o koʻu makuahine. I kela wa kamalii oʻu, o kaʻu hana no ia. Naʻu wale no i kope i na opala i puehu wale ia e ka makani i kela me keia la. Ua kope ia ka opala i ke kakahiaka a me ke ahiahi. O ka puni wale i ke kope opala kekahi hana punahele a koʻu makuahine. Ia ia hoi e noke ana i ke kope i na opala i puehu ia ma o a ma anei o ka pa hale, ua ike ia no ka mimino ana mai o kona maka. I ia wa, aole nae au i ike i ke kumu o kona hana ana pela no ka mea, o koʻu wa heu wale no ia. I keia manawa nae, no ke komo maoli au i loko o ia hana i ka hapai ana i kaʻu mau keiki ponoi, ua maopopo iau, he hoailona ia e hoike mai ana i ka wahine hanau keiki, ua aneane mai ka wa e hanau ai i ka pepe.

O kekahi mea i hana ia ma Niihau, ka eha hanau keiki. O ka eha hanau keiki, oia no kekahi hoailona e hoike ai i ka makuahine, e hiki koke mai ana ka wa e hanau ai i ka pepe. Aole ka poe Niihau i hoohana ia kuakoko, o "eha hanau keiki" wale no. Ma waho nei hoi, o "kuakoko" no ka hua olelo i hoohana ia. O ka laua hana, ua like no. He mea hoomanao keia hua olelo iau i ka moolelo a koʻu makuakane i hai waha ai iau i ka hanau ana o koʻu makuahine i koʻu kaikuaana. Ma mua nae o ka hoomaka ana o koʻu makuahine e kuakoko no ka hanau ana i koʻu kaikuaana, ua koi aku oia i koʻu makuakane e hoi laua i Puuwai. O Puuwai no ke one hanau o koʻu makuahine a oia no kahi noho o kona mau makua. Mamuli hoi o ke koi ana o koʻu makuahine e hoi laua i Puuwai me na makua aloha ona, ua kii akula koʻu makuakane i kona hoki nona ka inoa o KayBee a hookau i koʻu makuahine maluna o KayBee a hoi i Puuwai. I loa no a hoea laua i Puuwai, o ka hanau koke akula no ia o koʻu makuahine i koʻu kaikuaana. I ka lohe ana i keia moolelo, hoomanao ihola au i ka moolelo o Iesu Kristo. I koʻu wa kamalii, ua hai mau ia keia moolelo i na keiki i ka wa Kalikimaka. A he moolelo no ia mai ka *Baibala Hemolele* mai. E like akula me ka hana a koʻu makuakane i hookau ai i koʻu makuahine ma ka hoki, pela no ka hana a Iosepa ia Malia na moolelo i heluhelu ia ma ka *Baibala Hemolele.* O ka mea okoa wale no o ia moolelo, o ka ekake. Na Iosepa i hookau ia Malia ma ka ekake a hoi laua a elua i Betelehema. I ko laua hoea ana i Betelehema, o ka hanau koke ia akula no ia o ke keiki hiwahiwa, o Iesu Kristo i loko o ka pa ai a na holoholona.

Eia hou, i ka wa i hanau ai koʻu makuahine i koʻu kaikunane, na koʻu mau kupuna no i lawelawe i ia hana. Aole i ae ia ke komo ana o na opio a me na keiki i loko o ia hana. O kekahi, aole hiki ke noho pu me ka mea hanau keiki i loko o ka lumi hookahi i ka wa e hanau ai ka wahine i ka pepe. Manao au, no ke kokua pu paha o na kupuna i ka mea hanau keiki e umi like me ia i ka wa e hanau ai i ka pepe kekahi kumu i hiki ole ai i kekahi keiki a opio ke noho pu me ka mea hanau keiki i ka wa e hanau ai i ka pepe. O kekahi o ia hana, no ke kau ana paha i ka eha o ka mea hanau keiki ma luna o kekahi kanaka i hana ia ai pela. O "kau i ka eha," he hana ia i hana ia e na kupuna o Niihau ma ke kau ana i ka eha hanau keiki o ka mea hanau keiki ma luna o kekahi kupuna. He hana paha ia i hana ia no ka hoomama ana i ka eha hanau o ka mea hanau keiki. I loko o keia hana hanau keiki, aole na ka mea hanau keiki wale no i umi i ka hanau ana i ke keiki nona iho. Ua komo pu na kupuna i loko o ia hana i auamo like lakou i ka eha me ka mea hanau keiki. Wahi a ka lohe, o ka umi like ana me ka mea hanau keiki, he mea ia e kau aku ai o ka eha hanau keiki ma luna o kekahi kanaka a i ole ke kupuna paha. I ka wa e lilo ai ka eha ia hai, hanau ka makuahine i ka pepe me ka ike ole i ka eha hanau keiki. Kupaianaha maoli no ka hana a ko kakou mau kupuna i ko lakou imiimi ana i ka hana e kokua ai ia lakou iho no ka hanau keiki ana. Wahi a koʻu makuahine, ua hana ia keia hana i kona hanau ana i kana mau keiki a pau. Na koʻu mau kupuna no i umi like me ia a pau ka hanau ana i ka pepe. He mahele no hoi keia i hana ia i loko o ka hanau keiki wale no. He nui no na ano o ka hanau keiki ana. Eia no ma lalo nei e hoike ia ai na ano like ole o ka hanau keiki ana a ka poe Niihau.

Na Ano Like Ole o ka Hanau Keiki Ana

He nui no paha na ano like ole o ka hanau ana i ka pepe. Ma Niihau, kienenei ka wahine hanau ma kona mau kuli a hanau i ka pepe. I ka wa no hoi e kau ai ka eha hanau e kukuli ka mea hanau ma kona mau kuli a ku kekahi kanaka kokua i hope o ka wahine hanau keiki a koo i kona mau kuli ma hope pono o ke kua o ka wahine hanau keiki i mea e pale ai i ka eha o ke kua o ka wahine hanau keiki. Hookomo i kona mau lima ma lalo o ka poaeae o ka mea hanau keiki i mea e kokua ai i ka wahine hanau keiki. I ka wa e umi ai ka mea hanau keiki no ka hanau ana, koo ka mea kokua hoohanau keiki i kona kuli ma hope o ke kuapa o ka mea hanau keiki no ka pale ana i ka eha o ke kua o ka mea hanau keiki. O kekahi hana ae no ka nakii ana i ka uhipela ma lalo ae o ka poli waiu o ka mea hanau keiki i mea e kokua ai i ka hoohanau ana i ka pepe.

Ma Niihau, ua nakii ia ka uhipela ma lalo pono o ka waiu a me ka opu o ka mea hanau keiki i mea e puliki ai ka mea hanau keiki i kona mau lima ma ka uhi pela a pohu i ka uhi pela i lalo o ka opu. O ka uhi pela kekahi mea nana i kokua i ka hoohanau ana i ka pepe kekahi.

> I ketahi manawa, hootahi no manawa o ta mama e umi ai, puta ta pepe iwaho. I ketahi manawa, te hele a mapopo ia oe e, he wa we no nou e hanau ai, hoomakautau no oe ia oe iho ma mua o tou hanau ana. Te hiti mai i ta wa e eha hou ai, umi no oe a hemo tau pepe i waho. Oia ka tumu, maitai ta uhi pela i hiti ia oe, ta mama, te pohu i ta uhi pela i lalo i tou wa e hanau ai (Mililani Kanahele, Mei 30, 2003).

Ma waho nei, ina hanau ka wahine i loko o ka haukapila, hoomoe ia ka wahine ma ke kua a huli ke alo i luna a hanau i ka pepe. Wahi a ke kupa o Niihau, o keia ano hanau ana, aole ia he mea kokua i ka wahine hanau keiki. He mea kokua wale no i ke kauka hoohanau keiki ma ka hoohanau ana i ka pepe. O ka pilikia nae o keia ano hanau ana, me ka hana nui ka wahine e umi ai a hemo mai ka pepe i waho. O kekahi pilikia hou aku no keia ano hanau ana, hele a pau ka hanau ana o ka makuahine i ka pepe, ua paupauaho a pau ka ikaika i ka umi wale no i ka hanau ana i ka pepe. Maikai keia ano hanau ana ma ke kua no ka poe ikaika i ka hanau keiki. No ka poe ikaika ole i ka hanau keiki e like akula me koʻu makuahine, maikai ke kienenei ana ma ke kuli.

O kekahi mea hoi nana i hoopii ae i ka hoihoi i loko oʻu no keia papahana hanau keiki, no koʻu lohe i na moolelo i hai waha ia e na kupa o Niihau. Iau hoi e noho ana me koʻu mamanui, ua hai maila oia i kana hana i kona wa e noho ana ma Niihau. Oiai, o koʻu mamanui ka hiapo o kona ohana, ua lilo oia i makuahine no kona mau pokii. O kekahi mea hoi nana i hoopa i koʻu naau i ka lohe ana i kona moolelo, kona hele kino ana i ka po e kii ai i na wahie e hoa ai ke kapuahi no ka hoowela ana i ka wai wela. O kekahi o na hale a laua i hele ai e kokua i ka mea hanau keiki, i ke aumoe lilo no. O ia no ka wa i kau ai ka eha hanau keiki i ka mea hanau keiki. Ina aohe wahie e hoa ai i ke ahi no ka hoowela ana i ka wai wela, nana no i hele kino aku i loko o ka nahele e kii ai i na wahie. O Niihau, poeleele ka aina holookoa no ka loaa ole o na kukui alanui e like me waho nei. Ke hele aku i waho o ka poeleele, o ke kukui helepo a i ole ke kukui pauma kou hoa pili i mea e hoomaamaama ai i kahi au e hele ai i loko o ka poeleele. O ka imi ana i na wahie i loko o ka nahelehele i ke aumoe lilo, he hana nui no ia. Ina aohe kukui, aole hiki ke ike i na wahie. I koʻu wa kamalii, ina kena mai koʻu makuakane iau e kii i ka wai inu ma ka pahuwai nui o waho o ka hale, ua pii koke maila ka makau i loko oʻu no ka hiki ole ke ike ia waho o ka poeleele. Ua oi loa aku ka makau ina hele kino ke keiki i loko o ka nahelehele e ohiohi ai i na wahie no ke kuke ana i ka wai wela.

O ka hoowela ana i ka wai wela ka hana a koʻu mamanui. Wahi a koʻu mamanui, i kela wa, o ke kapuahi wahie wale no ke kapuahi i loaa ia lakou no ke kuke ana i ka mea ai. I ia wa, aole no i loaa ke kapuahi aila mahu, o ke kapuahi wahie wale no. I kekahi manawa, no ka ua nui o Niihau, ua pulu na wahie a pau i ka ua. I kona kii ana i na wahie no ka hoa ana i ke kapuahi i mea e hoowela ai i ke kapu wai wela, aole hiki ke a ke ahi no ka pulu o ka wahie i ka wai ua lani. O kana hana hoi ma ka hoa ana i ke ahi, o ka ninini ana a lana ka aila mahu ma luna o na wahie pulu a hoa i ke ahi. No ka nui o ka aila mahu i ninini ia ma luna o na wahie, ua a koke ke ahi. Aole no i liuliu iki ae, o ka paila maila no ia o ka wai wela.

> Kahi manawa, hana nui oe e hoa ai i te ahi a, a te ahi. Eia mai hoi taʻu hana, ninini i ta aila mahu. He pahu ia o te ahi. Ahe u no wela ta wai wela (Mileka Kanahele, Malaki 24, 2003).

O ka hana a ka wai wela, ina hanau ia ka pepe a uliuli ka ili, o ka wai wela ka mea nana e hoopumehana i ka pepe. Ina loaa keia ano kuia i ka pepe, umi ka mama a hemo ka honua i waho a hookomo ia ka honua holookoa o ka pepe i loko o ka wai wela me ia paa no o ka honua i ka piko o ka pepe. Aole i oki ia ka piko a kaawale mai ka pepe aku. Ua waiho ia no me ia paa no. O ka honua, oia no ka mea nana e hoopumehana hou i ke kino hauliuli o ka pepe. I ka honua hoi i loko o ka wai wela, owili ia ka pepe i loko o kekahi kihei pepe a puliki ke kupuna i ka pepe ma kona poli. O ka mea nana e hoike mai ua pumehana ke kino puanuanu o ka pepe, ka hoi hou ana o ka ili hauliuli a pohala. Eia ae no ka olelo a kekahi kupa i hana io i keia hana.

> Hoohana ia ta wai wela no ta hoopumehana ana i ta pepe. Kahi manawa, hele a puta mai ta pepe iwaho, uliuli ta ili. Loa i te anu no ta loihi loa o ta hanau ana ia o ta pepe. O ta wai wela, oia no ta mea nana i hoopumehana i ta pepe. Hootomo ia ta honua i loko o ka tapu wai wela a na tela honua no e hoopumehana i ta pepe. Te pumehana ta pepe, hiti te oti i ta pito. Hiti no ia oe te mapopo ua pumehana ta pepe te hele a akala ta alualu o ta pepe (Mileka Kanahele, Malaki 24, 2003).

He moolelo kupaianaha keia a ko'u mamanui i hai waha ai i ka hana a na kupuna o Niihau no ka pono o ke ola o ka lakou mau pepe. Ma kahi hoi o ka owili ana i ka pepe hou i loko o ke kapa no ka hoopumehana ana i ka pepe, ua imiimi lakou i ke ala e ae e hoeleu ai i ka hoopumehana ana i ka pepe. Ua ike no hoi kakou i keia hana, ina anuanu kakou, pono kekahi mea nana e hoopumehana i ko kakou kino puanuanu. I loko no o ka nui kapa i uhi ia ma luna o kakou i mea e hoopumehana ai i ka puanuanu o ke kino me he mea la, aole no i lawa ka pumehana o ke kino. Pono ka loaa hou ana mai o kekahi mau kapa hou aku e hoopumehana ai i ko kakou kino puanuanu. Malia no ia kumu paha i hoowela ia ai ka wai wela no ka ike ia ka pumehana koke ana o ke kino puanuanu o ka pepe. Ke hoomau ia nei no keia hana ma Niihau a hiki i keia la. O kekahi mea hoi i ike ia, ka hana no ke kau ana o ka maka o ka mea hanau keiki i kekahi kanaka.

Kau ka Maka

O ke kau ana o ka maka, no ka poe hanau keiki wale no ia. O ka manao nui o "Kau ka Maka," ke ake nui ana o ka mea hanau keiki e ike i ka maka o kekahi kanaka i kona wa e kokoke ai e hanau i ka pepe. Malia, o ke kumu no paha ia o ke koi ana o ko'u makuahine e hoi i Puuwai no ke kau o kona maka i na makua ona. O keia mea he kau ka maka, he mea kela e kokua ai i ka mea hanau keiki ma ka hanau ana i ka pepe. Ina kau ka maka o ka mea hanau keiki i kekahi kanaka o ka ohana, pono no ka hiki kino ana mai o ia kanaka i mua o ka mea hanau keiki. Ma ka ike ole ana i ka maka o ka mea i kau ia o ka maka, e loihi ana ka hanau ana i ka pepe. Ua hana ia keia hana i ka wa wale no e eha ai ka makuahine no ka hanau ana i ka pepe.

> Oia no hoi teia, i tou wa e kokote ai e hanau i tau pepe, mamate ana oe i ketahi mea e kotua ia oe ma ta hanau ana. O tou matua paha a i ole tau tane paha. Kahi manawa, kali aku oe a walaau ia mila oe e tou mau matua, ahe nana aku i ta mea aahe i mua o tou ala. Nana mai i ta poe i mua ou (Mililani Kanahele, Mei 30, 2003).

Ua lohe mau au i keia mea he kau o ka maka i ka poe Niihau. Aole nae au i ike ina hana ia keia hana e ka poe o waho nei. Ma Niihau, ina kau ka maka o ka mea hanau keiki i kekahi kanaka, pono no e kii ia ua kanaka ala. Ina aole hiki kino mai ke kanaka i kau ia ka maka, aole hiki i ka mea hanau keiki ke hanau i ka pepe. I kekahi manawa, elua a ekolu la ka loihi o ka makuahine hanau keiki e hoao ai e hanau i ka pepe. O ka pilikia wale no o keia hana, i loko wale no o ka ehaeha e noho ai a hanau ia ka pepe. Eia ae ka olelo a kekahi kupa o Niihau:

> I ketahi manawa, te tau tou mata i ketahi mea, i tou matuahine paha a i ole ketahi poe paha i loko o tou ohana, aale hiti ia oe te hanau a ite oe i ta mata o tela kanaka. I toʻu wa i hanau ai ia Elia paha taʻu pepe? Tau kula no hoi ta mata ia Papa. Aale wau i hanau a tu [hoea] mai to outou Papa. I tona hiti ana mai i ta hale, hanau kote no wau i tela manawa kote no. Mamua, te hele to outou papa i ta lawaia a eha wau no ta hanau, hoomanawanui aku no oe i ta eha a olelo mai to matou mama iau, oluolu mai no oe ia matou ta poe i mua ou (Mililani Kanahele, Mei 30, 2003).

Aole no ka hoohanau wale no i ka wahine kekahi kumu i kau ai ka maka. O kekahi kau ana o ka maka, i mea e kakoo a kokua ai i ka mea hanau keiki. Wahi a koʻu makuahine, i kona hoohanau ana i na wahine Niihau, loaa no kekahi o na wahine i kau ka maka i ka lakou poe kane. I kekahi manawa, aia ke kane i ka hana a aole hiki ke kii ia e hoi i ka hale no ka mamao o kahi e hele ai e kii i ke kane i kau ia ka maka. O ka mea wale no e hanau koke ai, ka nana ana i ka poe i mua ou. Mai kau aku ka maka i ka poe i loaa ole i mua ou. Ke hoomau ia nei no keia ano hanau keiki ana ma Niihau a hiki i keia la ina koho ka makuahine hanau keiki e hanau ma Niihau, kii ia na loea hoohanau keiki i mea e alakai ai i ka hanau ana i ka pepe. He koho no kana ka hanau ana ma Niihau a i ole ma Kauai.

Eia kekahi, ua maopopo anei paha i na kauka lapaau o keia wa i ia mea he kau ka maka? Oiai, maopopo ia kakou ke ano o ka hoohanau ana a kekahi mau kauka, aole no i kokoke mai ka wa e hanau io ai ka wahine, ua hou ia ka wahine i ke kui hoohanau keiki i mea e hanau koke ai oia. O kekahi, ina hana nui ka hanau ana o ka wahine i ka pepe, o ka paka koke ia maila no o kahi opu a moku a hoohanau ia ka pepe. Aole i nana ia ka pono o ka makuahine hanau keiki, ua nana no lakou i ko lakou pono iho no. Malia, o ke kumu no paha ia i hiki ole ai i ka wahine ke hanau i ka pepe i kona wa i hele ai i ka haukapila no ke kau o ka maka i kekahi kanaka! No ka maopopo ole i keia mea he kau o ka maka, he hookahi wale no koho, ka paka ana i ka opu o ka mea hanau keiki a hoohanau i ka pepe. O ka mea wale no a lakou i nana ai, ka hanau koke mai o ka wahine i ka pepe a pau ka hana. He mea nui ko kakou ao ana mai i keia hana i maopopo ia kakou, aia no he ala hou aku e hoalo ai i ka paka ana i ka opu o ka makuahine. He mea nui hoi ka loaa ana o na lula hanau keiki e papa ana i keia ano hana i mea e auamo hewa ole ai ka makuahine hanau keiki i na ano popilikia like ole e upu mai ana ma hope o ka paka ana i ka opu.

Na Lula no ka Hanau Keiki

He nui no na lula no ka hanau keiki. Ma Niihau, ina hapai kekahi wahine, papa ia ke komo ole ana o ka wahine hapai i ka lei, ka hapai ana i na mea kaumaha, ka ai ana me ka pahi, ka ai hele ana a me ka oki ana i ka lauoho. O ke komo ana i ka lei i ka wa hapai, he mea ia e wili ai ka piko o ka pepe ma kona puu. Ua ike ia no kekahi o na pepe i wili ia ka puu e kona piko ponoi. No ia kumu i papa ia ai ke komo ana o ka wahine hapai i ka lei i ka wa hapai. O ka paa ana o keia haawina ka mea nui. Ina e upu mai keia ano pilikia, ua maopopo no i ka poe hoohanau keiki i ka hana, pehea e wehe ai i ka piko i owili a paa ma ka puu o ka pepe. A no ia kumu i papa ia ai ka lei ole ana o na wahine hapai i ka lei.

Eia hou, wahi a koʻu makuahine o Mililani Kanahele, i ka wa e puka ai ke poo o ka pepe i waho, nana mua lakou i ka piko o ka pepe ina wili i ka puu o ka pepe. Ina owili ka piko i ka puu o ka pepe, hookomo ka mea kokua i kona lima ma hope o ka ai o ka pepe a pale a hemo ka piko i mua o ke poo o ka pepe. O ka walewale o ka pepe ka mea nana e hoopakika i ka piko a hemo mai ka puu aku. Aole lakou i oki i ka piko mai ka puu aku o ka pepe. O ke kumu i oki ole ia ai ka piko, o ka piko ka mea nana i malama i ke ola o ka pepe. O ka piko, oia mea hookahi no he honua.

O ke kumu i oki ole ia ai ka piko o ka pepe, no ke kukae puaa. O ke kukae puaa ka mea eleele i loko o ke ka o ka honua. Ma mua o ka oki ana i ka piko o ka pepe, pono no ka mea oki piko e hoonee mua i ke kukae puaa i ka aoao, ma mua o ka oki ana i ka piko. Wahi a na kupa o Niihau, o ke kukae puaa i loko o ka piko o ka pepe, ua like no ia me kekahi pepe. Ina oki hewa ia ke kukae puaa, e hee wale ana no ka pepe ma hope mai ke hapai hou ka mama. O kekahi, ina makemake ka poe Niihau e ike i ka nui o na keiki e hanau ai, helu ia ka nui o na kukae puaa a oia no ka nui o na keiki e hanau ia ana. Noʻu iho, o ka mea waiwai hoi i loko o keia haawina, ka maopopo ana i ka poe hanau keiki keia hana.

Ka Malama ana i ka Wahine Hanau Keiki

Ma Niihau, aole i waiho wale ia ka wahine hanau keiki e hanau nona iho. Na na kupuna no i kokua i ka wahine hanau keiki e hanau i ka pepe. I loko o ko'u ohana, o ko'u mau kupuna ka poe i malama i ka hana no ka hoohanau keiki. Ke kuhi nei au, e like me ka hana a ko'u mau kupuna, pela no paha me na ohana e ae kekahi. He loaa no paha ka poe hoohanau keiki i loko o kela me keia ohana i malama i ka mea hanau keiki. O ko'u makuahine hanauna nona ka inoa i kapa ia o "mamanui" a me ko'u kupunawahine, na laua no i malama i ko'u makuahine. Pela no paha me kekahi mau poe e ae. Na kekahi kupuna a ohana no paha i kokua aku e malama i ka wahine hanau keiki.

> O ta'u wahine, na to'u mau matua no i ao mai iau i ta hana no ta hanau keiti. I ta wa i hanau ai ta'u wahine i ta maua keiki ekolu, na to'u palala i kotua iau (Jacob Enoka Kaleihoohie Kaohelaulii, Iune 6, 2003).

I loko o ka hanau keiki, he nui no na kuia like ole e upu wale ai i ka wa e hanau ia ai ka pepe. O kekahi kuia, ka puka mua ana o ka wawae o ka pepe i waho ma kahi o ke poo. O ka mea maa mau, o ke poo o ka pepe ka mea mua loa e puka ai i waho. Ua ike maka au i keia hana i ka wa i hanau ai ka wahine a ko'u hoahanau. No ka piha ole o ka mahina i ka pepe, ua hanau e ia ka pepe me ka piha ole o na mahina he eiwa. Wahi a ko'u mamanui, ina upu mai ia ano kuia, pono e pohu hou i ka wawae o ka pepe i loko o ka makuahine a hoihoi i ke poo o ka pepe me kou mau lima i lalo. Aole i hookomo ia ko lakou lima i loko o ka makuahine, ma waho wale no o ka opu i noke ia ai e hoohuli i ke poo o ka pepe a hiki i ka pololei pono ana i kahi e puka ai kona poo. O ke kumu i upu ai keia ano pilikia ma ka puka mua ana o ka wawae o ka pepe i waho, no ka hapai nui ana o ka makuahine i na mea kaumaha i ka wa hapai. I ka wa e hapai ai i kekahi mea kaumaha, umi ka makuahine. A no ia umi ana, me he mea la, e hanau ana i ka pepe. No ia kumu i kekahi manawa, hanau ia ka pepe me ka piha ole o ka mahina pololei e hanau ai. Ma Niihau, ina ike na kupuna a i ole na makua i ka hapai ana o kekahi wahine i loko o ka ohana, ua papa ia ka hapai ole ana o ka wahine hapai i kekahi mea kaumaha i mea e pale ai i keia ano pilikia i ka wahine hapai. Ua malama pono ia ke ola o ka makuahine hapai mai kona wa i hookauhua ai a hiki i ka wa e hanau ai.

Ka Nalu

O ka nalu, oia ka walewale i loko o ka ihu o ka pepe. I ka wa e hanau ia ai ka pepe, komo ka nalu i loko o ka ihu o ka pepe. He walewale ia mai loko mai o ke eke keiki. I ka wa o ka pepe i loko o ke eke keiki, komo ka walewale i loko o ka ihu o ka pepe. I ka wa e hanau ia ai oia, piha ia ka ihu e ka walewale. I loko o koʻu ohana, na koʻu mamanui laua o koʻu kupunakane i omo i ka nalu mai loko mai o ka ihu o ka pepe. Ua ike maka au i keia hana i ka wa i hanau ia ai koʻu kaikunane. Na koʻu kupunakane no i omo waha i ka nalu mai ka ihu aku. Ma hope pono no o kona hanau ana ia, omo ia ka nalu mai loko o kona ihu. Ma Niihau, aole i hoohana ia ka mea omo upe i mea e omo ai i ka nalu o ka pepe. Me ka waha pololei no o koʻu kupunakane i omo ia ai ka nalu. Ua ike maka ia no ke omo waha ana o koʻu mau kupuna i ka upe kole o na moopuna i loaa i ka punia. Malia no ia kumu paha i ku ole ai ko lakou hoopailua i keia hana no ka maa i ke omo wale ana no i ka ihu upe kole o ka lakou mau moopuna. Ua hana ia keia hana no na pepe akahi a hanau ia a hiki i ka piha ana hookahi makahiki me ka hapa. A i ole ia i ka wa e hiki ai i ka pepe ke hooke i ko lakou ihu ponoi. Ina aole hiki, na na kupuna a i ole na makua i omo i ka upe kole me ka waha. Ma Niihau, o ka poe palekeiki, o ka lakou hana no ia he omo i ka nalu o ka pepe.

Na Kanaka Hoohanau Keiki

O kekahi hana no ka hanau keiki, na kanaka i kokua i ka hoohanau ana i ka mea hanau pepe. I loko o koʻu ohana, he ekolu mau kanaka na lakou i lawelawe i ia hana. O koʻu makuakane, oia ka mea i kakoo i ka mea hanau keiki ma ke koo ana i kona kuli ma ke kua o ka mea hanau keiki. O ka lua o ke kanaka kokua, i mea e hopu ai i ka pepe i ka wa e hanau ia ai a me ke omo ana i ka nalu o ka pepe. O kekahi, o ka mea nana e hoowela i ka wai wela a me ka malama ana i ka honua o ka pepe. I loko o koʻu ohana, he elima mau kanaka hoohanau keiki i maopopo iau. O koʻu kupunawahine a me ke kupunakane, na makua o koʻu makuahine. Koʻu mamanui, ke kaikuaana o koʻu makuahine, a me koʻu makuakane. Ma ka aoao o koʻu makuakane, o koʻu mau kupuna kuakahi, o Kalanipio laua o Kaawa Niau a me koʻu kupunawahine a me kona kaikaina, o Maluhia laua o Lilia Niau, a me koʻu mau makua. Na lakou no i malama i ka mahele hoohanau keiki. Ke kuhi nei au, ua loaa no ka poe hoohanau keiki i loko o kela me keia ohana, eia nae, na ka mea hanau keiki no i koho i ke kanaka ana i makemake ai e kokua no ke kau no paha o kona maka i ia kanaka.

Ka Opaha o ke Poo

O kekahi mea nui i loko o ka hanau keiki ana, ka hana no ka opaha o ke poo o ka pepe. Ma Niihau, ina opaha ke poo o ka pepe, na na kupuna no i hoopoepoe hou i ka poo opaha o na pepe. Loaa no na pepe i hanau ia a opaha ke poo. O ke kumu i opaha ai ke poo, no ka hapai ia o ka pepe i loko o ka poli. Ua kau wale ia ke poo o ka pepe ma kona poli waiu i ka wa e hanai ai i ka pepe i ka waiu mama. Kuhi maila koʻu makuahine, na ka iwi kua o ka makuahine i hookekee i ke poo o ka pepe. O ka iwi kua, oia no ka iwi o hope o ka papa kole o ka makuahine. I ka wa e makaukau ai ka makuahine e hanau i ka pepe, hamama ka iwi kua i wahi no ka pepe e puka ai i waho. Wahi ana, aia no ka poepoe o ke poo o ka pepe ke hamama maikai o ka iwi kua lalo o ka makuahine. Ina aole i hamama pono ka iwi kua, na ka iwi kua no e hoopaha i ke poo o ka pepe. Ina umi koke ka mea hanau keiki i ka pepe me ka hamama maikai ole o ka iwi kua, oia no kekahi kumu e opaha ai ke poo. A i ole ia, aole no i huli pono ke poo o ka pepe i kahi pololei e puka ai i waho.

O kekahi opaha ana o ke poo o ka pepe, no ka hoohana ia o ka mikini omo pepe i ka wa e hanau ai o ka makuahine. Ua ike maka hoi au i keia hana i ka wa i hanau ia ai kaʻu keiki hanauna. No ka nui paha o kona poo, ua hana nui ka puka ana o kona poo i waho. Ua kii ia kekahi mikini omo i mea e huki ai i ka pepe a puka i waho. He hoailona paha ia o ka makaukau ole o lalo o ka makuahine e hanau i ka pepe. Ina aole no i makaukau ka makuahine no ka hanau ana, aole no i makaukau. E like me ka mea aʻu e kuhi aku nei, ina aole i hamama pono ka iwi kua o ka makuahine hanau keiki, oia akula paha kekahi pilikia no ka paa ana o ke poo o ka pepe. O ke kali ana a makaukau maoli ke kino o ka makuahine no ka hanau ana i ka pepe ka mea e pono ai. I ko makou kipa ana i ka haukapila e ike ai kaʻu kaikamahine hanauna, ua ike ia akula ka opaha o kona poo. I ia wa no koʻu makuahine i hoike ai ia makou i ka hoopoepoe hou ana i ke poo opaha o kaʻu kaikamahine hanauna. I keia manawa, ke nana aku i ke poo o kaʻu kaikamahine hanauna, me he mea la, aole no i opaha. Ke kuhi nei au, aole wale no paha keia opaha ana o ke poo o ka pepe ma Niihau wale no. Malia, ua loaa no paha kekahi mau keiki poo opaha i hanau ia e ko waho nei poe. He mea nui hoi ke ao ana aku i keia hana no ka hoopoepoe hou ana i ke poo opaha o ka pepe ina ku mai keia ano kuia i ka wa e hanau ia ai ka pepe.

Ka Hoopoepoe ana i ke Poo

O ka hana hoi a koʻu makuahine no ka hoopoepoe ana i ke poo o ka pepe, ka hoomoe ana i ke poo o ka pepe i loko o ka poho lima. Mai ka hanau ana mai o ka pepe a hiki i ka piha ana ia ia he hookahi mahina, ma ka poho lima wale no i paa ia ai ke poo o ka pepe. I kela wa, oia mau palupalu no ka iwi poo o ka pepe. Aole i hoomoe ia ka pepe i loko o ka poli, no ka opaha o ke poo. I ka wa e hanai ai i ka pepe i ka waiu mama, ma ka poho lima no e paa ai i ke poo a hanai i ka waiu mama. O kekahi poe, no ka maopopo ole paha i keia hana, ua hoomoe pololei ia ka pepe i loko o ka poli a hanai i ka waiu. Me ia wale no e hapai ai i ka pepe a poepoe hou ke poo. I koʻu lohe ana i ka hana a na kupuna o Niihau, he akamai maoli no lakou i ka noonoo ana i ka hana e hoopololei hou ai i ka opaha o ke poo o ka pepe. Ua lohe au, pela no ka hana me ka okole palahalaha o ka pepe. Hookomo ia ka papakole o ka pepe i loko o ka poho lima a me ia no e hapai ai i ka pepe a piha he hookahi mahina. Penei no ka hana, paa hookahi poho lima ma ke poo a hookahi poho lima ma ka papakole o ke keiki. Manao au, oia paha ke kumu i poepoe ai ka papakole o na kaikamahine Hawaii. Pehea, ua loaa anei keia ano ike i na poe o waho nei no ka hoopoepoe hou ana i ke poo opaha a me ka papakole o ka pepe?

> Matou, te hanau ia mai tau pepe opaha te poo, pono oe e hoomoe i ta poo o ta pepe i loko o tou poho lima. I ta wa oe e hanai waiu mama ai i tau pepe, hootomo no hoi oe i ta poo o ta pepe iloko o tou poho lima a hanai i ta waiu. I ta wa tahi no a hanau ia ta pepe, palupalu to lakou poo. Te piha ta pule, hoomata mai e oolea. O ta wa maitai e hoihoi hou ai i ta poo opaha o ta pepe, i ta wa hootahi no a hanau ia (Mililani Kanahele, Nowemapa 7, 2005).

He hana maamau keia i ka poe Niihau ka hoopoepoe ana i ke poo a me ka papakole o ka pepe. Aole no ke poo a me ka papakole wale no kekahi hana i hana ia, o ke omo ana i ka nalu o ka pepe kekahi mea i hana maoli ia e koʻu mau kupuna.

O na kahu malama pepe kekahi kanaka nana i kokua i ka mea hanau keiki. O kana hana, ka malama ana i ka pepe a me ka mama. I loko o koʻu ohana, na koʻu kupunawahine ka makuahine o koʻu makuahine laua o koʻu mamanui i malama i keia kuleana. O kekahi kumu no keia hana, i ole e haule ka pepe i lalo ma ka papahele. Na laua no i malama like i ka pepe a hiki i ka piha ana i ka mama he hookahi mahina. Ma hope, na ka makuahine no i malama i kana pepe ponoi. I koʻu ao ana mai i keia hana no ka hanau keiki, kau maila koʻu waihona noonoo i na kupuna i imi i ke ala e kokua ai ia lakou i ka hana no ka hanau keiki. He mea nui hoi ke ao ana mai i keia mau ike kupuna i wahi hoi e ola mau ai keia ano ike hoohanau keiki o Niihau i loko o na hanauna hou e nee nei. Mai kali a pau na kupuna i ka hoi i ke ala hoi ole mai a hoaa ka maka. I ka wa no e noho mau ana ka ike kupuna me kakou, oia no ka wa e ao ai.

Ka Hanau Hookahi ana

Ma Niihau, ua loaa no na wahine i hanau hookahi no lakou iho no ka makemake i ka hanau hookahi ana me ka ole o kekahi kanaka kokua. Ua hanau hookahi ka makuahine nona iho mai ka hanau ana i ke keiki a hiki i ke keiki hope loa. Malia no ka ikaika no paha o ka mea hanau keiki i ka hanau hookahi ana i koho ai oia i ia ala. Nana hookahi no i hanau nona iho, ka oki ana i ka piko o ka pepe, a me ka hoomaemae ana ia ia iho ma hope o ka hanau ana i ka pepe. I koʻu lohe ana i keia moolelo a na wahine hanau hookahi o Niihau, ikaika maoli no na wahine hanau hookahi me ka ole o kekahi kokua. Na ia moolelo i hooni i ka iini i loko oʻu e ike i na hana no ka hanau keiki ana. I koʻu wa i hanau ai i kaʻu mau keiki mahoe, hoomanao ihola au i keia moolelo no koʻu ike i ka ikaika o na wahine Niihau i ka hanau hookahi ana no lakou iho no. I ka wa hoi i kau mai ai ka eha hanau keiki ma luna oʻu, uumi ihola no au i ka ehaeha i loko iho no oʻu e like me ka hana a koʻu mau kupuna. Aole au i makemake e hoike aku i koʻu ehaeha i ka lehulehu o olelo ia mai paha, nawaliwali io no keia wahine. Me oe iho no, pau ka ehaeha. Aole ia he mea e hoike ai i ka nui poe.

O kekahi, aole no ike nui ia keia ano hanau hookahi ana o na wahine no lakou iho i keia mau la. O kekahi, ma ka ulia wale no paha e loaa ai. O ka hapanui o ka manawa, ua maopopo e i ka mea hanau keiki i kona wa e hanau ai i kana pepe mamuli o na mea hou a na kauka e hoohana nei i keia manawa. O kekahi moolelo hoihoi aʻu i lohe ai i keia hana a koʻu mau kupuna, hiki ia lakou ke hai mai i ke ano o ka pepe e hanau ia ana a me ka wa e hanau ai ka mama me ka ole o na mea a na kauka e hoohana nei i keia manawa. Ma ka maka wale no e nana ai i ke alo o ka makuahine, ua maopopo ia lakou ke ano o ka pepe e hanau ia ana. Ina he kane a i ole he wahine paha ka pepe e hanau ia ai. O na kauka o waho nei, kaukai wale no lakou i ka hoike a ka mikini. Na ka mikini e hoike mai ia lakou i ke ano o ka pepe e hanau ia ai a me ka wa e hanau ai ka mama. Ma Niihau nae, mai kinohi mai no i ike ia ai keia mau mea e na kupuna. O kekahi ano ike papalua o na kupuna i ke ano o ka pepe e hanau ia ai, nana ia ke ano o ka makuahine: Ka hele ana, ke kalele ana, ka hehi ana i ka wawae, ke kau ana o ka opù, a me ka helehelena a me ke ano maoli o ka makuahine i ka wa e hapai ana i ka pepe. He mea nui no hoi ke ao ana mai i keia ano ike papalua o na kupuna i wahi hoi e ola ai ia mau ike laha ole i keia au e holo nei. No koʻu iini a me ka hoihoi i keia hana no ka hanau keiki i manao ai au e lilo kekahi mahele o ka puke i moolelo no ka hanau keiki ana ma Niihau. Ina aole e hoomau ia keia ike hanau keiki o Niihau, e kaukai ia paha ka hanau ana o na hanauna hou ma ka haukapila wale no. Pela e ola mau ai ka ike hanau keiki o koʻu mau kupuna no na kau a kau ma ke ao ana i keia ike hanau keiki o Niihau.

Ka Olelo Hookuu

Oiai, ua hiki maila kakou i ka hopena o keia mau moolelo kuuna o na kupuna o Niihau, ke hookuu pu ia nei keia moolelo me ka moolelo no ka hanau keiki ana ma Niihau. Na keia ike o ka hanau keiki e hoomau aku me ia manao no na hanauna o keia wa a me na hanauna e hiki mai ana. Oiai, ke pau nei ka poe no lakou mai keia mau ike kuuna i ka hoi i ka poli o Apelahama a hoi pu ko lakou ike me lakou kekahi. Eia nae, o ka paa ana o nei moolelo ma ka puke ka mea e hoike aku ai i na hanauna e hiki mai ana i ka hana kupaianaha a ko kakou mau kupuna no ka hanau keiki. He makepono ke kaanalike ana i keia mau ike kupuna Niihau i laha ole i ko waho nei poe e hoihoi mai ana e ao mai i keia ano ike a me ka hoomau ana aku i loko o ko lakou ola. E like me ka olelo a koʻu makuakane iaʻu, "Te ao maua ia oe ta maua hana, pono oe e hoohana." I kona manao, ma ka hoomau ana i keia ike i loko o koʻu ola a me ka hana mau ana i na wa a pau ka mea e ola mau ai keia ike kupuna i loko o koʻu ola. O kekahi kumu paha o kana olelo ana mai pela, i wahi hoi noʻu e hoomanao mau ai i kana olelo a me ka hooko pono ana i keia mau kuleana a laua i kau maila ma luna oʻu. Aole no e kii wale aku no a kapae i ka aoao o kaili hou ia mai mamuli o ka hoohana ole ia. Na kakou no e hoohana mau aku i keia mau ike i loko o ko kakou ola a me ke ao hou ana aku i na hanauna hou e nee nei i keia wa a me na hanauna hou e hiki mai ana. He mea ia e ola mau ai na ike waiwai o ko kakou mau kupuna no na kau a kau.

Na Manao o na Kanaka

Mokuna Ekahi: Aia i Niihau Kuu Pawehe, He Moena e Pahee ai ko Ili

1. Kuhikuhi ana i ka olelo a Rerioterai Tava laua o Moses K. Keale Sr: "the *pawehe* mats or moena pawehe that was famous to the island of Niʻihau in the 1800," 1989. 34.

2. Ibid: "Of the island's, 47,217 acres, 46,705 acres are privately owned. The state and federal government each own 256 acres of land. which was ceded either by presidential procalamation or governor's executive order," 1989, 3.

3. Kuhikuhi ana i ka olelo a Lawrence Kainoahou Gay: "The island was sold to Mrs. Sinclair for $10,000 in gold by King Kamehameha V," 1981,17.

4. Kuhikuhi ana i ka olelo a Rerioterai Tava laua o Moses K. Keale Sr: "Puuwai" called "Puuwai Aloha o ka Ohana," 1989, 5.

5. Ibid: "There is a saying for this area: *Kau ke ao, Naulu, ola ka aina...*," 1989, 85.

6. Kuhikuhi ana i ka olelo a Mary K Pukui, E. W. Haertig, a me Catherine A. Lee: "*ʻohā*, taro, or *kalo*," 1972, 166.

7. Kuhikuhi ana i ka olelo a Linda T. Smith: "through the restoration of specific rituals and practices," 1999,148.

8. Kuhikuhi ana i ka olelo a Rerioterai Tava laua o Moses K. Keale: "Lanakila was the first church that was built on Niihau later changed by a prophet name Kealekupuna to Iubile when the church was completed in January 1912. Today, Iubile remains the only church on the island,"1989, 52.

Mokuna Elua: Ka Wai Huna a ka Paoo

1. Kuhikuhi ana i ka olelo a Ngugi wa Thiong'o: "Our appreciation of the suggestive magical power of language was reinforced by the games we played with words through riddles, proverbs, transportations of syllables, or through nonsensical but musically arranged words. So we learnt the music of our language on top of the content. The language, through images and symbols, gave us a view of the world, but it had beauty of its own" 1986, p. 11.

2. Ibid: "The home and the field were then our pre-primary school but what is important, for this discussion, is that the language of our evening teach-ins, and the language of our immediate and wider community, and the language of our work in the fields were one, 1986, p. 11.

3. Kuhikuhi ana i ka olelo a Linda Tuhiwai Smith Decolonizing Methodologies: Research and indigenous peoples. London, United Kingdom: Zed Books, "For many indigenous writers stories are ways of passing down the beliefs and values of a culture in the hope that the new generations will treasure them and pass the story down further" 1999, p. 144–145.

4. Kuhikuhi ana i ka olelo a Elizabeth S. C. Handy laua o Mary K. Pukui: "In Hawaii`s healing art, Lāʻau kāhea (the "calling medicine") 1998, p. 81.

5. Kuhikuhi ana i ka olelo a Rerioterai Tava laua o Moses K. Keale: "Laau Kahea. Prayer form of medicine. These medicines are given along with prayers of forgiveness, or pule kala" 1989, p. 61.

6. Kuhikuhi ana i ka olelo a Edward R. Stepien: "One thing for certain, however, is that the overall impact of the missionaries on the religious convictions of the Niihauans was far-reaching and today forms the cornerstone of their outlook on life and the world" 1988, p. 33.

7. Kuhikuhi ana i ka olelo a Linda Tuhiwai Smith: "Indigenous people want to tell our own stories, write our own versions, in our own ways, for our own purposes" 1999, p. 28.

Mokuna Ekolu: Niihau i ke Kiku

1. Kuhikuhi ana i ka olelo a Veronica S. Schweitzer i kona manao i ka hookikina ana o ke aupuni Amelika Huipu Ia i keia papa olelo Kanaka mai na kula aupuni mai: "But the increasing influence of the United States pushed English forward as the language of choice. Soon, with the overthrow of the Kingdom in 1893 and the following annexation in 1898, the Hawaiian language was entirely banned from schools and government" 2010, 1.

2. Kuhikuhi ana i ka olelo a Sam L. N. Warner i kona manao no ka hana apiki a ke aupuni no ka papa olelo Kanaka: " The illegal government, formed by a small group of U.S. businessmen and called the Republic of Hawaii, banned the Hawaiian language as a medium of instruction in the public schools in 1896.

3. uhikuhi ana i ka olelo a Schweitzer, ma o ka hoola hou ana i ka olelo Kanaka i loaa hou ai ka hoihi hou ana i ka olelo Kanaka a me ka poe Hawaii: "In the 1970's a renaissance of the Hawaiian culture emerged, and, within it, a renewed respect for the native language of the Hawaiian people was born. In

4. Kuhikuhi ana i ka olelo a Ruth M. Tabrah: "It was Knudsen who aided the Sinclairs their first few weeks on Niihau acting as their interpreter, and by helping to teach them the Hawaiian language" 1987, 102.

5. Kuhikuhi ana i ka olelo a Rerioterai Tava, laua o Moses K. Keale i ka olelo a Kamehameha V ia Sinclair i kona wa i kuai ai ia Niihau: "Nou keia mau kanaka a ooe no ko lakou alii. E hana lakou ma lalo o kou malu a e hana i kou makemake e like me ke ano o ke kanawai a me na loina o na alii Hawaii:" The natives are yours and you are the new chief, and they will work and serve you according to the laws and customs of the King of Hawaii. They are subject to this rule only – if it does not interfere with the people`s rights of a grant of a little land to plant food, a place for a home, firewood and the right to fish their waters" 1989, 47.

6. Kuhikuhi ana i ka olelo a Samuel K. Elbert, laua o Mary K Pukui: "In the speech of informants from Kaupō and Kīpahulu in East Maui, and Hālawa, Molokaʻi, Wilson has noticed the *t* sound after the vowel *i: laiti* 'rice', *'ite'* 'to know', *maitaʻi* 'good', *makahiti* 'year'" 1979, 24–25.

7. Kuhikuhi ana i ka olelo a Albert J. Schutz: "...in 1825, in Honolulu, a committee of seven self-appointed haole men decided through consultation by mail that the letters, b, d, t, v, and r had no place in the alphabet they were constructing in order to make a written language of the indigenous speech of these islands, even though non-native informants had heard something like those sounds on the tongues of native speakers" 1994, 127.

8. Ibid: "The informant used *t* consistently in the words makuahine *'mother'* and *hiki* 'able'; *k* was used consistently in *akā* 'but', *no ka mea* 'because', and *like* 'like'; *t* was not used utterance initially" 1983, 24.

9. Kuhikuhi ana i ka olelo a Rerioterai Tava, laua o Moses K. Keale: "Kapena Kuke, as Captain James Cook was called by the people of Hawaii, first visited the island of Niihau in 1778 during his third voyage of exploration in the Pacific. His first impression of the Niihauans was that they spoke a very intelligible Tahitian language..." 1989, 45.

10. Ibid: "Today the Niihauans have preserved the purity of the Hawaiian language of their forefathers and on Niihau it is spoken in its purest form" 1989, 15.

11. Ibid: "As with the older language of the Hawaiians, the use of the 'T' and 'K' are interchanged. The 'L' and 'R' change, as do the 'L' and 'N.' Although the language is written with the 'K,' Niihauans remain true to the ancestral tongue in speech with the use of the 'T'" 1989, 15.

12. Kuhikuhi ana i ka olelo a Linda Tuhiwai Smith: "Every indigenous community probably has special sayings, predictions, riddles and proverbs which are debated frequently and raised both informally and formally. Children are socialized into these sayings and pass them down to their own children" 1999, 153.

13. Ibid: "Sometimes the visions which bind people were set a long time ago and have been passed down the generations as poems, songs, stories, proverbs or saying" 1999, 152.

14. Kuhikuhi ana i ka olelo a Albert J. Schutz: "The first concerns a priestly language, and was reported by Arago in 1819" 1994, 45.

15. Ibid: "Chamisso, as well, wrote that the common people were not able to understand what the priests were saying, speculating that it represented an older, unchanged language of the people`" 1994, 46.

16. Kuhikuhi ana i ka olelo a Linda Tuhiwai Smith: "Storytelling, oral histories, the perspectives of elders, and of women have become an integral part of all indigenous research. Each individual story is powerful. But the point about the stories is not that they simply tell a story, or tell a story simply. These new stories contribute to a collective story in which every indigenous person has a place" 1999, 142.

17. Ibid: "For many indigenous writers stories are ways of passing down the beliefs and values of a culture in the hope that the new generations will treasure them and pass the story down further" 1999, 145.

18. Kuhikuhi ana i ka olelo a Mary K. Pukui, Haertig, a me Catherine Lee: "to foster, a foster child; to adopt, an adopted child" 1972, 49.

19. Ibid: "to feed; to nourish" 1972, 49.

20. Ibid: "Hānai as it is most often used means a child who is taken permanently to be reared, educated and loved by someone other than natural parents. This was traditionally a grandparent or other relative" 1972, 49.

21. Kuhikuhi ana i ka olelo a Eleanor Lilihana-a-I Williamson: "The rearing of children by their grandparents was an important aspect of Hawaiian life, and one of the ways culture and tradition were maintained and handed on to the following generations" 1983, xii.

22. Ibid: "This close association between grandmother and granddaughter embedded in Kawena a firm knowledge of Hawaiian language, customs, beliefs, religion, and family history" 1983, xii.

23. Kuhikuhi ana i ka olelo a Pukui laua o Elbert: "legally adopted child" 1986, 69.

24. Kuhikuhi ana i ka olelo Kanaka a Amelia Wainee ma ka walaau ana he alo a he alo.

Mokuna Eha: Ke Ko Eli Lima o Halalii

1. Kuhikuhi nei i ka olelo a Rerioterai Tava laua o Moses K. Keale no ke ko o Halalii: "The sugar cane at Halalii grew near a great number of sand dunes, which the winds frequently shifted from place to place. As the sugar cane would grow, the constant winds caused it to lay down. As the winds continued to blow the sand, it covered the cane stalks, leaving only the leaves exposed above the sand, while the cane itself continued to grow beneath the sand to almost twelve feet long" 1989, 59.

2. Kuhikuhi ana i ka olelo a Juliet Wichman laua o St. John no ke ko o Halalii: "Later, Poai often reminisced of a kind of sugar cane seen there, called "ko eli o Halalii". It grew in flats near the shore where the wind blown sand would cover it up to the tips of the leaves. When wanted, the people would find the green tips, then excavate the sugar cane stalks from the dune sands" 1990, 64.

3. Kuhikuhi ana i ka olelo a Mary K. Pukui laua o Samuel H. Elbert no ka manao o "kahuna lapaau:" "kahuna lapa'au: Medical doctor, medical practitioner, healer" 1986, 114.

4. Ibid, "lā'au: Medicine, medical" 1986, 188.

5. Kuhikuhi ana i ka olelo a Heidi Leianuenue Bornhorst: "There are two kinds of *kaunaoa*. One is endemic to Hawaii and is known as kauna'oa or kauna'oa lei. This is Cuscuta sandwichiana. It is related to *Pā'ū o Hi'iaka, pōhuehue* . . . The other type is known scientifically as Cassytha filiformis; it is native (indigenous) around the world's tropics. It is called kauna'oa pehu" 1996, 49.

6. Ibid, "For women after giving birth. A cupful of *kauna'oa,* (pressed down to fill) was pounded to a fine mash and mixed with a *niu*-shell cupful of fresh spring water. The *kauna'oa* and water were well mixed and the liquid squeezed out and strained in the usual manner. This liquid was given to a woman after she gave birth to help discharge the placenta and remove accumulated blood" 2001, 36.

7. Ibid, "This is a very suitable plant for babies before they are a full two weeks (anahulu) to twenty days old. That is the best time to feed babies with this plant (Pōpolo)" 1997, 87–88.

8. Kuhikuhi ana i ka olelo a Beatrice H. Krauss: "*Pōpolo* grows in Hawai'i in open areas from coastal regions to wet forests" 2001, 120.

9. Kuhikuhi ana i ka olelo a Hedy Sullivan: "The false popolo taste bitter! The real popolo taste sweet. My popolo plant, the fruits taste sweet. I was enjoying the fruits and the leaves" (ninaninau ia e Ipo Wong, January 30, 2010).

10. Kuhikuhi ana i ka olelo a Gregory Cajete: "Through experience, careful observation, and participation with plants, Native people came to deep understanding of plants' uses and relationship to humans . . ." 1999, 109.

Mokuna Elima: Na Ulu Hua i ka Hapapa

1. Kuhikuhi ana i ka olelo a Tava, Rerioterai laua o Moses K. Keale no na inoa o na kumu ulu ma Niihau: *"Hikinaakala, Kulimoku, Hakaleleaponi, Kalama and Nauluhuaikahapapa"* 1989, 26.

Na Ike i Hoiliili Ia

Austic, R. E., and M. C. Nesheim. 1990. *Poultry Production.* 13th ed. Philadelphia: Lea & Febiger.

Beniamina, Jean Ileialoha K. 2010. "Tēnā: A Learning Lifestyle." *Hūlili: Multidisciplinary Research on Hawaiian Well-Being* 6:9–23.

Bornhorst, H. L. 1996. *Growing Native Hawaiian Plants.* Honolulu: Bess Press.

Briggs, Charles L. 1986. *Learning How to Ask, A Sociolinguistic Appraisal of the Role of the Interview in Social Science Research.* Cambridge: Cambridge University Press.

Cajete, Gregory. 1999. *Native Science: Natural Laws of Interdependence.* Santa Fe, NM: Clear Light.

Craighill Handy, E. S., and Mary Kawena Pukui. 1998. *The Polynesian Family System in Ka'u, Hawai'i.* Honolulu: Mutual Publishing.

Elbert, Samuel H., and Noelani Mahoe. 1970. *Nā Mele o Hawai'i Nei: 101 Hawaiian Songs.* Honolulu: University of Hawai'i Press.

Elbert, Samuel H., and Mary Kawena Pukui. 1979. *Hawaiian Grammar.* Honolulu: University of Hawai'i Press.

Faulconer, Annie I. K. 1972, April 25. *Ka Leo Hawai'i.* [CD]. Honolulu, HI: KCCN.

Gay, Lawrence K. 1981. *Tales of the Forbidden Island of Ni'ihau.* Honolulu: Topgallant Publishing.

Horton, T. The Rev. Ella Harrison. 1977. *Honolulu Magazine,* November 1977, 53–54. http://www.coffeetimes.com/language.htm

Ka Baibala Hemolele o ke Kauoha Kahiko a me ke Kauoha Hou. 1994. Nu Ioka, NY: American Bible Society.

Ka Baibala Hemolele o ke Kauoha Kahiko a me ke Kauoha Hou. 1993. Nu Ioka, NY: American Bible Society, 1993.

Ka'aiakamanu, David Kaluna M. 2003. *Native Hawaiian Medicine.* Vol. III. Translated and edited by M. N. Chun. Honolulu: First People's Productions.

Kaiahua, Kalua, and Martha H. Noyes. 1997. *Hawaiian Healing Herbs, a Book of Recipes.* Honolulu: Ka 'Imi Pono Press.

Kanahele, Elama, Emalia Licayan, and Virginia Nizo. 2007. *Aloha Niihau: Oral Histories.* Waipahu: Island Heritage.

Kaohelaulii, R. B. B. 1963. *Ka Makua ma ka Lani.* He mele haku no David Nuuhiwa Enoka Kaohelaulii: [Audio composition ka makua ma ka lani (pauku 1)]. Unpublished raw data.

———. 1969. *Me na Haku.* He mele haku no kekahi haku aina o Niihau, o Lester Robinson: [Audio composition ka makua ma ka lani (pauku 2)]. Unpublished raw data.

Keamoai, Kauileilehua. 1972, April 25. *Ka Ulu Hua i ka Hapapa.* On Ka leo Hawai'i [CD]. Honolulu: KCCN.

Krauss, Beatrice H. 2001. *Plants in Hawaiian Medicine.* Honolulu: Bess Press.

Lyons, Lyman. 1972. *Ka Buke Himeni Hawaii i Hooponoponoia.* Honolulu: Fisher Printing.

Maaka, Margaret J. 2008. *Hoʻokulāiwi: A Community, School, and University Partnership for the Vitalization of Public Education in a Native Hawaiian Community.* Seattle, WA: National Network for Educational Renewal.

Na Himeni Haipule Hawaii. 1872. Honolulu: Hawaii Conference United Church of Christ.

Ngũgĩ wa Thiong'o. 1986. *Decolonising the Mind: The Politics of Language in African Literature.* London: James Currey & Heineman.

Pukui, Mary Kawena, and Samuel H. Elbert. 1986. *Hawaiian Dictionary: Hawaiian-English, English-Hawaiian,* revised and enlarged ed. Honolulu: University of Hawaiʻi Press.

Pukui, Mary Kawena. 1983. *ʻŌlelo Noʻeau: Hawaiian Proverbs & Poetical Sayings.* Honolulu: Bishop Museum Press.

Pukui, Mary Kawena, E. W. Haertig, and Catherine A. Lee. 1972a. *Nānā i ke Kumu: Look to the Source.* Vol I. Honolulu: Hui Hānai.

Pukui, Mary Kawena, E. W. Haertig, and Catherine A. Lee. 1972b. *Nānā i ke Kumu: Look to the Source.* Vol II. Honolulu: Hui Hānai.

Schütz, Albert J. 1994. *The Vocies of Eden: A History of Hawaiian Language Studies.* Honolulu: University of Hawaiʻi Press.

Schweitzer, Veronica S. *Olelo Hawaii.* Retrieved on December 12, 2010.

Smith, Kapena D. 1875. *Ka Nohoʻna Haipule. Ka Lahui Hawaii.*

Smith, Linda Tuhiwai. 1999. *Decolonizing Methodologies: Research and Indigenous Peoples.* London: Zed Books.

Solis, Kekeha. 2009. "A Kau Aku i Nā Mamo." *AlterNative: An International Journal of Indigenous Peoples* 5 (2): 174–187.

Spencer, T. (Kamaki) P. 2003. *Buke ʻoihana lapaʻau me nā ʻapu lāʻau Hawaiʻi: he alakaʻi no nā home Hawaiʻi i ka ʻoihana kahuna, i kūkulu a hoʻolaʻa ʻia e nā kūpuna o Hawaiʻi lāhui no ka makeʻe i ke olakino.* Honolulu: Bishop Museum Press.

Stepien, Edward R. 1988. *Niihau: A Brief History.* Honolulu: University of Hawaiʻi at Mānoa, Center for Pacific Islands Studies, School of Hawaiian, Asian, and Pacific Studies.

Tabrah, Ruth M. 1987. *Niʻihau, The Last Hawaiian Island.* Honolulu: Press Pacifica.

Tava, Rerioterai, and Moses Keale Sr. 1989. *Niihau: The Traditions of an Hawaiian Island.* Honolulu: Mutual Publishing.

Warner, Sam L. Noʻeau. 1999. "Kuleana: The Right, Responsibility, and Authority of Indigenous Peoples to Speak and Make Decisions for Themselves in Language and Culture Revitalization." *Anthropology and Education Quarterly* 30 (1): 68–93.

Wichman, J. R, and H. St. John. 1990. *A Chronicle and Flora of Niihau.* Lawaʻi Kauaʻi: National Tropical Botanical Garden, 1990.

Ka Mea Kakau Puke

ʻO ANNETTE KUUIPOLANI KANAHELE WONG, he hope polopeka ʻōlelo Hawaiʻi no Kawaihuelani. Puka me ka palapala laeʻula hoʻomohala haʻawina, ka palapala laeoʻo hoʻonaʻauao kumu a hoʻomohala haʻawina, a me ka palapala laepua ʻōlelo Hawaiʻi ma ke kula nui o Hawaiʻi ma Mānoa.

ANNETTE KUUIPOLANI KANAHELE WONG is associate professor at Kawaihuelani Center for Hawaiian Language in the Hawaiʻinuiākea School of Hawaiian Knowledge at the University of Hawaiʻi at Mānoa. She holds a PhD in education curriculum studies, a master's degree in teacher education and curriculum studies, and a bachelor's degree in Hawaiian language from the University of Hawaiʻi at Mānoa. She was awarded the Regent's Medal for Excellence in Teaching in 2014 and in 2018 was honored by the Hawaiʻi State Senate as a Hawaiian Language pioneer.